Brigitte Challande, Mutasem Eleiwa dit Abu Amir,
Kamel Elias, Sarah Katz, Béatrice Orès et Pierre Stambul

# GAZA

## Mort Vie Espoir

*Préface de Pascal André et Imane Maarifi*

Riveneuve

978-2-36013-734-3

85, rue de Gergovie
75014 Paris
www.riveneuve.com

# SOMMAIRE

# PRÉFACES

**Par**
**Imane Maarifi et Pascal André**

Deux professionnels de santé, partis à Gaza en plein génocide.
Ils ont tenu à faire cette préface à deux voix.

Article 1 de la Déclaration Universelle des Droits de l'Homme et du Citoyen : « Les hommes naissent et demeurent libres et égaux en droits ».

En tant qu'infirmière, j'ai eu l'opportunité de me rendre à Gaza du 21 janvier au 7 février 2024, un territoire marqué par des années de blocus, d'apartheid, de souffrances humaines physiques, mentales et psycho-sociales.

En tant qu'infirmière, j'ai décidé de me spécialiser dans les urgences et réanimation. Je suis aguerrie, depuis plus de 16 ans maintenant, à prendre en charge des blessures, des douleurs et des luttes pour la survie.

Ce que j'ai vu à Gaza m'a profondément bouleversée. Chaque jour, des vies humaines sont sacrifiées dans des conditions indignes de notre race humaine. Des hommes, des femmes, des enfants, des personnes âgées sont happés dans un tourbillon de violences incessantes. Ce génocide est pourtant réduit au silence ou à l'indifférence par une grande partie du monde.

Depuis mon retour le 7 février 2024, je ne cesse de hurler de ce dont j'ai été le témoin. J'appelle sans discontinuer à l'éveil des consciences collectives, à ne pas détourner le regard face à l'injustice.

La réalité du terrain est bien plus complexe que les discours politiques et médiatiques qui déforment les faits.

Il y a des vies, des noms, des histoires, des rêves brisés derrière les chiffres.

J'ai été témoin des traumatismes physiques et psychologiques infligés à la population gazaouie, mais aussi, de la résilience et de la dignité humaine de ces personnes qui se battent dans des conditions extrêmes pour leur survie.

Le monde doit entendre cet appel et se rappeler que la justice et les droits humains doivent toujours primer, peu importe les frontières politiques.

Nous ne pouvons décemment pas rester muets face à la souffrance de ceux qui n'ont pas d'autres choix que de subir les délires messianiques des colons et de tenter d'y survivre.

Ce livre est en soi un acte de résistance dans le contexte répressif que nous connaissons contre les voix de la paix. S'il parvient à secouer nos consciences et à faire entendre la voix des opprimés, alors, il aura accompli sa mission.

En le lisant, je vous invite à ouvrir vos yeux et vos cœurs, à faire vôtre cette lutte pour la justice, le droit international, la paix ou tout simplement, les droits fondamentaux de tous les êtres humains.

Imane MAARIFI, janvier 2025

« Épaule contre épaule », le partenariat a pris racines entre frères et sœurs d'humanité, musulmans, juifs, chrétiens et autres, de part et d'autre des murs qui enferment et réduisent depuis plus de 75 ans en terre de Palestine, à Gaza. De ce partenariat, en terre violentée et abîmée, ont émergé l'eau, la terre fertile, la semence, les fruits du repas, le goût et le plaisir retrouvés, sources de confiance et d'espoir.

Sur cette terre, 1,5 fois plus grande que celle de Marseille, pour une densité de population presque du double, « l'occupation a confiné tous ses habitants dans une zone qui ne représente que 10 % », soit 36 km2 la superficie de ma commune de 200 habitants en Aveyron, qui en aurait alors 12 000 fois plus, soit 60 000 habitants au $km^2$ aujourd'hui.

Dans des bidonvilles de toiles plastiques, sans accès à l'eau, la nourriture, aux soins, à l'éducation, aux droits fondamentaux, l'innommable se déroule, sous nos yeux et à nos oreilles, depuis 15 mois, comme dans les camps et prisons permettant l'enfermement dans des conditions indignes, sans jugements.

Innommable soutenu par le nouveau droit à la vengeance aveugle, au mépris du droit international, d'un gouvernement d'extrême droite et de son armée « la plus morale du monde ». Droit à la vengeance octroyé par la culpabilité aveuglante et non digérée d'un Occident souffrant à l'égard de la Shoah d'une part et d'autre part par le soutien indéfectible nécessaire à « cette guerre de civilisation contre la barbarie », si bien présentée par le Premier ministre israélien et ses porte-paroles dans les espaces politiques et médiatiques européens.

« Nous allons toujours bien, nous ne sommes pas encore morts ». L'humour comme politesse du désespoir. « Avant que l'encre ne gèle dans ma tente, après des heures de vaines tentatives de sommeil, j'ai attrapé mon stylo, avant que l'encre s'y fige ou que le sang se fige dans mes veines, j'écris » ...

Marsel comme Asma, Abu Amir, Mohamed, les agriculteurs de Khuza'a et Abasan, les acteurs d'International Solidarity Movement et Unadikum, et beaucoup d'autres, nous partagent dans ces lignes poignantes une leçon de vie et d'humanité, au sein de l'enfer soutenu de manière inconditionnelle, par nous-même, Européens et nns. Une lumière bien plus ajustée que celle de la philosophie éteinte qui ne nous éclaire plus guère, et qui contribue directement à l'horreur et à l'enterrement d'un peuple et de nos humanités.

« L'inégalité des vies » est une question centrale sur le devant de la scène partout, dans le traitement médiatique des guerres, dans l'organisation quotidienne de la vie, jusque dans la pensée parfois. Remettre au centre de toute action, de toute organisation humaine le principe d'égalité entre toutes les vies relève aujourd'hui d'une pratique révolutionnaire, au sens politique du terme : refaire civilisation, refuser l'inégalité des vies et des morts. Être obligé de faire avec l'eau, le vent, le froid, la chaleur, les nuisibles, la violence liée à la colère, le désespoir, la résignation et la résistance, mais faire ensemble ! Un élément important dans cette résistance au quotidien est la nécessité de continuer à penser, ne pas se laisser ensevelir sous les évènements catastrophiques jusqu'à y perdre ses facultés de raisonnement et de réflexion ; la pensée aussi permet de rester debout, vivant et digne : « Que lui est-il arrivé, à ce monde qui reste impuissant face à cette occupation brutale. Toutes les parties portent une part de responsabilité, mais la communauté internationale reste le principal partenaire de ce désastre, en raison de son silence persistant et de son incapacité à obliger Israël à mettre fin à ses crimes. Gaza meurt lentement, et le monde regarde sans bouger le petit doigt ».

« Ce qu'Israël fait subir aux peuples de la région est très éloigné du concept de paix. Il s'agit plutôt d'un chemin qui ne mène qu'à la destruction et qui plante la haine et la colère dans l'âme des générations, non seulement en Palestine et dans les pays voisins, mais aussi dans l'âme des fils de la société israélienne elle-même, qui souffriront des effets de cette politique oppressive à l'avenir. Le peuple israélien doit comprendre que la haine, les meurtres et la destruction que son gouvernement sème finiront par porter leurs fruits. La haine ne fait qu'engendrer plus de haine, et la destruction laissera une génération chargée de sentiments hostiles, ce qui affectera la sécurité et la stabilité de la société israélienne elle-même. C'est pourquoi la société israélienne doit assumer sa responsabilité et faire pression sur son gouvernement extrémiste pour qu'il mette fin à cette effusion de sang et qu'il recherche de véritables moyens de coexistence entre les peuples israélien et palestinien. Il n'y a pas d'autre solution, l'histoire nous a appris que les peuples qui ont appris à vivre ensemble sont ceux qui ont atteint la stabilité et le développement. Nous devons essayer de trouver une solution pacifique, nous ne perdrons rien à essayer la coexistence, nous pouvons réussir là où d'autres ont échoué. »

« Le peuple palestinien ne demande pas l'impossible ; il demande simplement à être traité comme un être humain, que ses droits soient respectés et que l'oppression et la violence cessent. » « Nous ne demandons pas le pain, nous ne voulons pas de votre charité, nous voulons vivre libres, égaux, autonomes, en paix, comme tout humain, avec un droit respecté ».

« Gaza est devenue un symbole de la résistance, mais aussi le miroir qui reflète l'incapacité du monde à affronter l'injustice. Si ce silence persiste, l'histoire ne pardonnera pas à l'humanité qui a été spectatrice sans rien faire ».

Comme médecin en février 2024 à Khan Younis et Rafah, je suis un des nombreux témoins directs de l'innommable et de la résilience malgré tout enracinée du peuple palestinien. Nos témoignages de soignants de retour de Gaza, mandatés par nos confrères pour transmettre leurs paroles via des audios enregistrés sur place, nous confrontent depuis 12 mois à la mortifère hypocrisie et lâcheté de la plupart des politiques, directeurs de rédaction et de publications, influenceurs, intellectuels français et européens rencontrés, comme à celle des citoyens, de nos familles, milieux professionnels et amicaux : « La situation est trop complexe », « je ne peux plus regarder les images », « et pourquoi pas l'Ukraine... », « le 7 octobre acte terroriste justifie une réponse... », « qu'ils libèrent les otages », « oui mais on est impuissant »... Le pathos, l'émotionnel et sa manipulation, l'absence de capacité d'analyse indépendante, la lâcheté créent le lit de ce qui aide, facilite ou encourage le génocide depuis si longtemps. « La déshumanisation est un lent exercice d'isolement et de siphonnage de sa propre humanité ».

« Épaule contre épaule » osons regarder nos fragiles humanités partagées, pour dire Stop à ce qui ne la respecte pas, Stop au non-respect du droit et Stop à l'impunité (Stop-impunity.org) de ceux, qui de manière active ou passive, contribuent, là-bas comme ici, à un innommable, dont chacun d'entre nous a et aura à répondre, et qui fragilise terriblement notre vivre-ensemble.

Dr Pascal ANDRÉ, janvier 2025

# AVANT-PROPOS

Le peuple palestinien a été expulsé de son pays de façon préméditée entre 1947 et 1949. Il est devenu un peuple de réfugiés, dispersé et fragmenté.

Gaza est un fragment de cette Palestine. Une cage «à ciel fermé», bouclée par terre, par mer et par air. Un tout petit territoire surpeuplé soumis à un blocus hermétique. Les Gazaouis subissent depuis 2006 une punition collective pour avoir «mal voté».

Dès leur arrivée en Palestine aux alentours des années 1900, les premiers colons sionistes ont commencé à instaurer une société séparée en niant l'existence, la dignité et les droits de la population autochtone, considérant que ces « intrus » devaient disparaître et se fondre ailleurs dans le monde arabe.

Contre eux, tout a été utilisé : la confiscation de la terre, la répression coloniale, l'expulsion, les exécutions extrajudiciaires, les destructions de maisons, les arrachages d'oliviers, l'emprisonnement massif, les bombardements, les humiliations sur les check-points, la torture ... Et aujourd'hui une effroyable entreprise génocidaire.

Les Israéliens ont procédé par le mensonge et le déni : « Nous avons vécu 2000 ans en exil, nous rentrons chez nous. Nous n'avons expulsé personne, les Arabes sont partis d'eux-mêmes ». Des décennies d'impunité ont fait disparaître les barrières morales dans la société israélienne. « Dieu nous a donné cette terre. Elle est à nous, rien qu'à nous ». Il n'y a plus de limite aujourd'hui, le meurtre de masse a été banalisé.

La violence extrême que la Palestine subit après le 7 octobre 2023 traduit une volonté de l'occupant d'en finir, « d'éradiquer » définitivement les Palestiniens, comme d'autres peuples ont été vaincus dans l'histoire.

Alors comment résister ?

Avant tout, empêcher la destruction de la société palestinienne. Aujourd'hui, la quasi-totalité de la population de Gaza a été déplacée, souvent plusieurs fois. L'occupant bombarde et organise la famine. Il détruit systématiquement toute forme de production. Durant les dix dernières années, les terres ont été cultivées sous les balles, les bateaux des pêcheurs ont été pris pour cibles, mais aujourd'hui, il n'en reste plus rien. Dans les pires circonstances, les Gazaouis ont fait face et leurs liens sociaux ne s'écroulent pas.

Une autre partie de cette guerre se joue en Occident. L'armée israélienne réalise tout ce dont les dominants de ce monde ont rêvé : tuer sans retenue les colonisés, les « indigènes », sans considération du fait que la plupart des morts sont des femmes et des enfants, occuper, voler la terre, torturer, éliminer qui elle veut, où elle veut, quand elle veut. Cette horreur est rendue possible grâce aux livraisons d'armes illimitées, à la technologie la plus meurtrière, aux milliards de dollars offerts, au parapluie diplomatique et au commerce florissant entre l'Occident et Israël. Même, le récit des génocidaires tend à être relayé par trop de médias occidentaux qui se comportent plus en propagandistes qu'en informateurs impartiaux.

Par les manifestations, les conférences, le boycott, l'information, la société civile occidentale se doit de casser cette complicité. Soutenir le peuple palestinien, c'est défendre les droits de tous, c'est se battre pour un monde vivable, fait d'égalité des droits, de vivre ensemble, de respect. C'est refuser le colonialisme, le suprémacisme, la domination et la barbarie.

Forcer, par les mobilisations, les gouvernements complices à cesser de l'être et à sanctionner Israël, il n'y a pas le choix.

La défaite de la Palestine, ce serait une défaite de l'humanité.

# INTRODUCTION
# POURQUOI CE LIVRE ?

Gaza est une société normale dans une situation totalement anormale.

À l'époque où il était encore possible de s'y rendre, des membres du mouvement de solidarité français avec la Palestine sont entrés à Gaza. Des liens très forts de confiance, de partage et d'amitié se sont noués.

À partir de 2016, une forme assez exemplaire de coopération s'est développée avec, d'un côté l'Union Juive Française pour la Paix (UJFP) et de l'autre des agriculteurs des villages de Khuza'a et Abasan, au Sud-Est de la bande de Gaza. Les agriculteurs débattaient, énonçaient leurs besoins. L'UJFP se chargeait de collecter les fonds, de les envoyer et de populariser les actions réalisées.

Cette coopération a abouti à des réalisations remarquables : un château d'eau, des canalisations, une maison des paysans, une pépinière solidaire, une voiture avec un agronome sillonnant les terres agricoles ... Les projets étaient ambitieux et nombreux.

La guerre est arrivée qui est vite devenue un génocide. Tout ce qui avait été réalisé a été pulvérisé. Les morts se sont accumulés, y compris parmi les proches de Gazaouis que le mouvement de solidarité connaissait. La grande majorité de la population (ceux qui ont échappé à la mort) a été déplacée plusieurs fois et survit dans des conditions inhumaines sous tente, privée de tout.

Dès novembre 2023, une opération « Urgence Guerre à Gaza » a été lancée par l'UJFP, soutenue largement par le mouvement de solidarité français.

En plein massacre, les besoins sont immenses : trouver des tentes, creuser des sanitaires, nourrir la population, re-scolariser les enfants, multiplier les ateliers de soutien psychologique, désinfecter les camps, recultiver la terre là où c'est possible ...

Gazaouis et solidaires travaillent au jour le jour, épaule contre épaule. Les résultats de cette coopération sont visibles quotidiennement sur les sites de l'UJFP, d'International Solidarity Movement (ISM), d'AlterMidi et du Poing, ainsi que ponctuellement sur d'autres médias indépendants en ligne.

Parce que les mêmes valeurs humaines sont partagées, des valeurs d'égalité, de solidarité, d'empathie, ce livre popularise ce qui est réalisé et donne la parole aux Gazaouis quotidiennement massacrés et diffamés.

Ce livre présente le travail de trois équipes : deux équipes gazaouies et une équipe française.

Les comptes rendus du travail collectif dans les camps de déplacés cette année et les textes d'analyse et de réflexion des deux équipes gazaouies abonderont le contenu de notre livre. Il s'agit :

- de l'équipe autour d'Abu Amir Mutasem Eleiwa représentant à Gaza de l'UJFP depuis 2016 et coordinateur des projets paysans. Depuis novembre 2023, il coordonne également toute l'aide organisée à Gaza, grâce à la collecte impulsée par l'UJFP. Nous nous référons à son équipe sous le nom équipe Gaza-UJFP.

- de l'équipe d'Ibn Sina[1] – centre d'enfants et d'adolescents qui était dans le camp de Jabalia au nord de la bande de Gaza – dont le directeur est Marsel Alledawi. Le choix du nom de ce centre Ibn Sina, connu en Occident sous le nom d'Avicenne, illustre sa volonté de relier les enfants nés et grandissant sous blocus avec la fierté de la longue histoire.

L'équipe française travaille avec l'UJFP et se nomme « Groupe Gaza » ; elle est en lien avec les deux équipes gazaouies, régulièrement depuis 2016 et quotidiennement depuis début octobre 2023.

Le cœur du livre est de témoigner d'un aspect essentiel de ce qui s'est passé sur le terrain pendant plus d'une année de génocide. Il s'oppose à l'effacement d'une population, voulu par l'ensemble des protagonistes. Rendre compte jour après jour des actions menées sur le terrain dessine une organisation collective de la résistance.

Seule la prise en compte de cette résistance collective permet de tracer un avenir juste pour Gaza.

Les auteurs et autrices du livre sont : Abu Amir (représentant de l'UJFP à Gaza), Brigitte, Pierre, Sarah qui ont été à Gaza, un Français d'origine palestinienne, Kamel, et Béatrice porte-parole avec Pierre de l'UJFP. Le livre s'appuie aussi sur d'autres contributeurs et contributrices.

C'est donc un livre à plusieurs voix avec des documents et des photos, envoyés au cours de cette année de massacres par nos camarades gazaouis.

Personne ne pourra dire : « nous ne savions pas ».

1. Philosophe et médecin persan, né le 7 août 980 près de Boukhara, dans l'actuel Ouzbékistan et mort en juin 1037 à Hamadan (Iran).

## PARTIE I

# GAZA N'EST PAS SUR LA LUNE

Cette partie déconstruit deux présupposés mortifères et expose le contexte des événements terribles qui ont déferlé sur la bande de Gaza depuis l'automne 2023.

Gaza est une société normale dans une situation totalement anormale : le blocus, la pénurie, la prison à ciel fermé, des massacres à répétition.

Le 7 octobre 2023 : tout sauf un coup de tonnerre dans un ciel serein.

# CHAPITRE 1

# GAZA AVANT LE 7 OCTOBRE 2023

Gaza est diffamé en permanence. Pour les uns, c'est un nid de terroristes. Et les dirigeants israéliens répètent « qu'il n'y a pas d'innocents à Gaza ».

En même temps, Gaza est décrit comme une dictature impitoyable où toute la population serait terrorisée par le Hamas.

Eh bien non, ce n'est ni l'un ni l'autre ! Gaza est une société normale dans une situation totalement anormale. On vit à présent un saut terrible avec le génocide en cours.

Le contrôle des mouvements des personnes et des marchandises a commencé avec les accords d'Oslo dès 1993. Il est devenu un blocus hermétique en 2007. Au nord, il y a un mur très épais, infranchissable, avec la frontière d'Erez, qui donne sur Israël, une cage de plusieurs centaines de mètres de long. Au sud, c'est un autre mur infranchissable avec le poste frontière de Rafah qui donne sur l'Égypte. Ceux des Palestiniens qui ont le droit de franchir cette frontière y sont systématiquement humiliés. Et à l'est, 40 km de barrière de haute technologie. Tous les 250 m, la barrière est flanquée d'une « tour tueuse », mélange de Moyen-âge et de futurisme. Tout est télécommandé : de temps en temps le champignon de la tour s'ouvre et la mitrailleuse tire sur les paysans. Entre les tours, côté israélien, des puits épuisent la nappe phréatique et permettent aux «kibboutz de l'enveloppe de Gaza» arrosage automatique et remplissage des piscines.

Les informations qui suivent sont tirées de deux séjours à Gaza (2013 et 2016) et des comptes-rendus que les correspondants de l'équipe Gaza-UJFP envoient très régulièrement. Les statistiques datent de 2016 : ce sont celles de l'UAWC[1].

Gaza est un tout petit territoire : 360 km$^2$, c'est 20 fois moins qu'un département français moyen. Il y avait 2 300 000 habitants avant le 7 octobre. Avec plus de 6 000 habitants par km$^2$, c'est l'une des plus fortes densités du monde. La pression démographique et les destructions israéliennes ont réduit les terres agricoles, essentiellement à l'est à une proportion de 20 %. Il y a 40 km de côte mais la pollution, due à la surpopulation et aux bombardements réguliers des stations d'épuration, fait que de nombreuses plages sont interdites à la baignade. Le Wadi Gaza, fleuve de 80 km qui prend ses sources en Israël, est un égout à ciel ouvert et l'odeur qu'il dégage est pestilentielle.

À Gaza, 75 % des habitants sont des réfugiés des grandes vagues d'épuration ethnique de 1947-1949 et de 1967.

Comme toute la Palestine, la société de Gaza est hautement éduquée. Il y a 1 % d'illettrés contre 35 % en Égypte voisine. L'école primaire et l'école secondaire sont gratuites avec des enseignants, soit de l'UNRWA[2], soit payés par l'Autorité palestinienne. Pour le préscolaire et le périscolaire (crèches, jardins d'enfants ...), il existe une multitude d'associations qui les prennent en charge. Gaza a une population très jeune (65 % a moins de 25 ans).

1. Union of Agricultural Work Committees : syndicat des travailleurs de l'agriculture et de la pêche, affilié à Via Campesina.
2. United Nations Relief and Works Agency for Palestine : organisme qui porte assistance spécifiquement aux réfugiés (de 1948), pour le compte de l'ONU.

Il y avait environ 100 000 étudiants dans 6 universités en 2016 (elles étaient 9 en 2023, avant leur destruction). Avec une réussite des femmes supérieure à celle des hommes et tous les ans, 21 000 diplômés. Pour les doctorats, il faut pouvoir partir à l'étranger et obtenir une bourse, ce qui est fort rare.

La situation sous blocus est telle que la majorité de ces diplômés ne trouvent pas de travail. Gaza est donc une population avec beaucoup de gens cultivés, parlant au moins une langue étrangère, connaissant le monde extérieur par les réseaux sociaux, mais cette population n'est jamais sortie de la cage.

Beaucoup de ces diplômés acceptent de travailler sans salaire. Un exemple développé dans le livre de Sarah Katz et Pierre Stambul, *Chroniques de Gaza*[3]. Paroles de psychologues diplômés bénévoles :

> *« Nous avons fait 5 ans d'études, nous ne pouvons pas laisser notre société s'effondrer, nous devons mettre nos compétences à son service. Et puis un jour le blocus s'arrêtera, nous aurons de l'expérience, nous aurons du travail. C'est cela Gaza ».*

Depuis 2007, les bombardements sur Gaza sont répétés. Systématiquement, l'occupant vise en priorité la centrale électrique, les stations d'épuration, les petites exploitations agricoles et même les fermes à poulets, puis les zones d'habitation. Pour l'occupant, tout ce qui peut permettre à la société gazaouie de vivre, et en particulier l'appareil productif, est une cible.

Il y a à Gaza une grande pénurie d'eau potable. Ce n'est pas par hasard, c'est parce que l'occupant, au mépris du droit international, pompe la nappe phréatique en amont. Du coup cette nappe est envahie par l'eau de mer et l'eau, sauf en de rares endroits, est inconsommable. Il faut aller en profondeur pour la trouver. Pénurie également d'électricité. Il y a de 4 à 8 heures d'électricité par jour.

3. Chroniques de Gaza, mai-juin 2016, Ed. Acratie, 2016.

Alors les habitants se procurent des groupes électrogènes puis des batteries et essaient de ruser.

Parmi les producteurs : les pêcheurs et les paysans.

Gaza était connu depuis longtemps pour être un port de pêche. Les pêcheurs ont été systématiquement attaqués. L'occupant a imposé des limites changeant sans arrêt pour interdire la pêche sauf sur la côte immédiate. Depuis le début du blocus intégral (2007), les pêcheurs ont eu une vingtaine de morts et plus de 200 bateaux ont été détruits ou confisqués. Les pêcheurs vivaient pour beaucoup, dans la misère ; à l'heure où nous écrivons, tous les bateaux de pêche ont été détruits.

Les paysans ont gardé une organisation traditionnelle. Il n'y a quasiment pas de coopératives comme en France mais il y a un véritable partage des tâches. Des mokhtars[4] élus représentent la population rurale. La bande de Gaza était quasiment autonome en légumes et en poulets. Depuis le 7 octobre 2023, la zone agricole a été totalement anéantie.

Gaza est une société pluraliste, y compris dans le domaine politique. Dans les taxis collectifs, les gens discutent librement : « vive le Hamas » ! « Non, le Hamas, ce sont des corrompus ». Tous les partis politiques palestiniens existent à Gaza.

La fragmentation de la Palestine et sa division avec deux gouvernements rivaux a toujours été un objectif majeur pour l'occupant. Cela explique que Netanyahou ait laissé passer les sources de financement du Hamas, essentiellement en provenance du Qatar. La séparation totale entre Gaza et la Cisjordanie, imposée par l'occupant, est une réalité politique et économique. Gaza est un marché captif.

Une des plaies de Gaza, c'est cette division palestinienne. Le Hamas et ses opposants s'accusent des pires trahisons. Pour le

4. Ces chefs de grandes familles règlent les différends internes et assurent le dialogue avec les autorités. Ils sont souvent très politisés et assurent la cohésion de ceux qui les ont choisis. Il y avait en 2016 une femme mokhtar. Dans cette société patriarcale, les choses bougent.

Hamas, l'Autorité palestinienne collabore avec l'occupant et est responsable de la crise énergétique en prélevant d'énormes taxes sur les hydrocarbures importés. Pour l'opposition, une partie de l'énergie serait détournée par le Hamas qui posséderait, entre autres, des installations souterraines.

Il existe trois fonctions publiques à Gaza. Celle qui travaille et qui est payée par l'Autorité palestinienne (Ramallah) : essentiellement des enseignants et des soignants. Celle qui a poursuivi la grève déclenchée en 2007, au moment des affrontements Hamas-Fatah. Elle est payée par Ramallah à la condition expresse de ne pas se mettre au service de la nouvelle administration. Et celle que le Hamas a recrutée et qui est moins bien payée : essentiellement les services de sécurité. Toutes les tentatives de gouvernement d'Union Nationale ont échoué sur ces fonctions publiques concurrentes.

Une partie de la population, surtout la jeunesse, est « dégagiste ». Elle ne croit pas que la solution puisse venir des partis. En 2011, au moment du début des révolutions arabes, la jeunesse, mobilisée via les réseaux sociaux, était descendue en masse dans les rues de Gaza aux cris de : « fuck Israël, fuck Hamas, fuck Fatah, fuck UN, fuck USA ... ». La répression par le gouvernement du Hamas avait muselé ce mouvement avec arrestations et violences. Cette révolte a donné naissance à un mouvement de jeunes politisés GYBO (*Gaza Youth Breaks Out*).

Tous les partis politiques ont une branche armée à Gaza mais seuls le Hamas et le Jihad Islamique ont des branches armées à la fois offensives et défensives.

Les Salafistes ont essayé d'apparaître à Gaza en 2015 au moment des attentats en France. Le Hamas les a très violemment réprimés et on n'a plus entendu parler d'eux.

Gaza a essayé la résistance pacifique. Pendant des années, le gouvernement du Hamas avait interdit les « Marches du Retour ». La société civile réclamait la possibilité de manifester pour exprimer son aspiration à la fin de cette guerre qui passe par l'application de la résolution 194 de l'ONU[5]. En 2018, le Hamas a autorisé puis facilité ces manifestations. Des dizaines de milliers de Gazaouis ont manifesté pacifiquement toutes les semaines face à la barrière. Le bilan est terrible : des centaines de morts et des milliers d'estropiés, délibérément « jambisés » avec des armes telles que seule l'amputation peut assurer la survie. Les soldats israéliens tiraient comme à la foire. La communauté internationale a laissé faire sans un mot de réprobation et le mouvement de solidarité a été trop faible pour pouvoir mobiliser contre ce carnage gratuit.

Gaza survivait, malgré le blocus, grâce à une multitude d'associations petites et grandes. Les grandes, ce sont notamment le PCHR[6], Al-Haq, Mezan, l'UAWC, le PARC[7]... Leurs dirigeants sont souvent issus des partis de gauche et ils ont pensé être plus efficaces dans la défense de la société civile.

Les petites associations sont multiples et concernent tous les secteurs de la société civile. On trouve beaucoup d'associations de femmes. Incontestablement, la société de Gaza est patriarcale. Mais contre cet état de fait, il y a beaucoup de débats, de contestation, de luttes, de progrès.

Les auteurs de ce livre en mission en 2016 ont rapporté qu'il n'y avait pas de mendicité à Gaza. Les orphelins, les pauvres, étaient pris en charge par des parents, même très éloignés. L'idée de partage était très présente.

Parmi toutes les associations de Gaza, il y en a une qui est devenue tristement célèbre *We are not numbers,* pendant l'actuel génocide. WANN fournit aux jeunes qui veulent s'exprimer des moyens et de l'expertise. L'association se définit ainsi : *de jeunes écrivains palestiniens racontent leur histoire et défendent leurs droits humains*. Pour tuer son fondateur, Reefat Alareer, les Israéliens ont pulvérisé l'immeuble où il vivait, en décembre 2023. C'est cela Gaza.

---

5. Cette résolution exige le retour des réfugiés palestiniens (ou leur indemnisation s'ils ne peuvent revenir).
6. Palestinian Centre for Human Rights : centre palestinien des droits de l'homme.
7. Palestinian Agricultural Relief Committee : comité palestinien de secours agricole.

# GAZA AVANT LE 7 OCTOBRE VILLES PRINCIPALES ET DÉMOGRAPHIE

La bande de Gaza comprend cinq gouvernorats : Gaza Nord, Gaza-ville, Deir al-Balah, Khan Younis et Rafah.

Gaza Nord s'étend sur 10 km et possède un point de passage vers Israël via Beit Hanoun, également connu sous le nom de passage d'Erez. Gaza Nord abrite le camp de réfugiés de Jabalia, le plus grand de la bande de Gaza.

Gaza-ville est la plus grande et la plus peuplée des villes avec plus de 750 000 habitants. Remal, Shuja'iyya et Tal al-Hawa figurent parmi ses quartiers les plus connus. Au cœur du quartier de Remal se trouve l'hôpital al-Shifa, le plus grand établissement médical de la bande de Gaza.

Deir al-Balah est l'un des plus grands producteurs agricoles de Gaza. Il abrite également quatre camps de réfugiés : Nuseirat, Bureij, Maghazi et Deir al-Balah. La seule centrale électrique opérationnelle de Gaza est située à la frontière du district avec Gaza-ville.

Khan Younis compte environ 430 000 habitants. En son centre se trouve le camp de réfugiés de Khan Younis, où vivent environ 90 000 personnes. Rafah est le district le plus au sud de Gaza avec une population d'environ 275 000 habitants. Rafah est également le nom du point de passage avec l'Égypte qui s'y trouve.

# CHAPITRE 2

# IL EST DES RÉCITS DU 7 OCTOBRE QUI PAVENT LE CHEMIN VERS DE NOUVELLES SOUFFRANCES

Une bataille acharnée s'est développée en France autour de la caractérisation du « 7 octobre ». Cette bataille n'a pas concerné uniquement l'espace médiatique, elle a pris la forme d'une imposition étatique de « mots pour le dire », justifiant des sanctions en cas de manquement. Un amalgame puissant entre émotion devant l'horreur d'un massacre et occultation active de la situation de la Palestine et de Gaza a particularisé cette journée, au point d'en faire un « début », et de l'extraire, pour tant de commentateurs, de toute inscription dans le cours de l'histoire réelle.

Replacer le 7 octobre dans la suite des événements vécus dans ce coin de terre est pourtant d'une brûlante nécessité. Car affirmer que l'on a assisté au déferlement, aussi imprévisible qu'injuste, de sauvages cruels et fanatisés, est le chemin le plus court vers de nouveaux bains de sang.

En s'appuyant sur la description du « Gaza d'avant » développée au chapitre précédent, il est possible de comprendre combien de telles explosions violentes devaient être attendues – le fait de les nommer terroristes ne change rien à l'inéluctabilité de mouvements de résistance armée au sein d'une population dépossédée des droits humains les plus élémentaires, broyée, sous des bombardements qu'elle ne peut même pas fuir.

## LE 7 OCTOBRE : TOUT SAUF UN COUP DE TONNERRE DANS UN CIEL SEREIN

### Gaza : vivre dans l'enfermement

Le 7 octobre, c'est d'abord et avant tout un trou dans les grilles d'une cage enfermant une population de deux millions trois cent mille êtres humains.

Un blocus limitant strictement les mouvements des marchandises, et interdisant les mouvements des êtres humains, qui dure depuis 2007 en ne faisant que se rendre de plus en plus étanche, c'est un arbitraire tellement violent qu'il est difficile à concevoir. Il est fréquent d'entendre, après une conférence décrivant la vie à Gaza, une question incrédule : « Mais pourquoi ils ne sortent pas ? ».

Alors il faut bien se rendre compte : environ quarante kilomètres de long sur dix kilomètres de large ; au nord et au sud, deux murs, contrôlant un passage totalement à la discrétion de l'occupant, ouvertement au nord, de fait au sud ; à l'ouest la mer, patrouillée par des navires de guerre, à l'est une haute grille renforcée tous les deux-cents mètres par des tours tueuses, et longée côté extérieur par une route où circulent sans cesse jeeps et tanks. Des buttes de terre y ont été élevées, sur lesquelles grimpent s'installer des tanks, comme de gros insectes maladroits. Même le ciel est sans cesse occupé par les hélicoptères Apaches et les drones, et parcouru en quelques secondes par les F16. Vous êtes physiquement enfermés.

Vous avez vingt ans, une solide éducation, aucune perspective de travail. Comment rêver un avenir dans une cage ? Vous êtes jeune maman, vous regardez grandir, jouer, les enfants. Comment leur dire la réalité ?

De quoi rêver alors ? De justice. D'être reconnu dans ses droits à une vie digne comme tout être humain.

## Gaza : mourir sur la barrière de séparation

Elle était légèrement handicapée mentale, elle s'occupait de sa mère très âgée et avait un plaisir dans la vie : les fêtes dans le village, pour lesquelles elle mettait sa belle robe palestinienne brodée et allait danser. Cette fois-là, en rentrant, elle s'est trompée de chemin. Elle a marché vers la barrière de séparation.

Que se passe-t-il dans la tête d'un jeune, soldat ou soldate, de service de nuit dans une salle de commande climatisée à Tel-Aviv, qui sur son écran voit venir tout doucement une silhouette féminine en robe d'apparat ?

Le sommet de la tour tueuse s'est ouvert et la mitrailleuse a tiré.

Le service compétent de l'armée israélienne a communiqué le fait à la Croix Rouge de Gaza, avec des indications de lieu si confuses qu'on ne l'a retrouvée qu'au jour. On ne saura jamais si elle a été tuée sur le coup ou si elle a saigné toute la nuit dans sa belle robe.

À peine entrés dans la bande de Gaza, les volontaires internationaux sont confrontés à la fréquence de ce type de tirs, aux visites dans des morgues où on ouvre un tiroir contenant un jeune homme au crâne troué. Il y a la possibilité d'exiger des explications, la Croix Rouge fait la liaison avec les forces armées israéliennes. Les volontaires apprennent vite qu'aucun effort n'est fait, ne serait-ce que pour personnaliser de tels tirs. Aussi automatique que paresseuse, la réponse est invariablement : « a mis en danger la barrière de sécurité ».

Vous êtes en cage et votre vie ne compte pas.

## Impunité pour l'occupant, refus d'assistance pour l'occupé : la responsabilité des pays occidentaux

Enfermés, mais aussi bombardés au gré des besoins de la politique intérieure israélienne. Trois grandes vagues de bombardements, avec invasion terrestre dans deux des cas, ponctuent la première décennie de blocus : décembre et janvier 2008-2009, novembre 2012, juillet et août 2014. Le temps de souffler bien que le blocus se renforce continûment, et c'est un rythme annuel que prend l'armée israélienne pour martyriser le nord de la bande : 2021, 2022, mai 2023. Une vraie préparation, rodant en particulier les obus perforants, qui traversent toute la hauteur des immeubles pour exploser au rez-de-chaussée, dévastant les fondations et ne laissant aucune chance aux habitants.

On se prend à penser que face à la violence de l'occupant, il n'était pas encore trop tard pour donner un espoir aux assiégés. À sa jeunesse éduquée par exemple. Mais à de trop rares exceptions près, un étudiant gazaoui qui réussit à contourner la violence frontale des soldats se retrouve face au refus policé des consulats des pays riches : « Nous sommes tellement désolés, vous n'entrez pas dans les cas d'attribution de visas ».

Nos pays, qui ont participé, passivement et activement, à l'enfermement, sont bien mal placés pour déplorer la violence du désespoir.

## Gaza : un camp de concentration ?

Regroupement forcé pour 75 % des Gazaouis, réfugiés des vagues de nettoyage ethnique, interdiction de mouvement pour tous : oui, Gaza partage ces traits des camps de concentration. Pourtant, les Gazaouis font société, exercent leurs métiers, produisent, soignent, éduquent : c'est un « vaste » camp de concentration dans lequel la vie sociale s'organise, au fil de décennies, coûte que coûte.

L'histoire en fait une société pluraliste, diverse, à tout point de vue : familles enracinées de longues date à Gaza, possédant de la terre, des biens immobiliers ; descendants de réfugiés, qui gardent haut la volonté du retour, enseignent de parents à enfants le lieu d'où ils ont été chassés, qu'ils soient entassés dans les huit camps implantés dans la bande, ou se soient installés dans le tissu urbain ; musulmans vivant leur foi de manière diverse, fréquentant assidûment la mosquée de leur secteur, ou pas du tout ; chrétiens, conscients d'être un tout petit nombre, fiers de leurs églises, complètement intégrés ; militants syndicalistes et associatifs, porteurs des idéaux d'un État unique dans l'égalité des droits ; travailleurs de la terre et de la mer, apprenant leur métier de leurs parents ; lycéens et étudiants ; fonctionnaires de l'État de Palestine (Autorité palestinienne) ou recrutés depuis 2007 par les autorités de Gaza ; militants des petits partis communistes, du FPLP[1] ou du FDLP[2], de l'Initiative pour la Palestine, membres du Fatah, membres du Hamas, du Jihad islamique, ou plus fréquemment professant un profond mépris pour les partis politiques, « ne servant que leur propre intérêt »...

Une société issue d'une longue histoire, très éduquée, socialement stratifiée... et sous blocus hermétique. Le mot juste serait alors ghetto ? Mais le ghetto des périodes les plus noires, tous mouvements avec l'extérieur interdits.

Gaza, c'est une société normale incarcérée dans une situation totalement anormale. Qui pouvait penser qu'un tel déni de justice s'inscrirait sans réactions dans la durée ?

Résistance, c'est la voie de l'existence : nous le crions à plein poumons dans les rues de France. À Gaza, ce n'est pas un slogan, c'est l'air qu'on respire. Si on ne comprend pas que Gaza est une cage au sens le plus strict du terme, on ne peut pas comprendre le 7 octobre.

1. Front populaire de libération de la Palestine
2. Front démocratique pour la libération de la Palestine

## CHERCHER À COMPRENDRE, C'EST COMMENCER À DÉSOBÉIR À L'ORDRE ÉTABLI DU DISCOURS

Cette désobéissance est indispensable. Conforter le discours du plus fort, c'est rajouter à la frustration des occupés, et restreindre les possibles futurs à la seule haine.

Dans la déferlante unanimiste qui a tenté d'imposer un récit officiel obligatoire, il est possible de discerner des lignes de forces. Chacune a des racines profondes, plongeant au minimum dans l'histoire et les débats idéologiques du siècle dernier.

### Résistance, terrorisme ?

Tous les mouvements de résistance ont été qualifiés de « terroristes » par les oppresseurs qu'ils combattaient. Aucun occupant ne parle de Résistance : terroristes, « armées du crime » ! Mais on ne change pas une réalité en refusant de la nommer justement.

« La libération par l'armée du crime ! », cette phrase placardée sur fond rouge sur les murs de Paris occupé, montrant des victimes d'attentats, l'avons-nous oubliée ? Non, pire. Dans la même période où le gouvernement français installe le couple Missak et Mélinée Manouchian au Panthéon, au nom des fusillés de la MOI[3] communiste, ceux justement dont l'affiche rouge exhibe les portraits, toutes les formes de la résistance palestinienne sont délégitimées, et pourchassées, y compris sur le territoire français : en novembre 2023, Mariam Abu Daqqa, haute figure laïque de la résistance du Front Populaire de Libération de la Palestine, militante infatigable des droits des femmes à Gaza, est enlevée par la police à Paris (elle séjournait en pleine légalité pour une série de conférences), en pleine rue, de nuit, et jetée dans un avion.

3. Les Francs-tireurs et partisans – Main-d'œuvre immigrée (FTP-MOI) en région parisienne formaient le Groupe Manouchian.

L'argumentaire du Conseil d'État, saisi sur cette expulsion, s'est résumé à : le FPLP est un mouvement terroriste, puisqu'il a organisé des attentats dans la décennie 1980. Oui. Comme le groupe Manouchian contre l'occupant allemand. Comme le FLN algérien contre l'occupant français. Comme le responsable de la branche armée de l'ANC sud-africaine, qui enseigne : « C'est toujours l'oppresseur, non l'opprimé, qui détermine la forme de lutte. Si l'oppresseur utilise la violence, l'opprimé n'aura pas d'autre choix que de répondre par la violence. Dans notre cas, ce n'était qu'une forme de légitime défense » (Nelson Mandela, *Un long chemin vers la liberté*, 1995).

En dépit du large éventail, dans le temps et dans l'espace idéologique, de la prise de conscience de la légitimité de la résistance, comme en témoigne les deux citations ci-dessous :

> « Maintenant [Israël] organise, sur les territoires qu'il a pris, l'occupation qui ne peut aller sans oppression, répression, expulsion, et s'y manifeste contre lui la résistance qu'à son tour il qualifie de terrorisme », disait Charles de Gaulle, alors président de la République (conférence de presse du 27 novembre 1967).
>
> « Des méthodes terroristes ont toujours été utilisées par des mouvements de résistance, de libération nationale », Enzo Traverso (interview d'octobre 2024).

En dépit de notre propre histoire, qui verra l'État français ouvrir enfin les discussions pour l'indépendance avec le FLN algérien ;

En dépit de la construction d'un Droit international : la Résolution des Nations unies 2621 XXV, du 12 décembre 1970, affirme « le droit inhérent des peuples coloniaux de lutter par tous les moyens nécessaires contre les puissances coloniales qui répriment leur aspiration à la liberté et à l'indépendance » ;

En dépit de ces enseignements, en 2023, le Conseil d'État amalgame encore une notion juridiquement fondée, le droit à la résistance, et une notion fourre-tout, terrorisme, pour expulser Mariam Abu Daqqa, FPLP, en agitant l'épouvantail « islamisme » !

## La lutte dans le champ des idées

La lutte idéologique qui est à la racine de la délégitimation des mouvements de résistance oppose frontalement l'analyse en termes de « choc des civilisations », d'« axe de la terreur », à celle en termes de « droit des peuples à disposer d'eux-mêmes ». Une analyse hors du temps et de l'espace, essentialiste : « ce sont des terroristes », opposée à une analyse en termes d'histoire des peuples, de droit des peuples à disposer d'eux-mêmes, de construction d'un droit international.

« Ce sont des terroristes » ne donne aucune clé de compréhension. Il n'y a pas, dans les corpus du droit international, de concept juridique de terrorisme. Son utilisation dans la question de la Palestine relève de l'épouvantail agité pour se concilier les opinions, en les soustrayant à l'effort de la profondeur historique.

En langage commun, une définition de terrorisme pourrait être celle développée en particulier par Alain Gresh, le caractérisant comme attaque sur des civils. Les bombardements des alliés sur Dresde en 1944, les bombardements nucléaires sur Hiroshima puis Nagasaki, sont en ce sens des exemples, terribles et incontestables, d'actions terroristes. Les attaques chimiques contre des villes et villages, attestées de la part des pouvoirs irakiens et syriens, continuent la liste d'actes terroristes contre les populations, perpétrés par des États.

Gagne-t-on en compréhension en renonçant à caractériser ainsi les actions d'États, et en réservant l'expression terroriste à des groupes non étatiques ? Au nom peut-être du « monopole de la violence légitime » (Max Weber), comme attribut obligatoire du pouvoir politique et de lui seul ? Aucunement. C'est justement la force de la création d'instances internationales, au premier rang desquelles l'ONU, que de tracer des principes qui s'imposent à tous.

Se situer dans l'espace de la lutte idéologique, désobéir à l'ordre établi du discours, ne veut pas dire abdiquer sa capacité critique : si la lutte, y compris sous sa forme armée, des peuples colonisés est légitime, cela ne signifie pas que toute action de résistance soit pertinente. Comme l'écrit parfaitement Enzo Traverso : « Dire que derrière le 7 octobre, il n'y a pas l'histoire millénaire de l'antisémitisme, mais il y a l'histoire de l'occupation israélienne, ne signifie pas banaliser la gravité des événements du 7 octobre[4] ».

## LA DÉRAISON DES OCCUPANTS : DIEU À NOS CÔTÉS, ON VIENDRA À BOUT DE LA RÉSISTANCE

Devoir de mémoire, devoir de culture : on ne peut rien construire sur l'ignorance, ni sur la négation, de l'Histoire. L'Histoire nous raconte la défaite de peuples balayés de leur territoire, réduits à l'état de minorités impuissantes. Et l'Histoire porte témoignage du mouvement de fond des décolonisations, de l'irruption d'un monde « non aligné », de la construction d'un droit international.

Le XX$^{e}$ siècle accouche finalement dans la douleur d'une espérance essentielle : droit des peuples à disposer d'eux-mêmes. Le XX$^{e}$ siècle montre aussi la capacité de l'ordre dominant à se survivre, du néocolonialisme à l'œuvre sur de grands pans de la planète à l'aventure ouvertement coloniale sur la Palestine.

Dans le refus de reconnaître la résistance pour ce qu'elle est, court chez le colonisateur, plus ou moins souterrainement, la certitude que ses intérêts sont naturellement, voire magiquement, évidemment supérieurs. Il ne saurait y avoir commune mesure.

4. La lutte armée est considérée comme légale dans le cadre de conflits liés à une occupation selon le droit international, mais elle doit respecter les limites imposées par le droit humanitaire (distinction entre civils et combattants et prohibition des attaques indiscriminées).

*On m'a enseigné et appris les lois à respecter.*

*Et que la terre dans laquelle je vis, a Dieu à son côté,*

chante Bob Dylan en 1964.

Soixante ans plus tard, des fous de dieux messianiques appellent au meurtre de Palestiniens, coupables d'exister là où ils se trouvent, au nom d'une promesse divine.

Il y a une certaine convergence de projet entre un Ben Gourion non croyant et un Smotrich aveuglé par son messianisme perverti : la Palestine doit être à eux, et rien qu'à eux. La différence fondamentale tient à la relation avec le réel, qui disparaît totalement chez le second, ouvrant sur un gouffre de violence et de déni sans frein.

La certitude de venir à bout de la résistance est le propre de tout occupant. L'expérience « occidentale », à laquelle tient tant à se rattacher Israël, devrait pourtant écorner cette certitude. Nous avons vu les images d'un ambassadeur s'engouffrant dans un hélicoptère le drapeau américain roulé sous son bras, laissant les Vietnamiens maîtres de leur pays. Nous avons vu le FNL à la table des négociations, et l'Algérie proclamant son indépendance.

## LA DÉRAISON DES OCCUPANTS : SEUL COMPTERA LE RÉCIT

« Les vieux mourront, les jeunes oublieront » (Ben Gourion)

### Ce n'est pas d'aujourd'hui : l'impunité construit la folie

La consécration d'Israël comme État membre du concert des nations, par son admission à l'ONU par vote de l'Assemblée générale le 11 mai 1949, est une manifestation pure du choix de ne pas tenir compte de la réalité. Ce succès porte en germe toute la capacité de déni qui caractérise la politique actuelle d'Israël. En établissant ainsi son acte de naissance, l'organisation des Nations unies, et les États puissants qui la dirigent de fait, fabriquent une impunité dont les conséquences seront très lourdes.

Le texte voté par l'Assemblée générale dispose :

> « ... Prenant acte, en outre, de la déclaration par laquelle l'État d'Israël « accepte, sans réserve aucune, les obligations découlant de la Charte des Nations unies et s'engage à les observer du jour où il deviendra Membre des Nations unies »,
>
> Rappelant ses résolutions du 29 novembre 1947 et du 11 décembre 1948 et prenant acte des déclarations faites et des explications fournies devant la Commission politique spéciale par le représentant du Gouvernement d'Israël en ce qui concerne la mise en œuvre desdites résolutions,
>
> L'Assemblée générale, remplissant les fonctions qui lui incombent aux termes de l'Article 4 de la Charte et de l'article 125 de son règlement intérieur,
>
> Décide :
>
> 1. Qu'Israël est un État pacifique qui accepte les obligations de la Charte, qui est capable de remplir lesdites obligations et disposé à le faire ;
> 2. Décide d'admettre Israël à l'Organisation des Nations unies. »

La Nakba, c'est-à-dire le déplacement forcé, massacres à l'appui, d'au moins 700 000 Palestiniens hors de leurs foyers, qui a battu son plein tout au long de l'année 1948, débordant d'ailleurs sur 1949 ? La destruction forcenée d'environ 500[5] localités palestiniennes,

5. https://www.amnesty.fr/refugies-et-migrants/actualites/nakba-la-population-palestinienne-toujours-privee-de-ses-terres

en contradiction frontale justement de la résolution citée du 11 décembre 1948 ? L'assassinat du médiateur des Nations unies, le comte Bernadotte, et du colonel français Sérot, son adjoint, le 17 septembre 1948, par une forme de « corps franc », le Lehi, pour protester contre les résolutions onusiennes ? Certes le Lehi sera dissout et les assassins jugés... mais immédiatement amnistiés.

Circulez, il n'y a rien à voir. Nous décidons qu'Israël est un État pacifique, « peace-lover » dans le texte anglais.

La question du sort des réfugiés est emblématique. Les instances internationales sont en réalité conscientes de la Nakba, déni de droits élémentaires et catastrophe humanitaire. Le contenu de la résolution 194 le montre clairement, votée dès le 11 décembre 1948 :

> « 11. Décide qu'il y a lieu de permettre aux réfugiés qui le désirent, de rentrer dans leurs foyers le plus tôt possible et de vivre en paix avec leurs voisins, et que des indemnités doivent être payées à titre de compensation pour les biens de ceux qui décident de ne pas rentrer dans leurs foyers et pour tout bien perdu ou endommagé lorsque, en vertu des principes du droit international ou en équité, cette perte ou ce dommage doit être réparé par les gouvernements ou autorités responsables ;
>
> Donne pour instructions à la Commission de conciliation de faciliter le rapatriement, la réinstallation et le relèvement économique et social des réfugiés, ainsi que le payement des indemnités, et de se tenir en liaison étroite avec le Directeur de l'Aide des Nations unies aux réfugiés de Palestine, et, par l'intermédiaire de celui-ci, avec les organes et institutions appropriés de l'Organisation des Nations unies. »

Cinq mois plus tard, n'ayant en rien tenu compte de cette résolution, Israël entre à l'ONU comme « peace-lover ». Au fil des événements ensuite, face à la violation totale de la résolution 194, l'ONU va-t-elle reconsidérer son vote ? Imposera-t-elle à Israël de se conformer à ce que ce pays a déclaré quelques mois plus tôt « accepte les obligations de la Charte, est capable de remplir lesdites obligations et est disposé à le faire » ? Pas du tout. La réaction sera technique. L'ONU crée le 8 décembre 1949 l'UNRWA, mandaté pour fournir une aide directe et des programmes de travaux aux réfugiés de Palestine. C'est-à-dire, mandaté pour atténuer les conséquences du comportement déviant, on pourrait dire voyou, d'Israël, et prendre en charge à sa place l'engagement financier correspondant.

Il en sera de même pour la politique intérieure du nouvel État. Contre les quelque 150 000 Palestiniens restés sur le territoire du nouvel État, tout un arsenal juridique est aussitôt mis en place. Déclarer qu'une partie de sa population est un ennemi de l'intérieur, est-ce conforme à la Charte des Nations unies ? La question ne sera pas posée. Déclarés a priori déloyaux, les Palestiniens subissent jusqu'en 1966 un régime militaire, tributaire au long de ces seize années d'un couvre-feu, aux heures fluctuant au gré des autorités.

## La *hasbara*

Ce début de l'État aura une inquiétante postérité. L'habitude s'installe d'accepter un récit manifestement contraire aux faits. Il faut soigner ce récit. La propagande, la *hasbara* selon le terme hébreu, fera l'objet d'un soin particulier de la part des autorités israéliennes dans le but de faire accepter les éléments de langage israéliens. Un moment emblématique en sera la mort du petit Muhammad Al-Durah (septembre 2000) : face aux images explicites, l'affirmation répétée d'une mise en scène jouée par des comédiens parviendra à jeter un doute sur la crédibilité des dires de tous les Palestiniens.

Enracinée dans les concepts préexistants de propagande, d'agit-prop et de guerre de l'information soutenus par l'État, la *hasbara* vise à façonner les éléments mêmes du discours acceptable. Cela implique un effort coordonné de la part des institutions publiques et des ONG pour soutenir l'unité intérieure israélienne, s'assurer le soutien des alliés et influencer la manière dont les médias, les intellectuels et les personnes influentes débattent d'Israël. Pendant des années, les efforts d'Israël en matière de *hasbara* seront coordonnés par des organismes gouvernementaux, tels que le ministère des Affaires stratégiques.

Un mécanisme qui fonctionne dans un monde médiatique malade... mais une solution sans lendemain.

À force d'opposer un discours à l'analyse de la réalité, la méthode s'embourbe dans l'absurdité. Tant d'années pour promouvoir coûte que coûte l'affirmation d'Israël comme seule démocratie du Proche-Orient s'enlise dans l'évidence du système d'apartheid. Voilà qu'Israël ne peut plus agiter qu'un dernier épouvantail : les instances internationales du droit, Cour internationale de justice (CIJ) et Cour pénale internationale (CPI), les pays qui en appellent à l'arrêt des bombardements sur la population civile à Gaza, ceux qui reconnaissent l'État de Palestine : Tous antisémites !

## LA GUEULE HIDEUSE DU SUPRÉMACISME

Certes, la *hasbara* est un outil performant en permanence amélioré. Certes, l'émotion devant tout massacre est hautement légitime. Mais la puissance de la déferlante unanimiste pour caractériser les événements du 7 octobre 2023 doit être interrogée.

La désinformation a fonctionné à plein : bébés décapités (décrits par le président des États-Unis, obligeant son cabinet à un démenti frileux), femmes éventrées, peaufinant l'image de fanatiques haineux, d'une attaque par des monstres. On sait maintenant l'origine essentielle de ces déclarations, l'association israélienne Zaka (acronyme de « Identification des victimes de catastrophes »). Ces mensonges ont paralysé l'effort de réflexion. Ils n'expliquent pas tout.

Quoi alors ? Comment parvient-on en France à imposer à toute parole sur Gaza de débuter par l'expression de l'horreur devant les attaques de Palestiniens s'extirpant de leur cage, quand les bombardements à répétition d'une population civile enfermée n'avaient guère remué la sphère médiatique grand public ?

On reste le 7 octobre avec un millier de morts, dont 67,5 % de civils (1170 morts, dont 380 militaires ou gardes armés). Des scores atteints par les grands bombardements sur la bande de Gaza. Ce n'est pas le nombre des victimes civiles qui particularise le 7 octobre. Mais ce ne sont pas les mêmes morts.

Relatant jour après jour le bombardement effroyable sur Gaza de l'hiver 2008 – 2009, le grand militant italien Vittorio Arrigoni, terminait, sous les bombes, ses articles, après avoir noté l'absence de victimes israéliennes, par la mention : *Restiamo Umani*. Toutes vies se valent. Mais ce n'est pas dans cet humanisme-là que nous baignons.

Ce qui particularise les événements du 7 octobre, c'est que ce sont, pour la plupart, des Israéliens qui sont morts, et même quelques Franco-Israéliens. Pour en avoir conscience, il faut prendre du recul sur l'ambiance suprémaciste dans laquelle nous baignons. Toutes vies se valent. La peur devant la mort est la même. Une chose est sûre : à accepter comme « dommage » la mort des uns, à hurler à l'horreur devant la mort des autres, on nourrit la spirale vers d'autres massacres.

## Le monde et les puissants

Le déchaînement des armes israéliennes, contre Gaza martyr, contre la Cisjordanie, puis l'attaque contre le Liban, sur l'essentiel de son territoire, et enfin le pilonnage des infrastructures militaires de la Syrie quelques heures après le renversement d'Assad, sont justifiés par le gouvernement israélien par l'existence sur ces terres-là de forces hostiles. Déclinaison de la notion d'« axe du mal » : Bush déclare la « guerre du bien contre le mal », libre à ses alliés de tailler dans cet ensemble flou dénommé « le mal » leurs ennemis privilégiés. Il suffit de les marquer au fer rouge d'une des dénominations infamantes, terroristes bien sûr, islamistes si besoin... et la chasse est ouverte.

Il faudrait bien sûr poser la question : de quel droit ? Quelle est la légitimité de ce dessin des relations internationales ? Depuis la naissance de la Société des nations (SDN), au bilan incertain, de constants efforts ont dessiné les structures d'une organisation des relations internationales progressivement plus inclusives. Du « club des vainqueurs » a émergé une organisation des Nations unies, portant bien des marques encore de son berceau, au premier rang desquels l'abusif droit de veto d'un club des puissants dénommé membres permanents du Conseil de sécurité, mais faisant une place à une Assemblée générale de 193 membres, bien plus représentative de ce qui se passe sur terre :

> « Au second jour de la reprise de la dixième session extraordinaire d'urgence sur les mesures illégales prises par les autorités israéliennes à Jérusalem-Est occupée ainsi que dans le reste du Territoire palestinien occupé, l'Assemblée générale a adopté, par 124 voix pour, 14 contre et 43 abstentions, une résolution qui exige d'Israël qu'il mette fin sans délai à sa présence illicite dans le Territoire palestinien occupé, laquelle constitue un fait illicite à caractère continu engageant sa responsabilité internationale, et qu'il le fasse au plus tard 12 mois après l'adoption du texte » (Couverture officielle des réunions de l'Assemblée générale/Plénière, 18 septembre 2024).[6]

L'argumentaire bien huilé : « contre les forces du mal, mon droit d'intervention est absolu » se heurte à la question obstinée : « qui décide ce que sont les forces du mal ? » Le Hamas exemplifie la césure entre pays dominants et expression du monde : « Le Hamas est classé comme organisation terroriste par une trentaine de pays, quasi-exclusivement occidentaux ... » écrit pudiquement Wikipedia. C'est dire que plus de 90 % des pays ne valident pas cette caractérisation. Pourtant reprise comme une évidence explicative par les médias français dominants. Parce que quand même, si tous les pays ont le droit de vote à l'Assemblée générale de l'ONU, tous les avis ne se valent pas, n'est-ce pas ?

6. https://press.un.org/fr/2024/ag12626.doc.htm

# RÉSISTANCE NON VIOLENTE ? LE 7 OCTOBRE EST LE PRODUIT IMMÉDIAT DE L'ABANDON DES MARCHEURS DU RETOUR

Un appel désolé vers les Palestiniens résonne, tenant compte de la situation des Gazaouis, ne niant pas l'injustice et la souffrance, mais suppliant : « Adoptez une démarche pacifiste, privilégiez la « résistance populaire » non violente, vous serez compris de nous-autres Occidentaux et l'armée israélienne ne pourra rien contre vous... »

À l'automne 2024, un documentaire rassemblant plusieurs années d'enregistrements vidéo du quotidien d'un des villages de Masafer Yatta, en Cisjordanie, au sud-est d'Hébron, montre de manière saisissante la totale déconnexion de ce souhait d'avec la réalité. Le mouvement de résistance populaire, résistance non violente des villages de Cisjordanie contre l'extension des colonies, a laissé de nombreux morts, et rares ont été les victoires, même très partielles, arrêtant l'avancée des colonies sur leurs terres. Le film *No other Land* montre tout simplement quel est le rapport de forces entre des manifestants et des tanks, entre des maisons et des bulldozers, entre des cris et des fusils chargés, et qui tirent.

Pourtant cette résistance pacifique se manifeste courageusement depuis des décennies et des décennies. Au plan mondial, elle est particulièrement représentée par le mouvement BDS[7]. En Palestine, elle est dans toutes les initiatives, et d'abord dans le seul fait de survivre, et de faire collectivité. Elle en appelle par là-même au soutien international. Il n'est pas venu avec la force nécessaire. Loin de là.

Gaza est un exemple de ce point de vue. Le grand mouvement des « marches du retour » rassemble obstinément des milliers, des dizaines de milliers de jeunes gens, face à la barrière de séparation, chaque vendredi, pendant plus d'une année, en 2018-2019.

7. Boycott Désinvestissement Sanctions, à l'appel de 172 associations palestiniennes, en 2005. Voir p. 199.

Sporadiquement, des groupes de jeunes exprimaient depuis des années leur volonté d'affirmer, en se rassemblant devant la barrière de séparation, qu'ils n'oublient pas leur droit au retour sur les terres dont leurs parents ont été expulsés. Les autorités de Gaza réfrénaient le mouvement. Mais pour la journée de la terre de 2018 (30 mars), des interventions fortes sur les réseaux sociaux, un changement d'optique du Hamas, permettent que la manifestation, parfaitement pacifique, soit autorisée. Le ton est donné d'entrée : 17 manifestants sont tués, plus de 1 400 blessés.

Les jeunes vont s'accrocher, le Hamas ne lève pas le mot d'ordre : vendredi après vendredi, des foules de jeunes manifestants sans armes vont crier devant la barrière qui les enferme que le droit international est avec eux, que leur volonté est simple : retourner sur les terres de leurs familles. Distant de quelque soixante-dix mètres, sans le moindre danger, vendredi après vendredi, des snipers israéliens tuent et mutilent.

À la date du 30 mars 2019, soit un an après le début du mouvement, 270 manifestants palestiniens avaient été tués et 29 000 blessés, selon un recensement d'une des agences de l'ONU.

On se retrouve, à l'automne 2019 quand le mouvement prend fin, avec plus de 310 Palestiniens tués par l'armée israélienne, et un nombre effarant de blessés, laissant une génération d'amputés.

Comment ne pas comprendre la joie de ces jeunes quand ils ont vu des portions de cette barrière maudite à terre ?

Le temps n'avait pas été compté au monde pour venir en soutien d'un tel mouvement populaire. Pour dire, avec eux, que oui, la résolution 194 des Nations unies reconnaît le droit au retour dans leurs villes et villages aux réfugiés. Que si, en violation frontale avec les instances chargées d'exprimer le droit, Israël avait détruit, « bulldozerisé » ces lieux, revenir et reconstruire doit être rendu possible aux réfugiés... Mais peu a été dit. Alors ce silence devrait interdire de s'effarer devant des actions violentes.

Sauf à comprendre le contexte qui y a mené, et sauf à lutter contre ce qui a pavé le chemin y conduisant, d'autres « 7 octobre » ensanglanteront la région.

Jusqu'à ce que s'impose la seule issue vivable : une autre voie que la mort de l'autre, cela ne peut se construire que dans l'égalité.

# PARTIE II

# صمود : SOUMOUD

## Gaza, l'exemple du soumoud :
## Tenir bon ! Pourquoi ? Comment ?

Difficilement traduisible, le terme *soumoud*[1] est l'une des faces de la résistance palestinienne. Mais il veut dire « tenir bon ».

Tenir à n'importe quel prix. Tenir bon malgré les bombes, les morts et les blessés. Malgré les arrestations arbitraires, les provocations et (surtout) l'indifférence des grandes puissances ou des « frères » arabes. C'est tout cela que signifie le mot *soumoud*. Pour les Palestiniens, il exprime aussi la disposition à persévérer en s'inscrivant dans le temps long. Une résistance qui dure depuis plus de sept décennies.

Le paysan qui s'oppose à la destruction ou la saisie puis à l'anéantissement de ses terres par l'occupant, et s'y accroche malgré tout, fait preuve de *soumoud*, tout comme celui qui ne cède pas aux sirènes de l'exil, ou comme le réfugié - en Palestine et ailleurs - qui conserve la clé de l'ancienne demeure familiale et n'abandonne pas l'espoir de retourner dans sa ville ou son village d'origine.

Le *soumoud* façonne le peuple à ne pas disparaître. Il est cet esprit de résistance de tous les instants : pacifique, populaire, économique, culturel...

Une résistance qui dure depuis sept décennies et demie est devenue un mode de vivre.

---

1. Définition et explications inspirées de plusieurs sources, en particulier de Olivier PIRONET (Cf. bibliographie).

Les poètes Mahmoud Darwich et Tawfik Zayyad l'ont célébré par des écrits nourris du lien avec la terre et le monde paysan. « Le poème sur l'olivier » de Mahmoud Darwich le met à l'honneur en disant :

لو يذكر الزيتون غارسهُ

!لصار الزيت دمعا

يا حكمة الأجدادِ

لو من لحمنا نعطيك درعا!

Si l'olive se souvient de son planteur

Son huile se transformera en larmes

Oh ! sagesse des ancêtres, notre corps pour vous deviendra

Un habit de protection pour vous.

# CHAPITRE 1

# SEPT ANNÉES ÉPAULE CONTRE ÉPAULE DE LA SOLIDARITÉ POUR PRODUIRE À LA SOLIDARITÉ POUR SURVIVRE

C'est dans l'esprit du *soumoud* que le projet de coopération agricole a vu le jour en 2016.

Un partenariat où les solidaires français, autour de l'Union juive française pour la Paix, répondent à la volonté de paysans gazaouis de s'organiser et d'assurer le respect de leur dignité : illustration du *soumoud* !

Le projet prend naissance dans la zone à l'est de Khan Younis, sur une mince bande de terre fertile, entre les villages de Khuza'a et d'Abasan, limitée à l'est par la barrière de séparation (voir carte n°1). Ces terres agricoles bénéficient alors d'une nappe phréatique d'assez bonne qualité.

Il est né dans un contexte de strict blocus, de répression et d'agressions continues de la part des militaires israéliens envers les paysans. Il s'appuie sur l'expérience, quelques années auparavant, de la présence de solidaires internationaux qui, s'alignant entre les paysans travaillant malgré la menace de l'armée israélienne, constituaient une dissuasion assez efficace permettant aux paysans une fragile reconquête de leurs propres terres.

De la présence de ces volontaires - deux associations sœurs, International Solidarity Movement et Unadikum concouraient alors à maintenir un petit flux continu d'internationaux - est née une confiance réciproque qui explique largement le succès des opérations de solidarité relatées ici.

Débutant sur la question de l'eau, cette coopération a vu rapidement des évolutions fructueuses et un élargissement des domaines d'actions.

Un des aspects essentiels de l'histoire solidaire que cet ouvrage met en lumière, c'est l'apprentissage progressif, de la part des solidaires français œuvrant avec le Groupe Gaza autour de l'UJFP d'une part, des paysans gazaouis appuyés par l'équipe d'Abu Amir d'autre part, de la prise en compte de la réalité de chacun, et l'établissement petit à petit d'un langage commun.

La première leçon donnée dès les premiers pas par les paysans à l'origine du projet, c'est leur très grande prudence vis-à-vis des organisations :

« Pour assurer la survie de nos terres,
Pour nourrir la population en cage de Gaza,
pour rester une société en résistance et non des assistés :
nous, paysans de Khuza'a et d'Abasan,
décidés à cultiver nos champs envers et contre tout,
nous nous organisons de façon autonome ».

La recherche de l'indépendance de la décision et la volonté de toujours cultiver leurs terres, ont fait émerger le besoin d'un lieu de rencontre qui renforce l'autonomie. En découle une demande précise, en mars 2019, quand le projet a déjà de belles réussites à son actif : construire un lieu de réunion à gérer et utiliser de manière autonome.

La confiance née des réussites des réalisations des précédents projets et du bon usage des fonds levés a incité les partenaires à lancer un appel au mouvement de solidarité français. En deux mois les fonds sont collectés et la maison des paysans sort de terre. Les paysans la nommeront « UJFP headquarter » : c'est dans ce « quartier général de l'UJFP » que se tiendront en particulier les réunions avec les autorités de Gaza. Un grand pied de nez aux assassins qui cherchent à maquiller l'entreprise coloniale en guerre de religion.

À la relecture de ces sept années d'expression des agriculteurs, ce qui saute d'abord à nos yeux de solidaires français, c'est l'infinie patience paysanne. Ils ont un savoir-faire, et une immense volonté de ne pas abandonner la culture. Ce qui marque aussi, c'est leur courage face aux attaques de l'occupant, et face à leurs propres responsables politiques. À l'inauguration du château d'eau, premier équipement réalisé (décembre 2016), leur représentant se permettra des paroles dures contre le manque de soutien réel des autorités de Gaza pour l'activité des agriculteurs : « Il faut que ce soit une association juive française qui réalise cette aide !»

Écouter cette parole autonome des agriculteurs est indispensable pour comprendre la situation vécue par eux, et au-delà, ce qu'est réellement la société de Gaza. Voici à titre d'exemple un extrait des relevés des débats (22 novembre 2018) du groupe qui utilise l'irrigation permise par le château d'eau. Les agriculteurs se rendront à la fin de la réunion au ministère de l'Agriculture pour poser et débattre des questions évoquées :

> « La réunion s'est tenue à 10 heures, avec une quarantaine de paysans. L'essentiel des problèmes rencontrés par les paysans ont été abordés :
>
> 1) Les semences avariées (tomates) vendues par certains négociants, ayant mené à des pertes très importantes pour la plupart des agriculteurs.

2) Les insecticides importés d'Israël, inutilisables, ont laissé se multiplier les insectes, conduisant à la destruction des récoltes.

3) Le taux élevé de salinité de l'eau, qui empêche de diversifier les cultures, telles que les fruitiers et les agrumes.

4) Le blocus, qui pèse clairement sur les paysans par l'impossibilité d'exporter leur production, les confinant au marché local, souvent incapable d'assurer un prix rémunérateur suite à l'effondrement des salaires, conduisant aux méventes et aux pertes.

5) L'absence de soutien de la part des institutions locales et internationales, et du ministère de l'Agriculture. »

Obstinément, les agriculteurs vont lutter, les solidaires organiser leur appui. Sur la question prioritaire de l'irrigation, sur la question des semences, de belles victoires vont être construites. La question des pesticides va être le ferment d'une réflexion sur le modèle agricole, d'où l'horizon d'une nécessaire démarche vers l'agroécologie émergera. Même la responsabilisation des institutions locales verra quelques avancées.

Le nœud coulant du blocus, lui, sous sa double figure de l'impossibilité d'exporter et de l'effondrement de l'économie gazaouie menant à la misère des acheteurs, ne se desserre pas. Et le ravage subi par la bande de Gaza depuis octobre 2023, inimaginable, a détruit toutes les infrastructures agricoles, les villages d'agriculteurs, dévasté les terres elles-mêmes, gorgées de débris de la guerre, de pollution chimique due aux armes interdites comme le phosphore blanc, d'engins non explosés. Mais l'expérience acquise entre le mouvement de solidarité et les paysans gazaouis au travail, elle, reste un acquis fondamental pour le futur : être solidaire d'un peuple sous blocus, dont les mains sont entravées, cela signifie apporter la main qui permettra leur travail, tant qu'ils ne seront pas libres de leurs mouvements. C'est un engagement de lutte commune.

## CARTE n°1 – Naissance et évolution des projets agricoles

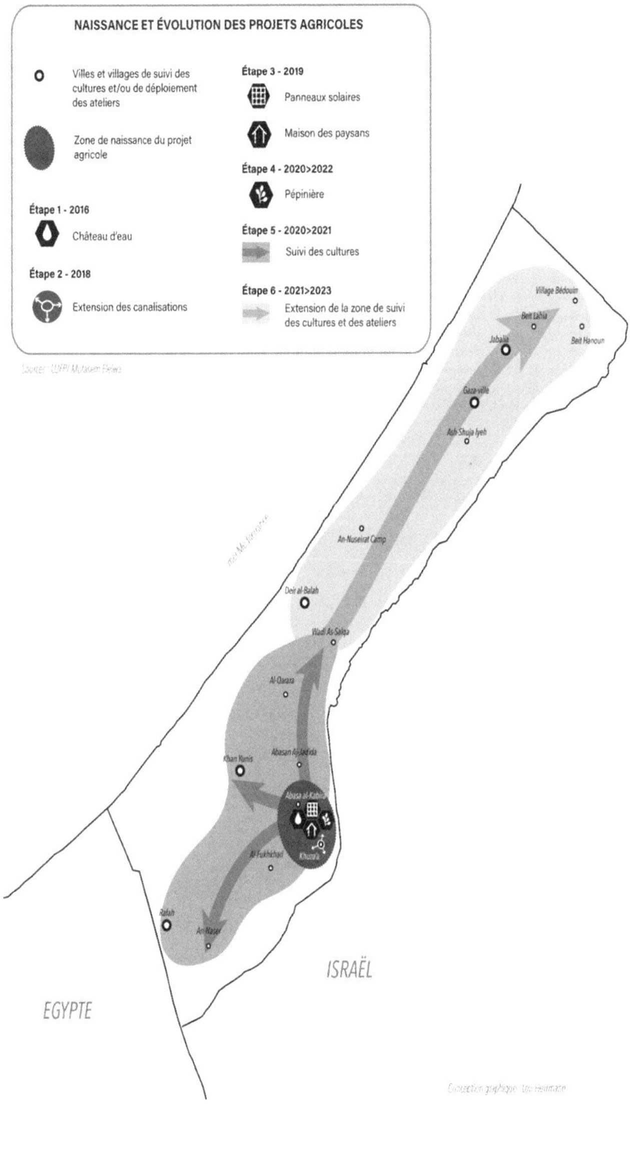

# LA BATAILLE DE L'EAU

Il ne fait aucun doute que le problème de l'eau dans la bande de Gaza est complexe. Y sont entremêlés, les conditions politiques et l'occupation israélienne qui dure depuis 1967, ainsi que les impacts du blocus israélien en place depuis 2007. S'y ajoutent la division palestinienne, l'augmentation rapide de la population et les ressources limitées.

La surexploitation des eaux souterraines a conduit à une baisse des réserves et une dégradation de la qualité des eaux due à l'infiltration continue de l'eau de mer dans les nappes.

L'exploitation par les habitants exerce certes une influence, mais celle-ci reste limitée par rapport à la densité exceptionnelle de la population. Notons que la consommation d'eau à Gaza était de 75,8 l/per capita/jour, alors qu'en Israël elle est de 173 et en France de 150.

La forte démographie engendre une urbanisation et des aménagements rendus nécessaires (habitats, activités, commerces, infrastructures, équipements publics...), mais qui contribue à l'artificialisation des sols. Le besoin de cultiver plus de surfaces est également un facteur à considérer mais son impact reste modeste.

La nappe phréatique de Gaza est commune avec son voisinage à l'est et au nord. On oublie qu'Israéliens et Palestiniens puisent leur eau aux mêmes sources, les Israéliens étant en amont et ne tenant pas compte des règlements internationaux. La densité des puits à l'est et au nord de la barrière de séparation a un effet direct et immédiat sur l'accaparement des eaux souterraines par les Israéliens et ses conséquences sur la disponibilité et sa qualité dans la bande de Gaza.

Il est par ailleurs reconnu que les eaux souterraines qui se déplacent de l'est vers l'ouest sont polluées par l'agriculture israélienne peu ou pas soucieuse d'écologie.

Une autre source saisonnière qui, jadis, permettait un complément d'alimentation en eau de surface est le Wadi Gaza. Après avoir été transformé en égout à ciel ouvert, il est actuellement desséché.

L'offensive militaire à Gaza, outre qu'elle empêche l'accès aux terres agricoles le long du mur, va laisser des traces de pollution très importantes dans le sol et l'eau. En plus de la tragédie humaine, il y a là une catastrophe environnementale.

## Juin 2016 : Un appel déclencheur

En ce mois de juin, l'électricité ne parvient plus dans la bande de Gaza que quelques heures par jour. Devant la perte des cultures qui s'annonce faute de la possibilité de pomper l'eau d'irrigation, Abu Jamal, mokhtar de Khuza'a, à la tête de la famille Abu Taïma, lance aux solidaires français l'appel déclencheur : « Cela ne peut pas durer. Si le mot solidarité a un sens, agissez ».

L'UJFP répond en s'engageant dans le projet « Construisons ensemble le château d'eau d'Abu Jamal ».

Le principe est simple : réaliser un château d'eau alimenté par le forage mis à disposition par Abu Jamal, permettant que l'eau soit relevée aux moments où l'électricité est fournie, la rendant par gravité disponible pour les cultivateurs à tout moment.

Les travaux commencent le 1er octobre 2016, un château d'eau « pousse » comme un champignon. Avec une volonté qui force l'admiration et qui surprend, les travaux vont à une vitesse fulgurante, en dépit du blocus, qui se traduit en particulier par l'absence de ciment, sauf au marché noir. Le 31 octobre toute la structure est sortie de terre et l'inauguration est organisée le 20 décembre.

C'est grâce à des compétences et à l'intelligence des métiers des Gazaouis, et malgré des conditions d'extrêmes difficultés, qu'un château d'eau de 17 m de haut et d'une capacité de plus de 100 m$^3$ est disponible en un temps record. Il permet d'irriguer environ 30 ha et 35 exploitations (350 personnes) y sont raccordées. À l'initiative des agriculteurs, il porte fièrement à son sommet le sigle UJFP.

> Qu'on se permette ici un pas de côté, tellement significatif, vu du côté des solidaires. Relatant l'inauguration du château d'eau de Khuza'a, nous avons pu écrire : « À notre grande fierté, nous entendrons résonner le mot *Yahoud*[1], l'UJFP étant chaleureusement remerciée. *Yahoud* devenu dans la résistance contre l'étreinte coloniale sinistrement synonyme d'« armée israélienne », enfin prononcé dans un contexte de solidarité ! »

Dès les interventions saluant la mise en service du château d'eau de Khuza'a, les éléments du problème sont présents : l'eau est indispensable, il faut assurer non seulement sa disponibilité, mais aussi un accès réel, c'est-à-dire que l'agriculteur puisse l'acheter.

## EXTRAITS DU COMPTE RENDU DE L'INAUGURATION

« Abu Jamal Abu Taima (mokhtar de Khuza'a), qui a offert son forage pour alimenter le château d'eau, dit avec force que la construction du château d'eau a été essentielle pour les paysans de ce secteur. Il constitue une aide très importante : à cause de sa hauteur (17 mètres au-dessus du sol), l'eau atteint l'ensemble des terres visées sans besoin de force électrique supplémentaire.

L'un des paysans ajoute que la construction du château d'eau a été la meilleure chose qui soit arrivée

1. *Yahoud* veut dire « juif » en arabe.

> aux paysans de ce secteur. Un autre explique que les fermes tirent de meilleurs revenus de la culture des légumes, en comparaison avec le blé, le seigle ou les lentilles (cultures saisonnières), mais qu'auparavant ils ne pouvaient ou n'osaient pas se lancer dans cette activité, à cause du manque d'eau – maintenant c'est possible.
>
> Et un troisième précise que le problème du maraîchage de légumes n'était pas seulement le manque d'eau, mais aussi son prix de mise à disposition, qui écrasait les paysans parce que les légumes ont continûment besoin de beaucoup d'arrosage : avec le château d'eau, les paysans peuvent fournir la quantité d'eau nécessaire à chaque instant, au seul prix du volume écoulé ».

## Janvier 2018 : l'eau peut et doit aller plus loin, explique le groupe des agriculteurs dont les terres jouxtent la barrière de séparation

L'UJFP répond par un deuxième appel de fonds au mouvement de solidarité français, l'objectif étant de multiplier par trois le nombre d'exploitations agricoles reliées au château d'eau de Khuza'a. La question est celle de la culture de la « zone tampon », où sont les bonnes terres agricoles (cette zone correspond aux champs qui ont été amputés par l'établissement de la barrière de séparation). Les villages ainsi mutilés se voient interdits de culture sur les terres qui leur restent (« cela gêne la vue des soldats qui patrouillent derrière la barrière », décrète l'occupant, propos malheureusement relayé par certaines instances internationales). La reconquête de la mise en culture de la « zone tampon » est un objectif essentiel des villages concernés.

Là aussi les travaux démarrent rapidement et la contribution des jeunes, décidés à donner leur temps et leurs efforts, renforce l'avancement. Les travaux sont presque achevés quand se déclenchent (30 mars 2018) les « grandes marches du retour », puissantes manifestations pacifiques qui seront, au fil des semaines, terriblement réprimées. La cérémonie d'inauguration aura lieu le 12 mai. Dès mai 2018 environ quatre mille cinq cents mètres de canalisations seront installés, permettant à quelque 100 petites exploitations de s'équiper et se raccorder.

## Le passage au solaire

Le remplissage du château d'eau est assuré par une pompe électrique. Mais la fourniture d'électricité par le réseau de distribution étant très aléatoire alors que le triplement du nombre d'exploitations raccordées impose de le remplir plusieurs fois par jour, le recours aux énergies alternatives devient obligatoire.

Le choix des panneaux solaires apparaît aux agriculteurs une solution d'évidence. Malgré le blocus, la lenteur du soutien des autorités locales et grâce à la volonté des agriculteurs décidés et unis, le château d'eau est inscrit pas le ministère gazaoui de l'Agriculture dans la liste des équipements devant être équipés, et les panneaux solaires arrivent le 20 juillet 2019. Ce parc sera agrandi en 2020 grâce à l'arrivée dans le projet d'une organisation française très motivée, Humani'Terre.

En 2025, il ne reste de ce parc solaire, indispensable équipement et fierté des agriculteurs, attaqués dès l'hiver 2023, que quelques montants tordus.

## Une leçon essentielle : assurer un prix permettant l'accès à l'eau

La disponibilité de la ressource est certes un grand avantage, mais son exploitation a un coût de fonctionnement. Un prix élevé du $m^3$ priverait les plus vulnérables d'y avoir accès. Une action de collecte de fonds pérenne, organisée par l'UJFP permet, dès juin 2018, de maintenir ce prix à 0,8 shekel, montant fixé par les agriculteurs comme le prix permettant aux exploitations pauvres

En haut, en un temps record, la structure sort de terre, Khuza'a, fin octobre 2016 (© Abu Amir).

En bas à gauche, inauguration du Château d'eau de Khuza'a, décembre 2016 (© Abu Amir).

En bas à droite, première réunion d'auto-organisation des agriculteurs, printemps 2017 (© Abu Amir).

En haut, atelier « Combattre maladies et insectes en contexte de changement climatique », automne 2022 (© Abu Amir).

Au milieu à gauche et à droite, déploiement fulgurant du système d'irrigation, voir carte n°1, mai 2018 (© Abu Amir).

En bas, construction de la maison des paysans, secteur Abu Taïma, Khuza'a-Abasan, avril 2019 (© Abu Amir).

En haut, visite chez les producteurs, suivi des cultures, décembre 2023 (© Abu Amir).

À gauche, les panneaux solaires sont enfin déployés, grâce à une lutte acharnée des paysans (© Abu Amir).

À droite, dernière couverture de la serre solidaire, mise en place acrobatique du voile d'ombrage. Juillet 2020 (© Abu Amir).

Au-dessous, à gauche et à droite, la demande de plants augmente. La pépinière est victime de son succès. Plus de 155 000 jeunes plants pour la saison estivale, Khuza'a, juillet 2021 (© Abu Amir).

En bas, premières visites chez les paysans ayant utilisé les plants de la pépinière, Khuza'a novembre 2020 (© Abu Amir).

En haut, atelier « Soutien psychologique », secteur Abu Taïma, 2023 (© Abu Amir).

Ci-dessus à gauche et à droite, visite de la pépinière par les élèves des écoles du secteur, avril 2022 (© Abu Amir).

À gauche, réunion en présence du maire de Khuza'a ; les paysans s'expriment avec force, mars 2019 (© Abu Amir).

En bas, Portes ouvertes : visites de la pépinière par le public, 2022 (© Abu Amir).

En haut, atelier « Amélioration des démarches commerciales », secteur Abu Taïma, 2023 (© Abu Amir).

Ci-dessus, pépinière : préparation des lots de plants pour livraison, 2022 (© Abu Amir).

À gauche, livraison des plants, avril 2022 (© Abu Amir).

En bas, pépinière : préparation pour les nouveaux semis, 2022  (© Abu Amir).

En haut, un système de contrôle astucieux : préparation du compartiment de contrôle des semences, 2021 (© Abu Amir).

Ci-dessus, la pépinière en « surcharge », mars 2020 (© Abu Amir).

À droite, menaces sur les cultures de la « zone tampon » : déplacez immédiatement vos cultures !, ordonne, sans succès l'avis, décembre 2020 (© Abu Amir).

En haut, avion israélien épandeur d'herbicides sur les cultures, région de Khuza'a, secteur d'Umm Al-Wad, 27 mars 2022 (© Abu Amir).

Ci-dessus, le vent maltraite les fragiles structures : ici, rupture de la couverture d'une serre, Al-Fokhari, avril 2022 (© Abu Amir).

À gauche, menace sur les cultures de la « zone tampon » : déplacez immédiatement vos cultures !, ordonne, sans succès l'avis, décembre 2020 (© Mariam Dagga).

En haut, de lourds bulldozers de l'armée israélienne ravagent les cultures sur 4 km, 20 mai 2022 (© Abu Amir).

Ci-dessus, atelier « Amélioration des démarches commerciales », Gaza, 2023 (© Abu Amir).

d'acheter leur eau d'irrigation. Mensuellement, une dotation dédiée assure donc l'équilibre entre le coût d'exploitation et le prix de vente.

Première et salutaire leçon pour les solidaires : permettre de construire de grands équipements, bravo. Mais la responsabilité ne s'arrête pas là, sous peine d'avoir sélectionné les agriculteurs riches comme uniques bénéficiaires. Se vérifie la loi économique implacable : la disponibilité de la ressource n'est pas le seul paramètre, intervient de manière cruciale la possibilité effective de l'accès à cette ressource, en l'occurrence, le prix du mètre cube d'eau.

## LES DEUX MÂCHOIRES DU PIÈGE

Comment acheter les intrants quand la trésorerie des fermes est exsangue après dix d'années de blocus ? Comment vendre décemment quand le pouvoir d'achat est en berne en octobre 2018 ?

Les agriculteurs de Gaza sont au carrefour de deux puissantes logiques destructrices :

D'une part la taille des exploitations est très petite et de ce fait, l'exploitant n'a aucune capacité de négociation avec les fournisseurs et les marchands, n'a pas le poids nécessaire pour défendre ses droits dans l'accès à l'eau et son exploitation n'a pas la taille pour supporter ou même atténuer les conséquences des aléas climatiques que le monde observe actuellement.

D'autre part, ils cultivent sous sévère blocus limitant à l'extrême les exportations. Par ailleurs, les Gazaouis, clients captifs des rares importateurs, constamment dans des conditions de guerre et dans un marché très limité, s'enfoncent dans la pauvreté au point de ne plus pouvoir accéder financièrement aux produits agricoles.

Et pourtant, les agriculteurs de Gaza, dans un état d'appauvrissement croissant, n'abandonnent pas leurs terres et les maintiennent obstinément en culture. Une conscience qu'« une terre en friche est une terre abandonnée, une perte difficilement récupérable devant l'occupation », et de leur rôle de nourrisseurs de leur population et pourvoyeurs de produits frais pour leur société.

## Vendre sous blocus

Parmi les obstacles majeurs qui menacent le très fragile équilibre économique des exploitations agricoles, l'état général de la population, et donc son pouvoir d'achat, est l'élément en définitive essentiel. La Palestine n'a pas, sauf exception rarissime, l'autorisation d'exporter quoi que ce soit (longtemps interdiction de fait, transformée par les accords d'Oslo en interdiction légalisée incluse dans les accords), et Gaza n'a pas le droit d'envoyer des produits en Cisjordanie : le seul débouché est le marché local. Les besoins étant immenses (deux millions de consommateurs potentiels), la vente des produits devrait être assurée. Sauf si le pouvoir d'achat s'effondre complètement. La pauvreté d'une large strate de la société limite la possibilité de vendre les récoltes à des prix permettant à l'agriculteur d'en vivre convenablement.

L'incapacité d'écouler la récolte à un prix correspondant aux dépenses de production ne signifie pas seulement l'absence d'argent frais pour la famille de l'exploitant : elle signifie des dettes insurmontables. Dans les conditions de colonisation et du long blocus total, les agriculteurs n'ont plus de liquidités : ils empruntent pour acheter les intrants, principalement les semences, les engrais et les produits phytosanitaires. Ils doivent rembourser à la récolte. Mais si celle-ci ne peut s'écouler à un prix acceptable, l'endettement s'accumule et devient catastrophique. En cas de non-remboursement les « emprisonnements pour dette » (jusqu'à trois mois) sont appliqués.

## Produire sous blocus - le rôle honni des négociants

Avec la disparition des coopératives agricoles depuis plus de 20 ans, les agriculteurs se retrouvent en effet isolés pour faire face aux conditions si difficiles que rencontre la bande de Gaza.

La dépendance à l'égard des fournisseurs d'intrants indispensables au travail des agriculteurs (produits phytosanitaires et semences en premier lieu) est ressentie très durement. Dans ces toutes petites exploitations agricoles, les années de blocus ont épuisé toutes les réserves financières. La capacité à prêter des négociants, à leurs conditions, leur confère un rôle de décideurs sur toute la vie paysanne, à commencer par l'éventail de produits proposés.

Un exemple avec la culture des fraises, spécialité de la région nord de la bande de Gaza : une culture d'exportation très dépendante des décisions de l'occupation. Nous sommes en novembre 2021, au village bédouin, situé à l'extrême nord de Gaza, à l'ouest du passage d'Erez (Beit Hanoun). Jalal Al-Bawdi, qui cultive des fraises sur un terrain loué de 78 ares, décrit la dépendance au bon vouloir de l'occupant quant aux dates où l'exportation est ouverte :

> « La plupart des agriculteurs dont les récoltes sont exportées souffrent du fait que les récoltes sont exportées par un intermédiaire, c'est-à-dire qu'il y a des commerçants qui collectent les produits agricoles auprès des agriculteurs et qui exportent ensuite ces produits à d'excellents prix et ne donnent à l'agriculteur que de très faibles bénéfices. Nous, agriculteurs, sommes contraints de cultiver des fraises à cause des négociants qui imposent ce type de cultures parce qu'ils gagnent beaucoup en vendant la récolte en Israël à des prix élevés. L'agriculteur gagne peu parce qu'il ne connaît pas les prix auxquels les cultures sont vendues. Nous le faisons aussi pour que nous obtenions des fournitures agricoles de leur part et que nous puissions payer certaines dettes accumulées. Mais si nous pouvions choisir le type de cultures à faire pousser, nous choisirions évidemment les légumes, car la diversification de l'agriculture garantit un bon rendement financier à un coût moindre ».

Son voisin ajoute :

> « La plupart des agriculteurs sont confrontés au problème de l'accumulation des dettes, ce qui les rend totalement

> dépendants des marchands. Ainsi, les marchands de semences contrôlent le type de cultures pratiquées par l'agriculteur, et ce dernier ne peut pas s'y opposer, car le marchand ne lui donnera pas de fournitures agricoles telles que des produits phytosanitaires, des semis et des engrais. L'agriculteur ne peut pas vendre directement sa récolte. Le commerçant en a le monopole en vendant lui-même la récolte. Bien sûr, il fixe les prix appropriés pour lui et non pour l'agriculteur, ce qui fait que l'agriculteur n'obtient pas un bon rendement de sa part. (...) En raison du manque de liquidités financières des agriculteurs, nous sommes obligés d'acheter ces fournitures à crédit. Ici, les commerçants doublent les prix des fournitures agricoles afin de pouvoir contrôler les récoltes, laissant l'agriculteur avec peu de moyens pour nourrir sa famille. Lorsque l'agriculteur achète pour 100 shekels, un intérêt de 20 à 25 % est ajouté au montant. Bien entendu, en cas de dommages directs aux cultures, l'agriculteur n'est pas indemnisé ».

Situation qu'un troisième producteur de fraises résume sobrement :

> « Je ne veux pas mentir mais nous ne possédons rien, même ces cultures que vous voyez appartiennent aux marchands ».

Le blocus, la toute-puissance des négociants, et pas de soutien institutionnel :

> « Par ailleurs, la folle augmentation des prix des produits phytosanitaires agricoles nous amène à nous demander, en tant qu'agriculteurs, quel est le rôle du ministère de l'Agriculture et de l'Économie nationale à cet égard ? Le ministère de l'Agriculture ne peut pas soutenir l'agriculteur ou le compenser pour ses pertes, mais le ministère de l'Agriculture et de l'Économie nationale ne peut-il pas surveiller les prix et la qualité des pesticides ? Chaque personne doit jouer son rôle dans la société, nous faisons l'agriculture et le ministère de l'Agriculture doit faire son travail » (Abdul Qader Ghabin, paysan).

## Menaces sur les cultures de la « zone tampon » : Récolter, c'est risquer la mort par balles (2019)

« Nous sommes broyés entre la misère d'un côté, l'injustice de l'occupation de l'autre ».

Produire dans les conditions du blocus israélien, c'est risquer la mort par balles. En témoigne le document envoyé par douze agriculteurs des terres des deux villages de Khuza'a et d'Abasan aux représentants du peuple français (2019) :

> « J'ai labouré ma parcelle, située à 200 mètres de la barrière de séparation, il y a un mois. J'ai attendu un mois pour rassembler l'argent des semences. Quand nous avons, avec la famille, voulu semer les graines, les soldats ont tiré à balles réelles juste à nos pieds, jusqu'à ce que nous quittions le champ, rendant son exploitation impossible » (Yusuf Abu Taima).

Les agriculteurs en ont appelé à la Croix-Rouge, l'intermédiaire officiel entre eux et l'armée israélienne. La Croix-Rouge a répondu qu'elle allait organiser un dispositif permettant de rendre compte de telles violations, mais seulement dans un mois, et pour une période limitée (5 mai au 10 juin), en précisant qu'ils seraient observateurs, mais ne pouvaient garantir la sécurité des fermiers.

Les agriculteurs écrivent :

> « Nous en appelons à tous ceux qui croient aux droits humains, qui croient en nos droits, pour qu'ils interpellent les organisations de droits de l'homme et toute la communauté internationale, pour qu'ils fassent pression sur l'armée d'occupation, pour que les agriculteurs puissent travailler la terre librement ».

## SOUS LE TITRE « LA RONDE DE L'IMPUNITÉ », L'UJFP PUBLIAIT EN AVRIL 2019 LE TÉMOIGNAGE SUIVANT :

« Cet appel m'a directement ramené quelque six ans en arrière. À l'automne 2013, l'association Unadikum s'efforçait d'alerter le monde : Rien – si ce n'est la volonté de terroriser, en application du « principe » de la responsabilité de la population civile – ne peut justifier de tirer sur un paysan travaillant son champ. Rien – sauf la longue impunité qui enveloppe ces actes, paresseusement couverte par de pâles mensonges, comme le récurrent « a mis en danger la barrière » !

C'est cette impunité que nous vous appelons à lever. Appel aux responsables de la communauté internationale : les semailles 2013 à Gaza : zéro mort, zéro blessé, protégez les paysans travaillant leur terre ! Vous, que nous respectons comme responsables de l'Organisation des Nations unies, vous avez le pouvoir d'imposer que les paysans de Gaza travaillent en sécurité - et par voie de conséquence vous en portez la responsabilité :

Imposez l'interdiction de tout tir sur les paysans au travail

Protégez l'agriculture familiale dans la bande de Gaza, et en particulier le long de la barrière de séparation (1/3 de toutes les terres agricoles)

Imposez le respect et la protection de la population civile à Gaza.

Combien de temps encore, combien de morts faudra-t-il ? » (Sarah)

## Menaces sur les cultures de la « zone tampon » : déplacez immédiatement vos cultures ! (2020)

La volonté de l'armée israélienne de nuire aux agriculteurs prend à ce moment-là la forme d'un harcèlement psychologique et de mépris de leur travail.

L'équipe gazaouie rapporte une visite des terres agricoles adjacentes à la barrière de séparation pour voir ce qui s'y passait après que les forces d'occupation ont installé des panneaux avertissant les agriculteurs de ne pas utiliser ces terres pour les cultiver.

> « Selon les instructions de l'occupant, les agriculteurs doivent se déplacer à 150 mètres de la barrière de séparation pour pouvoir cultiver, ce qui est une grande distance si on la multiplie par la longueur de la bande frontalière, qui s'étend sur environ 40 kilomètres, depuis la frontière égyptienne jusqu'aux limites de la région de Beit Hanoun (ce qui est appelé Erez) vers le nord.
>
> On peut dire que l'occupant veut désertifier environ 6 000 dunums[2] de terre, et c'est un crime que l'occupation commet ».

Voici le contenu des avertissements placés le long de la zone de séparation :

> « Agriculteur, tes plantations ont dépassé la zone autorisée pour l'agriculture. Si tu ne déplaces pas toutes ces plantations dans un délai spécifié, nous allons les éliminer. »

Quant à la réaction des agriculteurs, elle se situait entre la crainte de la destruction des champs et celle de la perte de récoltes. Certains ont répondu que lorsqu'ils plantaient ces cultures, ils savaient que les forces d'occupation pouvaient raser les terres au bulldozer, que l'occupation l'a déjà fait, et que nous n'avons pas d'autre choix :

2. 1 dunum équivaut à 1 000 m$^2$ ou 0,1 hectare.

rester inactifs à la maison, ou bien prendre des risques. Et nous choisissons de prendre des risques.

Et certains agriculteurs, lorsqu'on leur a demandé ce qu'ils pensaient de ces affiches, ont dit de les prendre en photo au travail dans leur champ et de publier cette photo : « C'est notre réponse au message de l'occupation ! »

### Tuer à l'aveuglette

Un autre danger survient quand il y a un brouillard dense, car les soldats commencent à tirer de peur que certains profitent du manque de visibilité et s'infiltrent à leur tour dans les terres occupées à travers la barrière de séparation. Dans l'éventualité où des agriculteurs ou des bergers approchent de la clôture frontalière, un feu nourri est tiré.

## LA BATAILLE DES SEMENCES : LA PÉPINIÈRE SOLIDAIRE

### Création de la pépinière solidaire

Dès les premiers jours, la question des semences est portée au premier plan par les agriculteurs du projet. Cela prend la forme en 2019 d'un projet ambitieux. La colère engendrée par la fourniture de semences avariées, distribuées à son corps défendant par la Croix Rouge, sera le déclencheur. En partant des constatations des problèmes de qualité des semences et autres intrants, de la volonté de rester maître de leur travail et producteurs de leurs moyens de subsistance, les agriculteurs proposent la création d'une pépinière. Autrement dit, produire eux-mêmes les plants des légumes qu'ils vont cultiver dans leurs champs.

Un autre objectif (envisagé à plus long terme) est de produire les semences adaptées aux conditions locales.

L'UJFP lance un appel pressant à développer cet aspect de la solidarité avec les agriculteurs de Gaza sous la forme d'un nouveau projet : « Les graines de l'avenir - Pour la pépinière des paysans de Khuza'a et Abasan.

L'ampleur du projet exige d'élargir l'assise d'acteurs impliqués. Un partenariat décisif permet de répondre à l'appel des agriculteurs : l'association française Humani'Terre.

L'UJFP et Humani'Terre s'engagent ensemble pour les paysans de Gaza, par la signature d'une convention de partenariat (14 avril 2020). Conjointement, les deux associations lancent le projet « Création d'une pépinière pour les agriculteurs des deux villages de Khuza'a et Abasan, au sud-est de la bande de Gaza ». Et comme nous en avons maintenant l'habitude, tout ira très vite :

26 mai 2020 : Début des travaux

Premiers jours, la structure métallique de la pépinière est debout, une grande réserve d'eau est creusée dans le sol et les cheminements intérieurs sont réalisés. Moment magique, la silhouette de la pépinière matérialise la force de la solidarité, que les travailleurs saluent en portant les logos des deux associations sur leur vêtement de chantier.

Dès le 9 juin les travaux de la deuxième phase commencent.

Le chantier de la couverture plastique est achevé et des filets d'ombrage la protègent. Réalisé en un temps record, on dirait des acrobates en action. Les équipements intérieurs suivent.

15 juillet 2020 : la serre est terminée et inaugurée.

La construction de la première pépinière solidaire de Gaza, assurant la germination et la première croissance des plants de légumes, est une belle victoire alliant l'obstination de ces agriculteurs et l'implication de l'équipe Gaza-UJFP. L'équipe rend compte le 3 juillet 2020 :

> « Sous occupation, démunis de la protection de leurs terres que le droit international devrait leur garantir, dans un monde où la petite paysannerie peine à faire entendre sa voix face à l'agriculture industrielle, pour nourrir une population dans un état général de grande pauvreté, au pouvoir d'achat effondré après tant d'années de blocus, pour vivre de leur travail et faire vivre leurs familles, sans aucun mécanisme social ou financier pour gérer les inévitables aléas de la production agricole, les agriculteurs de Khuza'a et Abasan ont mis en route leur pépinière, avec la volonté qu'elle soit au service de tous les agriculteurs, même des plus fragiles économiquement. En travaillant leurs terres, ils témoignent de la force de l'humanité, restons à leur côté ! »

Voici les mots de celui qui a porté tout au long le projet, notre ami et frère de lutte Abu Amir, Mutasem Eleiwa, le jour de l'inauguration :

> « Nous avons insisté pour monter cette pépinière ici parce que cette zone est marginalisée. C'est aussi une zone frontalière dans laquelle les paysans ont été victimes de nombreuses violations et destructions israéliennes. Les paysans ici vivent dans une situation très précaire, c'est pour cela qu'ils ont besoin d'aide et de soutien. Quand nous avons commencé, nous n'avions pas imaginé à quel point les paysans désiraient un projet solidaire comme cette pépinière. Nous avons préparé la fourniture du matériel - terre, semences, engrais et matière première - pendant 6 mois, mais avec l'afflux de commandes des paysans, notre stock sera épuisé dans deux mois : en quatre jours, les paysans ont réservé presque 45 000 jeunes plants. Ce qui distingue cette pépinière des autres, c'est qu'elle est solidaire. C'est-à-dire qu'elle est soutenue par les paysans et des associations dans le but d'aider les paysans. Ainsi, nous vendons aux agriculteurs des jeunes plants et des semences de très bonne qualité à un prix symbolique ».

Agrandie une première fois en août 2021 (elle s'étend alors sur une surface de 6 400 m$^2$), puis une seconde fois quand il n'y a plus la moindre place pour les bacs de culture et qu'il faut les placer à terre, par une nouvelle aile de 4000 m$^2$, son but est d'héberger les semences acquises par les agriculteurs et faire grandir leurs plants, pour que les agriculteurs puissent les utiliser dans la culture de leurs terres.

## Un système de contrôle astucieux

Plusieurs essais de fonctionnement ont été testés avant d'arriver à l'organisation suivante : les agriculteurs achètent eux-mêmes les semences, mais ils sont protégés des mauvaises surprises par la garantie que la germination aura lieu à la pépinière solidaire, ce qui brise le face-à-face en position de faiblesse avec le négociant. La pépinière solidaire contrôle la qualité des semences vendues en effectuant une pousse dans son « laboratoire » :

Assez rapidement après l'installation de la serre de la pépinière, une partie est réservée pour cultiver des échantillons permettant un contrôle de la qualité des semences et le comportement (essentiellement sanitaire) des plantes. Cette démarche s'est avérée efficace. Les semis ont été cultivés sans traitement phytosanitaire ce qui a permis de connaître la sensibilité des variétés et offert une référence de comparaison avec les observations chez les agriculteurs.

Chaque agriculteur a une place à son nom dans ce petit incubateur, et il peut voir ses propres échantillons de semis et les étapes de leur croissance.

## Un mécanisme pour la pérennisation de la pépinière (19 septembre 2020)

Comme pour la question de l'accès à l'eau, la décision est d'assurer le recours à la pépinière y compris des exploitations les plus en difficulté. Dans les conditions réelles de Gaza 2020, cela signifie que la pépinière ne peut s'équilibrer financièrement. Application du principe solidaire adopté, à savoir « nous sommes la main que l'occupant vous tient menottée », le mouvement de solidarité français assume et met en route un système de soutien financier pérenne au fonctionnement de la pépinière.

Trois personnes y sont employées. De plus, un ingénieur agronome a également rejoint l'équipe de la pépinière en août 2021. Si son rôle se concentre particulièrement sur l'étude et l'analyse des cultures des agriculteurs de l'ensemble de la bande de Gaza, il est aussi chargé de la surveillance sanitaire de la pépinière.

## Un semestre au sein de la pépinière (2022)

Janvier

Le taux d'occupation de la pépinière est supérieur à 100 %, à tel point que certains conteneurs de semis sont posés à même le sol, faute de place disponible. La pépinière arrête la prise de commandes jusqu'à ce que les commandes en cours de traitement soient remises aux agriculteurs.

Les températures chutent également de façon spectaculaire au cours des derniers jours de janvier, ce qui entraîne le gel et la perte de 7 000 semis. Ceci pousse la direction de la pépinière à se procurer un film plastique et à aménager de petits compartiments à l'intérieur de la serre de la pépinière pour assurer aux semis de bonnes conditions.

Février

Au cours du mois de février, la pépinière produit plus de 75 000 plants.

Les agriculteurs continuent de recevoir leurs semis ce mois-ci, leur nombre est d'environ 80 000.

Mars

Pour répondre à la demande des agriculteurs qui se préparent pour la saison d'été, la pépinière produit 87 000 plants au cours du mois. Les agriculteurs souhaitent ainsi saisir cette occasion pour compenser les pertes qu'ils ont subies dans le passé.

La pépinière gagne rapidement en renommée depuis son ouverture et devient un sujet d'intérêt dans la région de la bande de Gaza. Elle devient également la destination de visites pour des groupes scolaires au cours de ce mois, qui cherchent à comprendre le rôle de l'agriculture et de la pépinière dans leur région.

Avril

La pépinière prépare plus de 65 000 plants au cours du mois, répondant aux commandes des agriculteurs. La pépinière conforte sa bonne réputation auprès des agriculteurs qui sont rassurés au sujet de leur qualité.

« L'idée de créer la pépinière était une étape importante dans l'aide aux agriculteurs, qui ont commencé à être rassurés de ne plus être seuls, que l'on se soucie d'eux et les soutienne. Il est important de poursuivre dans cette direction pour établir des projets qui leur profitent et les libèrent des restrictions qui les bloquent. »

Le personnel de la pépinière acquiert également une grande expérience grâce aux ingénieurs agronomes du ministère de l'Agriculture qui visitent régulièrement la pépinière pour s'assurer que le travail se passe bien.

La pépinière est également présentée aux élèves de l'école d'Abu Taima, heureux de rencontrer le personnel qui leur explique comment faire les semis et le but d'une pépinière.

Mai

Les agriculteurs commencent à constater que les produits de la pépinière sont de bonne qualité et peuvent leur générer un rendement financier.

La demande s'élève à plus de 77 000 semis en mai à la demande des agriculteurs.

Les agriculteurs confirment avoir vu une augmentation de la quantité de production récoltée, cultivée à partir des semis de la pépinière.

La pépinière fait face à une forte demande de réservations, elle reçoit des commandes un an en avance.

Juin et juillet

La pépinière plante environ 56 000 plants en juin, qui ont été réservés par les agriculteurs qui veulent entrer tôt dans la saison d'hiver, puis 20 000 en juillet.

### Le rôle de la pépinière en direction des scolaires

Comme précisé ci-dessus, des enfants d'âge scolaire sont invités à visiter la pépinière. Cet aspect de transmission est considéré par l'équipe Pépinière, et par l'initiateur du projet, le mokhtar Abu Jamal Abu Taima, comme extrêmement important :

> « Les écoles voisines ont commencé à organiser des projets éducatifs et récréatifs pour visiter la pépinière, la première en son genre qui se veut au service des agriculteurs et a ainsi acquis une grande renommée pour les services gratuits qu'elle fournit au secteur agricole. Ayant gagné la confiance des agriculteurs, auparavant démunis devant la force des lobbies semenciers et l'inflexibilité des pépinières privées, elle est sollicitée par les écoles pour sensibiliser les scolaires aux besoins et aux possibilités de la terre ».

## LE PROJET SE DÉVELOPPE TOUT AU LONG DE LA BANDE DE GAZA : LE SUIVI DES CULTURES

L'accompagnement des agriculteurs va s'intensifier, se diversifier et s'étendre. Lorsque cette activité est lancée, les visites d'agronomes du ministère de l'Agriculture du gouvernorat de Khan Younis se limitent au suivi de la croissance des plants fournis par la pépinière.

Après quatre années d'activités agricoles et d'implications intenses des agriculteurs depuis la construction du château d'eau et la mise en place d'un système d'accompagnement des agriculteurs dans leurs activités de production en passant par la création de la pépinière, le groupe gazaoui et les solidaires ont acquis une expérience et atteint une maturité dans leur coopération.

Petit à petit, le projet est connu dans l'ensemble de la bande de Gaza, et l'équipe de Khuza'a - Abasan sollicitée de manière croissante par des groupes d'agriculteurs d'autres zones, qui plaident leur cas, parfois en envoyant une vidéo en demandant de faire suivre à l'équipe française, où ils expliquent les caractéristiques de leur zone de culture et explicitent leurs besoins les plus urgents. Le partenaire de l'UJFP, Humani'Terre, se déclare prêt à élargir le soutien à d'autres secteurs de la bande de Gaza. Une résolution est ainsi prise par les deux partenaires en juin 2021 : le financement d'un projet « La pépinière solidaire de Khuza'a et Abasan aux avant-postes de la lutte pour une agriculture familiale durable », qui jette les bases d'un programme très ambitieux. Il s'agit d'une « veille sanitaire » comportant la capacité de visites immédiates à l'appel des agriculteurs, du recueil de documents photographiques et d'actions de formation et de conseils, par le recrutement d'un ingénieur agronome pour des visites de terrain.

Ce suivi des cultures va être l'occasion pour la voiture d'une équipe comprenant un agronome, le responsable de la Pépinière solidaire Abu Amir et un assistant de sillonner les terres agricoles tout au long de la bande de Gaza, à l'appel d'agriculteurs souhaitant faire examiner leurs cultures. Sur leur demande, l'agronome examine leurs cultures et repère les maladies et parasites qui les touchent et leur prodigue des conseils quant aux soins à fournir. Pendant que l'agronome travaille dans le champ, pour élaborer des diagnostics, Abu Amir recueille le récit du quotidien de l'agriculteur, ses analyses des problèmes auxquels il doit faire face dans sa profession et ses demandes. Mois après mois se constituent ainsi une riche documentation et une cartographie des conditions d'exercice du métier de paysan sur les différentes terres agricoles de Gaza.

La zone d'activité du projet s'est ainsi élargie à toute la bande de Gaza. À noter que parallèlement, l'accompagnement des paysans s'élargit aux petits éleveurs. Des centaines de témoignages ainsi recueillis, une première conclusion s'impose, pour l'ensemble des paysans dont les terres jouxtent la barrière de séparation : mêmes souffrances, même résistance. De la zone nord-est au sud-est de la bande de Gaza, les agriculteurs sont soumis aux mêmes agressions, qui prennent diverses formes, et vivent les mêmes difficultés :

• Manque d'électricité et son impact sur l'utilisation de l'eau des forages pour l'irrigation, état délabré des réseaux d'irrigation,

• Le prix élevé de l'eau dans cette région

• La mauvaise qualité de l'eau selon le secteur

• Les prix élevés pour les semences et les plants

• Les bas prix de vente des produits frais sur le marché local

• Un marché restreint par la quasi-impossibilité d'exportation

• Le monopole des marchands peu scrupuleux sur les agrofournitures et le marché

• Les incursions de bulldozers à répétition

• La privation de surfaces cultivables à cause de la « zone tampon »

• La largeur variable de la zone interdite à la culture

• La restriction imposée aussi dans cette zone sur le type de production (cultures) possible selon la distance par rapport à la barrière de séparation

• Pulvérisations de substances pesticides toxiques par avion-épandeur dans la zone interdite avec des débordements sur les cultures adjacentes

La base de données correspond à un échantillon suffisamment vaste pour que des traitements quantitatifs soient menés. En voici un exemple, portant sur la période de janvier à juin 2022.

| Zones | Nombre de personnes interrogées |
|---|---|
| Abasan al Kabeera | 36 |
| Village bédouin | 33 |
| Beit Hanoun | 14 |
| Abasan al Jadida | 53 |
| Qarara | 30 |
| Khuza'a | 36 |
| Al Fokhari | 39 |
| Beit Lahia | 23 |
| Shujaiya | 18 |
| Autres (4) | 33 |

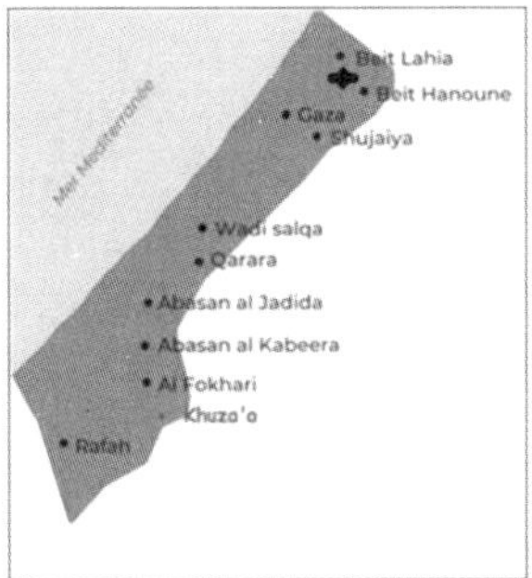


★ Le Village bédouin est situé entre Beit Lahia et Beit Hanoune

Ces 315 agriculteurs et éleveurs ont analysé diverses entraves affectant leur profession, qui ont pu être classées en 7 catégories indiquées ci-après :

• Prix des matières premières élevé / fraudes sur les matières premières

Le prix des matières premières et de tous les intrants utilisés en agriculture constitue un frein à leur acquisition. Les agriculteurs soulignent la mauvaise qualité des semences et plants, ce qui engendre de lourdes pertes. Ceci est d'ailleurs l'un des principaux arguments pour la création de la pépinière.

Les éleveurs se plaignent des mêmes problèmes, leurs animaux sont malades à l'achat !

• Prix de l'eau élevé / salinité importante

Le prix de l'eau douce ne la rend pas accessible. Alors les agriculteurs utilisent de l'eau saumâtre (teneur en sel 10 g/L). Ceci limite les cultures aux espèces les plus tolérantes à la salinité comme les tomates, les poivrons ou les concombres. Cette situation représente une menace non négligeable tant pour la diversité alimentaire des populations que pour la richesse et la bonne vie des sols.

- Manque d'accès à l'énergie / Prix de l'énergie

La bande de Gaza dispose d'un accès à l'électricité seulement de 3 à 5 heures par jour, et même dans ces heures les variations d'intensité électrique entravent le bon fonctionnement des installations et les endommagent également. Le manque d'électricité réduit l'accès à l'eau, puisée avec des pompes électriques. Là aussi des agriculteurs ont proposé le recours à l'énergie solaire.

- Problèmes d'insectes ou maladies / Fraudes sur les produits phytosanitaires

La méconnaissance des agriculteurs des maladies et insectes nuisibles est un handicap pour une gestion sanitaire adéquate de leurs cultures. Les agriculteurs des zones frontalières cultivant sous serres sont également victimes de tirs qui endommagent leurs serres, affaiblissant l'abri que procure le film plastique.

Les produits phytosanitaires sont vendus à des prix limitant trop la possibilité d'achat du bon produit au bon moment.

- Prix de vente final des productions trop faible (pas de marge réalisée)

La bande de Gaza est sous blocus total depuis plus de 16 ans ce qui rend sa situation économique particulièrement fragile. Un second facteur du faible prix de vente sur les marchés locaux est la concurrence déloyale originaire de l'extérieur du territoire : l'embargo qui sévit sur la bande de Gaza empêche les agriculteurs d'exporter leur produit vers Israël, tandis que l'importation de ceux-ci est possible à l'intérieur de la bande de Gaza à des prix très attractifs. Ce qui pousse les agriculteurs à brader leurs produits pour pouvoir les vendre.

• Plainte sur le contexte de vie (blocus, violence, inflation, occupation)

Bien que chacune des plaintes soit souvent indirectement reliée à la situation de blocus dans laquelle vivent les Gazaouis, des plaintes directement liées ont été enregistrées à ce sujet comme des attaques, des dégâts matériels et des pertes spécifiques, particulièrement dans les régions frontalières avec le mur de séparation.

• Dégâts liés aux intempéries / bouleversement climatique

Le dérèglement climatique actuel a des effets sur les intempéries qui touchent la bande de Gaza. Les épisodes pluvieux (et parfois de gel) sont plus rares mais plus intenses lorsqu'ils surviennent. Les épisodes de sécheresse sont plus intenses et se rallongent.

Il est important de comprendre que tous les problèmes auxquels font face les agriculteurs gazaouis sont liés les uns aux autres et se nourrissent les uns les autres. C'est pourquoi, trouver des solutions globales qui peuvent apporter une réponse à plusieurs problématiques est primordial.

## LES PARASITES ET LES RAVAGEURS

À l'origine de la demande de visites de terrain se trouve le besoin de conseils en termes de lutte contre les maladies et les ravageurs des cultures. Il est utile de rappeler la question de la qualité et du prix des produits phytosanitaires évoquée déjà dès 2018 par les agriculteurs. C'est la demande principale des appels adressés à l'équipe de suivi des cultures mis en place en 2021.

Abu Amir précise :

« La première année de suivi des cultures (2021), la constatation de la baisse d'efficacité des produits était unanime, mais il arrivait fréquemment que l'agriculteur incrimine la possible fraude du produit vendu. ...

> Les agriculteurs insistent pour que nous contrôlions leurs cultures, bien que beaucoup savent comment combattre les ravageurs, mais lorsque nous leur rendons visite, ils sont rassurés et se sentent fiers quand ils savent, grâce à l'équipe, qu'ils ont utilisé le bon produit ».

Un agriculteur du centre de la bande de Gaza témoigne :

« Ces ravageurs nuisent à nos cultures et nous coûtent beaucoup d'argent, environ 30 % du coût général de la culture en serre, et c'est une somme importante qui devrait aller à nos familles au lieu d'être dépensée en pesticides. Oui, les insectes attaquent les cultures en abondance, mais si les serres n'étaient pas délabrées, ces insectes ne seraient pas entrés si nombreux à l'intérieur de la serre. C'est pourquoi les institutions doivent travailler à la restauration des serres et aider les exploitations agricoles à affronter les ravageurs ». « Par conséquent, nous demandons au ministère de l'Agriculture de frapper d'une main de fer les marchands qui profitent de la situation des agriculteurs et manipulent les prix des produits agricoles et la qualité de ces pesticides. Ils n'hésitent pas à manipuler n'importe quoi pour augmenter et doubler leurs bénéfices ».

Un dernier témoignage :

« Après avoir examiné la culture, l'agronome de l'équipe constate la présence de mineuses et prescrit un produit pour combattre le parasite. Mais l'agriculteur nous a dit avec des signes d'étonnement sur son visage : « Le prix du produit que vous me demandez d'acheter est de 280 shekels ! Je vous jure que je n'ai que 14 shekels dans ma poche et qu'il n'y a pas d'argent dans ma maison, comment vais-je nourrir ma famille si j'achète ce pesticide ? »

## Des conditions de travail difficiles et des moyens limités

Les produits phytosanitaires sont vendus à des prix trop élevés par rapport aux moyens dont disposent les agriculteurs. Ceux-ci ne peuvent donc pas acquérir des containers entiers sellés de ces produits, et achètent au détail seulement de petites quantités dans des récipients non étiquetés et par conséquent sujets à des doutes sur leurs qualités. Les agriculteurs accusent les vendeurs de diluer les produits ouverts afin d'augmenter leurs ventes.

Selon un agriculteur : « Les insecticides importés d'Israël, inutilisables, ont laissé se multiplier les insectes, conduisant à la destruction des récoltes.

Mais si le problème de l'inefficacité de certains produits est soulevé par les agriculteurs, ces derniers l'attribuent aussi à la « résistance de certains insectes » qui « se propagent davantage et causent des dégâts d'autant plus importants ».

Effectivement l'utilisation répétée des mêmes pesticides (mêmes substances actives) sur les mêmes cultures, cycle après cycle, provoque l'apparition des résistances chez les parasites. Rappelons que les agriculteurs ne disposent pas d'un panel de produits diversifiés et sont obligés d'utiliser, pour sauver des récoltes précieuses pour la population de Gaza et leur autoconsommation, ce que les fournisseurs leur proposent. Qu'il soit clair, ce n'est pas par irresponsabilité que cela se produit, mais par nécessité de sauver une culture et sans alternatives applicables. D'ailleurs ce sujet est fréquemment abordé dans les ateliers d'informations et de conseils organisés par l'équipe de Gaza depuis 2022.

Mais par ailleurs, une connaissance trop partielle par les agriculteurs des maladies et insectes nuisibles est un handicap pour une gestion sanitaire adéquate de leurs cultures.

C'est le mécanisme d'ateliers réunissant les agriculteurs par lieux de production et leur donnant l'occasion d'échanger, confronter leurs expériences, parler avec des techniciens, qui a permis d'avancer l'hypothèse d'accoutumance.

S'ajoute à tout cela la difficulté du respect des doses d'application lorsque l'on traite des petites surfaces et donc des petits volumes de produits à mesurer pour l'intégrer dans l'eau pour les pulvériser.

De plus, les agriculteurs des zones frontalières cultivant sous serre sont également victimes de tirs de balles qui endommagent leurs serres, affaiblissant l'abri que procure le film plastique.

La gestion des ravageurs et parasites pourrait être facilitée par la rotation des cultures sur une même parcelle. Cependant les tailles des exploitations et les contraintes d'organisation et particulièrement dans les cultures sous serre empêchent les agriculteurs de recourir à cette pratique dans le contexte actuel. Alors ils se trouvent dans l'impasse des traitements continus.

C'est regrettable pour certains cas d'infestation par des parasites comme les nématodes. Cette même difficulté se rencontre dans le cas de la gestion des adventices comme les herbes concurrentes des cultures. Mais dans ce cas le travail manuel (désherbage manuel) semble une solution qui évite le désherbage chimique, d'ailleurs peu pratiqué.

Au fil d'un an de travail commun par ateliers, une proposition se dessine :

La rotation des cultures sera un élément clé de toute tentative de sortie du « tout pesticide chimique ». Mais peu d'agriculteurs ont la possibilité de travailler selon une rotation. Un regroupement de plusieurs pourrait aider à appliquer une rotation.

## Un mépris criminel

La lutte chimique est en soi un risque sanitaire dont les agriculteurs ont conscience. Mais ce danger est largement augmenté par la nature des produits proposés. En examinant les produits mis à disposition des agriculteurs, l'agronome du groupe Gaza-UJFP constate la présence de substances actives interdites depuis plus de 30 ans en Europe, d'autres sont purement et simplement supposées retirées du commerce. Non seulement on peut supposer une efficacité moindre par rapport aux parasites visés, mais la dangerosité est connue et avérée.

Déjà les eaux souterraines contiennent des éléments toxiques dont l'origine est l'agriculture israélienne, et qui se sont accumulés pendant des années de négligence et de non prise en considération de leur dangerosité.

Une autre source de présence de pesticides et de leurs sous-produits dans l'eau est l'épandage aérien répété d'herbicides par l'armée israélienne le long de la barrière édifiée à la limite de la bande de Gaza. Épandage constaté et dénoncé par l'association israélienne B'Tselem, photographié par l'équipe à Gaza et publié sur le site de l'UJFP.

## Les causes non parasitaires des maladies

Des problèmes dans les cultures, dont l'origine n'est pas un parasite, sont observés. Il s'agit de troubles physiologiques causés par l'état des sols, salinité en tête, qui ont un impact parfois très important sur la culture et les rendements. C'est une complication liée à la qualité de l'eau d'irrigation et la dégradation de la structure des sols. En affaiblissant les plantes, elle les rend fragiles et sensibles aux parasites et ravageurs. Là encore le blocus, le manque de surface à cultiver et le manque de moyens sont des facteurs favorisant cette situation.

## Comment composer avec le climat ?

Les petits agriculteurs gazaouis doivent faire face à une double contrainte : cultiver dans une bande de terre sous blocus et attaques armées, et cultiver dans les conditions de l'épuisement du modèle agricole productiviste dans le monde du réchauffement climatique. D'une manière générale, la perturbation de l'environnement des terres cultivées a probablement provoqué un appauvrissement de la faune utile qui s'est traduite par la disparition des insectes auxiliaires bénéfiques pour les cultures.

La relative densification des cultures sous serre représente un intérêt pour les agriculteurs. Ce sont des structures simples ni climatisées ni chauffées. Aux dires des agriculteurs, le principal avantage des serres est d'offrir une meilleure protection des cultures contre différents phénomènes climatiques (vent, pluies d'orage) et contre les bioagresseurs (principalement insectes nuisibles et maladies fongiques) dont la pression est ressentie comme croissante au cours des dernières années. Cette évolution semble pouvoir être attribuée pour partie à une hausse des températures moyennes et de l'humidité relative de l'air. Le changement climatique dans la bande de Gaza et ses conséquences pour l'agriculture sont mal documentés en raison de la destruction répétée des stations météorologiques pendant des opérations militaires.

Le changement climatique semble aussi expliquer l'augmentation des avortements floraux et une désynchronisation de la floraison au sein des plantes d'une même espèce qui ont pour effet une baisse marquée de la production. Cette dernière est parfois confondue avec les effets des parasites.

Malgré la prise de conscience de la dangerosité des produits utilisés, les agriculteurs se trouvent dans un dilemme voire une impasse. Comment sauver des cultures qui leur permettent même partiellement une autoconsommation et un petit revenu par la vente de l'excédent dans un contexte de blocus, d'enfermement et de pressions de la part des marchands ?

Une réflexion était en cours avant le 7 octobre 2023 pour une organisation permettant la maîtrise de l'approvisionnement en intrants et l'écoulement des récoltes. Tout est aujourd'hui dévasté. Il n'empêche, en octobre 2024, des agriculteurs de Deir al-Balah remettent certaines parcelles, "abritées" dans le secteur urbain, en culture. L'expérience de la réflexion collective ne peut être effacée. L'obstination légendaire des Gazaouis n'est toujours pas morte.

# L'INVENTION DES ATELIERS

En août 2022, à l'occasion du renouvellement du soutien pour deux années (d'octobre 2022 à septembre 2024) à l'équipement Pépinière et au dispositif Veille sanitaire par les deux partenaires UJFP et Humani'Terre, les étapes précédentes étaient ainsi résumées :

« Un dispositif de veille sur l'état des cultures a été établi sur toute la bande de Gaza (avenant n°3, 22/06/2021). Totalement innovant, ce dispositif tire parti du recrutement à temps partiel d'un ingénieur agricole dans l'équipe de la pépinière. Il comporte une équipe de trois personnes (le manager de la pépinière, l'ingénieur agricole et un assistant), avec une voiture robuste bien identifiée. Un numéro de téléphone est diffusé aux agriculteurs sur toute la bande de Gaza, et ils peuvent faire appel à l'équipe pour examiner leurs cultures lorsqu'ils sont inquiets de l'état sanitaire de celles-ci. Il est à noter que les rapports fournis mensuellement depuis septembre 2021 relatant ces visites ont dessiné en huit mois une image exceptionnelle de la condition paysanne tout au long de la bande de Gaza. Ils permettent de cibler le plus efficacement possible l'aide future à de nouveaux territoires de la bande de Gaza, ce qui était également un des objectifs affichés de l'avenant n°3 ».

Cet été 2022, les deux associations prennent un tournant important dans la conduite du projet, par la rédaction d'un avenant audacieux. Trois réflexions guident l'étape nouvelle.

En premier lieu, la prise de conscience des effets d'un mode de production, généralement appelé intensif ou conventionnel, conduit les agriculteurs à s'interroger sur les impacts tant sur les consommateurs, sur eux-mêmes et sur leur environnement. Une demande d'échanges et d'informations s'est manifestée de la part de plusieurs. La nécessité d'une réflexion collective sur la question même du mode de production s'impose.

D'autre part, les conditions de travail et de vie sous les balles et les bombes font émerger un besoin de lieux et moments permettant aux agriculteurs d'exprimer leurs problèmes. La mise en place d'ateliers de soutien psychologique leur permet d'exprimer et de partager leurs besoins...

Et enfin, le besoin de briser le seul face à face.

« Lors des visites que nous avons faites aux agriculteurs dans le cadre du projet de veille sanitaire durable, nous avons rencontré les agriculteurs en tant qu'individus, et non en tant que groupes, et nous n'avons pas pu leur donner suffisamment de temps pour leur parler ni leur donner tout l'espace nécessaire pour s'exprimer. Nous étions occupés à inspecter les semis et à donner des conseils, mais la forme nouvelle, présentée dans cet avenant, donne aux agriculteurs la possibilité de discuter et d'exprimer chacun leurs opinions, et d'entendre leurs suggestions en tant que groupe. Cette modification permet également de fournir l'éducation nécessaire aux agriculteurs en tant que groupe dans des ateliers diversifiés et instructifs ».

Les responsables gazaouis du projet écrivent.

> « Dans la continuité du projet de veille sanitaire, nous proposons ce qui suit :

Le projet de veille sanitaire a connu un grand succès et a servi une grande partie des agriculteurs dans le domaine du développement agricole, en permettant de connaître les problèmes des agriculteurs et de trouver des solutions en les écoutant lorsqu'ils parlent de leurs problèmes, non seulement les problèmes agricoles, mais aussi les problèmes de vie en général dans l'état de Gaza. Nous voulons tirer parti de leur expérience et les écouter en silence, puis nous leur demandons des solutions et nous étudions ces problèmes et ces solutions. Sur cette base, nous sommes en mesure de faire des propositions de projets qui servent de solutions à ces problèmes. Un effet secondaire important que nous avons constaté dans le cadre du projet de veille sanitaire durable est que l'agriculteur n'a pas seulement besoin d'une aide en nature ou matérielle, mais aussi de parler. Il a besoin que quelqu'un l'entende silencieusement jusqu'à ce qu'il termine son discours afin que cela vide la douleur et la souffrance à l'intérieur de celui-ci. Pour cela, nous avons décidé d'approfondir les connaissances des conditions de ces fermes en modifiant le projet de veille sanitaire durable, au moyen d'une variété d'ateliers pour les agriculteurs au rythme de trois ateliers par mois.

> Ce que nous proposons ici ne sera pas très différent du projet de veille sanitaire durable tel qu'il a été élaboré jusqu'en septembre 2021, mais il mettra l'accent sur la collaboration entre et avec les agriculteurs. Cela permettra de découvrir les problèmes principaux et les sous-problèmes, et de former des idées collectives interreliées pour rédiger des propositions constructives pour des projets qui servent les agriculteurs, en tant qu'équipe coopérative, et ainsi servent le secteur agricole ».

La tenue d'ateliers réguliers permet également de ne pas perdre le contact lorsque des zones agricoles entières le long du flanc est sont déclarées interdites par l'armée israélienne. Même s'il n'est plus possible alors de se rendre aux champs, les agriculteurs peuvent se réunir et échanger sur leurs réactions et moyens d'actions.

C'est une inflexion essentielle qui est ainsi décidée par le partenariat Humani'Terre / UJFP : les bases d'une maîtrise par les agriculteurs de la nécessaire réflexion sur une transition vers des pratiques durables agroécologiques sont ainsi esquissées.

Initialement organisés en trois sessions (échanges professionnels, apport de spécialistes sur des sujets ciblés, soutien psychologique sur la base de l'écoute), les ateliers évoluent progressivement, mêlant travail de réflexion et détente.

Un an plus tard, le bilan s'avère extrêmement positif. En resserrant progressivement les discussions techniques sur le contexte de la bande de Gaza et de chaque zone particulière, avec l'aide d'intervenants techniciens agricoles et agronomes, un superbe travail pédagogique s'installe, permettant de mener ensemble la réflexion sur l'agriculture gazaouie, dans les conditions du blocus et au-delà, et les conditions particulières sur chaque zone. Production de semences locales, gestion de l'eau d'irrigation, lutte phytosanitaire adaptée, les échanges ont battu leur plein pendant plus d'un an – brutalement arrêtés depuis octobre 2023.

Les comptes rendus de ces ateliers, en texte, images et vidéos, constituent une manne pour nourrir l'action solidaire et intégrer la réflexion sur l'avenir de Gaza.

Un dernier point concernant les ateliers : à l'étonnement y compris de leurs promoteurs, les ateliers de soutien psychologique, par la mise en commun et l'écoute de leurs problèmes, en les impliquant dans des jeux récréatifs simples, ont été unanimement validés par les agriculteurs et agricultrices. Ces moments de pures détentes, appuyés sur le savoir-faire de jeunes intervenants psychologues, ont pris une place indispensable.

PARTIE III

# FAIRE SOCIÉTÉ CONTRE LE GÉNOCIDE

# CHAPITRE 1

# LA DESTRUCTION MÉTHODIQUE DE GAZA AU JOUR LE JOUR, UNE RÉALITÉ DES FAITS

« Gaza était une prison, une cocotte-minute qui ne pouvait qu'exploser » comme l'a dit le militant israélien Michel Warschawski. Le bilan de l'attaque du sud d'Israël par des forces palestiniennes menées par la branche militaire du Hamas le 7 octobre 2023 a été très médiatisé. Il est, côté israélien, de 1170 morts, militaires et civils, dont 36 enfants, et environ 250 personnes enlevées et emmenées dans la bande de Gaza, pour s'en tenir aux différentes sources disponibles.

## La préparation de l'attaque israélienne contre Gaza

Passé l'effet de sidération, la mise en condition des opinions publiques israélienne et mondiale commence. Des membres de Zaka, une organisation religieuse israélienne orthodoxe qui a vocation à « identifier les victimes » arrivent sur les lieux. Ses membres vont très vite parler de bébés décapités ou de femmes éventrées.

Bien que maintes fois démenties, ces *fake news* seront reprises en permanence pour criminaliser collectivement les Gazaouis.

Le gouvernement israélien qualifie de « pogrom[1] » le 7 octobre 2023. Dès le 9, le ministre de la Défense israélien Yoav Gallant, déclare : « Nous imposons un siège complet à Gaza : pas d'électricité, pas d'eau, pas de gaz, tout est fermé [...]. Nous combattons des animaux humains et nous agissons en conséquence ». Cette déclaration en annonce beaucoup d'autres venant de ministres ou de militaires israéliens. L'idée générale est « qu'il n'y a pas d'innocent à Gaza ». Toute la population étant considérée comme terroriste, les ordres sont donnés de tuer aussi les femmes et les enfants et de « finir le travail ». Des dirigeants religieux comparent les Gazaouis aux Amalécites. La Bible dit à leur propos : « Va maintenant, et frappe Amalek, et vous détruirez entièrement tout ce qui est à lui, et tu ne l'épargneras pas, mais tu feras mourir les hommes et les femmes, les enfants et ceux qui tètent, les bœufs et les moutons, les chameaux et les ânes. »[2]

## Bombardements massifs et paralysie de la diplomatie

Les bombardements commencent le 9 octobre avec l'annonce d'un siège complet. Le 14 octobre 2023, Israël ordonne à 1,1 million de Palestiniens de quitter le nord de la bande de Gaza pour le sud en 24 heures – « l'un des déplacements massifs les plus rapides de l'histoire ». Le commissaire général de l'UNRWA, Philippe Lazzarini, qualifie d'épouvantable cet ordre. Le 17 octobre, un premier hôpital (Al-Ahli) est bombardé. L'armée israélienne accuse les groupes armés palestiniens d'être responsables des nombreuses victimes. Le 19 octobre, l'église Saint-Porphyre dans le quartier historique du

1. Instrumentaliser ce terme le banalise et passe sous silence deux choses : premièrement les pogroms désignent des massacres organisés conjointement par la police d'un État raciste et une certaine partie de la population contre une minorité discriminée et deuxièmement le 7 octobre, c'est l'occupant qui a été attaqué et non les Juifs en tant que tels.

2. Deutéronome, 25:17-19.

vieux Gaza est partiellement détruite. L'aviation attaque les rares convois humanitaires qui entrent dans Gaza. Le 22 octobre, l'UNRWA annonce la mort de 29 de ses employés. En 3 jours, 34 camions d'aide alimentaire ont pu passer alors qu'il en faudrait 500.

Le 23 octobre 2023, deux otages sont libérés « pour raisons humanitaires ». Mais les premières négociations pour un cessez-le-feu piétinent, le gouvernement étatsunien estimant que « cela profiterait au Hamas ». L'ONU ayant voté des résolutions sur la crise humanitaire, le Premier ministre israélien accuse le secrétaire de l'ONU, Antonio Guterres, « d'antisémitisme ».

## L'invasion

Elle débute le 27 octobre 2023. D'entrée, le gouvernement israélien annonce ne pas pouvoir « assurer la sécurité des journalistes » et interdit l'accès au territoire à la presse internationale. Seuls les journalistes palestiniens, dont certains travaillent pour Al Jazeera ou l'Agence France Presse vont témoigner. Le syndicat des journalistes palestiniens recense l'assassinat de 167 journalistes depuis le début de la guerre jusqu'en octobre 2024, tandis que deux d'entre elles et eux sont toujours portés disparus suite à des détentions forcées. Le nombre de morts varie légèrement selon le moment de l'évaluation et les sources[3]. Plus de 190 journalistes ont été gravement blessés.

Pour tous les bâtiments bombardés, l'armée israélienne déclare qu'ils « abritent des terroristes du Hamas ». Le 28 octobre, l'ordre est donné à nouveau aux habitants du nord de partir. L'hôpital Al-Quds subit ses premiers bombardements. Face aux convois humanitaires

3. Le Comité de protection des journalistes évalue le 4 février 2025 à au moins 170 le nombre de journalistes tués dans le conflit (162 Palestiniens, 2 Israéliens et 6 Libanais) et poursuit ses investigations sur d'autres cas. https://cpj.org/2025/02/journalist-casualties-in-the-israel-gaza-conflict/
Reporter sans frontière décompte dans son bilan 2024 plus de 145 journalistes tués à Gaza par l'armée israélienne et au moins 35 ciblés en raison de leur travail depuis le 7 octobre. L'ONG dépose en 2024 quatre plaintes auprès de la CPI pour les crimes de guerre commis par Israël contre les journalistes à Gaza et dénonce « le risque d'un black-out complet sur l'enclave verrouillée ». Voir aussi https://agencemediapalestine.fr/blog/2024/10/17/reduire-les-voix-au-silence/

qui ne peuvent pas entrer à Gaza, la Cour Pénale Internationale (CPI) déclare « qu'empêcher l'acheminement de l'aide peut constituer un crime ». L'Organisation Mondiale de la Santé (OMS) recense 200 attaques contre les services de santé. Amnesty International accuse Israël d'utiliser le phosphore blanc. Plusieurs vidéos attestent que le port de la ville de Gaza a été bombardé au phosphore blanc les 10 et 11 octobre 2023.

La directrice générale de l'UNICEF déclare que 420 enfants sont tués ou blessés chaque jour.

## Les hôpitaux

Le 1er novembre 2023, quelques étrangers ou binationaux parviennent à passer en Égypte par la frontière de Rafah. Un petit nombre d'enfants blessés sont évacués pour être soignés en Égypte. Le 4, les tanks israéliens atteignent la mer au sud de la ville de Gaza, coupant le territoire en deux. Le plus grand hôpital du territoire, l'hôpital Al-Shifa, subit un premier bombardement. Un convoi d'ambulances est attaqué. Il y a 20 morts. Le secrétaire général de l'ONU déclare :

> « Je suis horrifié par l'attaque signalée à Gaza contre un convoi d'ambulances devant l'hôpital Al-Shifa. Les images des corps éparpillés dans la rue devant l'hôpital sont déchirantes ».

Le 10 novembre, plusieurs médecins israéliens de l'association Médecins pour les droits des soldats de Tsahal légitiment les attaques contre les hôpitaux de Gaza.

L'OMS affirme que 14 des 36 hôpitaux ne fonctionnent plus. L'armée israélienne annonce un assaut imminent sur la ville de Gaza et attaque un convoi de Médecins Sans Frontières (MSF). Le 9 novembre, un médecin urgentiste de Médecins du monde (MDM) est tué. Un porte-parole de la Croix Rouge dénonce la destruction des hôpitaux. L'UNRWA annonce la mort de 101 de ses employés.

Le 15 novembre, l'armée israélienne entre dans l'hôpital Al-Shifa et ordonne à 3 000 soignants et patients d'évacuer. Le 19, l'ONU travaille à cette évacuation, en prenant en charge notamment des prématurés. Tous ne survivront pas. Un convoi et une clinique de MSF sont attaqués. 3 médecins sont tués à l'hôpital Al-Awda. Un grand nombre de civils partent vers le sud.

Le chef de l'OMS déclare :

> « Le monde ne peut pas rester silencieux alors que les hôpitaux, qui devraient être des refuges, sont transformés en scènes de mort, de dévastation et de désespoir ».

## La trêve, un faux espoir

Elle dure du 22 novembre au 1er décembre 2023. Elle permet la libération de 105 Israéliens et 210 Palestiniens. Quelques camions d'aide humanitaire peuvent rentrer par Rafah. Mais en même temps, le directeur de l'hôpital Al-Shifa est arrêté et un dirigeant de la branche armée du Hamas est tué. Le Programme alimentaire mondial (PAM) essaie d'intensifier son aide. L'OCHA[4] évalue à 14 800 le nombre de Palestiniens tués à cette date.

## L'extension de la guerre

« La reprise des combats rend la distribution de l'aide quasi impossible » estime le PAM. Le 6 décembre, l'armée israélienne encercle Khan Younis, deuxième ville du territoire. Le 8, les États-Unis mettent leur veto au Conseil de Sécurité à une proposition de cessez-le-feu. Ce jour-là, le poète Rifat Alareer, fondateur de *We are not numbers* est tué intentionnellement. L'UNICEF évalue à un million le nombre d'enfants déplacés.

Le 10 décembre le département d'État américain annonce de nouvelles fournitures d'armes à Israël. Le 14, une vidéo montre des dizaines de personnes sortant de l'hôpital Kamel Adwan, torse nu et

4. United Nations Office for the Coordination of Humanitarian Affairs : le Bureau des Nations unies pour la coordination des affaires humanitaires.

les bras en l'air. Ils sont amenés vers une destination inconnue. Le 16, l'armée israélienne tue, par erreur, trois otages israéliens.

### L'organisation de la famine et de l'exode

Le 17 décembre 2023, Human Rights Watch est la première ONG à parler de famine organisée. La représentante de l'OMS, constatant que, un à un, les hôpitaux ne peuvent plus fonctionner, déclare : « Il est inconcevable que le monde permette que cela continue ». Le 20 décembre, la guerre a déjà fait plus de 20 000 morts. L'armée israélienne donne l'ordre à la population de se déplacer vers Deir al-Balah. L'UNICEF prévient que des épidémies à grande échelle sont imminentes.

Le 24 décembre 2023, l'armée israélienne achève d'occuper le corridor de Netzarim à 6 km au sud de la ville de Gaza. Elle tire sur les réfugiés qui tentent de passer.

Le 31 décembre 2023, le ministre israélien Bezalel Smotrich préconise un retour des colons dans la bande de Gaza et l'émigration « encouragée » des Gazaouis. Le Haut-Commissariat des Nations unies aux droits de l'homme réaffirme en réponse que « le droit international interdit le transfert forcé de personnes protégées à l'intérieur d'un territoire occupé ou leur expulsion de ce territoire. »

Le 3 janvier 2024, l'hôpital al-Amal de Khan Younis est bombardé. Plusieurs dizaines de personnes sont tuées lors du bombardement d'un immeuble à Jabalia. Le 9 janvier, la Cour suprême israélienne rejette la demande des médias internationaux de pouvoir entrer et enquêter à Gaza. Le 12 janvier, le bilan des victimes donné par l'ONU est de 23 000 morts, 58 000 blessés et 1,9 million de déplacés soit 85 % de la population. 29 000 bombes ont (déjà) été larguées.

Le 20 janvier 2024, l'OCHA évalue à 375 000 le nombre de personnes souffrant de « sous-alimentation sévère ». Le 24, l'armée israélienne attaque trois hôpitaux de Khan Younis.

Le 26 janvier 2024, la CIJ estime qu'Israël viole la convention des Nations unies sur le génocide. Elle ordonne six mesures conservatoires. Israël n'en tiendra aucun compte.

## Complicité et duplicité

Le gouvernement israélien accusant l'UNRWA d'employer des terroristes, le 27 janvier, plusieurs pays dont la France suspendent leurs versements à cette organisation onusienne. Le 4 février, le ministre des Affaires étrangères américain Blinken visite plusieurs pays du Proche-Orient tout en renforçant l'aide militaire à Israël. Le 2 février, l'UNICEF chiffre à 17 000 le nombre d'enfants non accompagnés ou séparés de leurs parents.

Dès le 7 février 2024, Rafah, où 1,5 million de Gazaouis se sont réfugiés, subit une attaque massive. Netanyahou rejette toute idée de trêve. Le chef de la diplomatie de l'Union européenne Josep Borrell juge la situation « alarmante » mais ne prend aucune sanction. Le Quai d'Orsay parle aussi de « situation humanitaire catastrophique ».

Le 12 février 2024, l'OMS annonce avoir livré 447 tonnes de fournitures médicales tout en précisant que c'est une goutte d'eau par rapport aux besoins. Le 15 février, l'armée israélienne bloque une cargaison d'aide humanitaire de l'ONU destinée à un million de personnes et envahit l'hôpital Nasser de Khan Younis. Le 26 février, Biden annonce qu'Israël cessera ses opérations pendant le ramadan. Promesse vaine, mais il n'y aura pas de conséquences pour l'occupant.

## Massacres et famine

Le 29 février 2024, les tanks israéliens tirent sur une foule qui attendait un convoi humanitaire dans la ville de Gaza. Il y a 118 morts et 760 blessés.

Des largages d'aide humanitaire sont initiés, mais ils sont très insuffisants comme l'explique le Programme alimentaire mondial

(PAM). L'OMS avertit que la malnutrition dans le nord de la bande de Gaza est « extrême ».

Le 11 mars, le ramadan commence. Borrell dénonce la faim comme « arme de guerre à Gaza ». Le 15 mars, un bateau chargé de vivres arrive au large de Gaza. Mais il n'y a rien d'opérationnel pour décharger sa cargaison. Le 23 mars, 19 Palestiniens sont tués lors d'une distribution d'aide. Le 24 mars, Israël déclare s'opposer à tout convoi alimentaire de l'UNRWA vers le nord de Gaza.

Le 1er avril, 7 internationaux de World Central Kitchen (WCK) sont tués. Netanyahou dit que ce n'était pas « intentionnel » ce qui est contredit par de nombreux témoignages.

## Dévastation et nouvel exode

Le 1er avril, l'UNRWA évalue à 23 millions de tonnes la quantité de débris ; 14 années seront nécessaires pour les évacuer. Un mois plus tard, l'évaluation monte à 37 millions de tonnes. Seuls 10 hôpitaux sur 36 restent « à peu près » fonctionnels.

Le 15 avril, des experts des droits de l'homme dénoncent l'utilisation de l'intelligence artificielle dans les attaques contre les civils et les infrastructures.

Le 22 avril, la protection civile exhume 283 corps de Palestiniens à l'hôpital Nasser de Rafah. Des fosses communes sont découvertes à l'hôpital Al-Shifa de Gaza. L'ONU et l'Union européenne demandent une enquête. Le 2 mai, l'ONU évalue entre 30 et 40 milliards de dollars le coût de la reconstruction à Gaza.

Le 2 mai, l'OCHA annonce qu'il y a plus de 10 000 disparus sous les décombres.

Le 7 mai, l'armée israélienne s'empare du poste-frontière de Rafah et bloque désormais tous les convois humanitaires en provenance d'Égypte. Le 12 mai, MSF est contraint de fermer l'hôpital indonésien.

Le 10 mai, des charniers sont découverts près de l'hôpital Nasser et de l'hôpital Al-Shifa. Le 13 mai, deux membres du personnel de l'ONU sont tués dans leur véhicule devant l'hôpital européen de Rafah.

Le 14 mai, l'UNRWA annonce que 450 000 personnes ont été déplacées à Rafah. Ce chiffre monte à 800 000 le 18 mai. Le 21 mai, l'UNRWA suspend ses distributions de nourriture à Rafah en raison des combats. L'OCHA évalue à 75 % de la population le nombre de déplacés, certains quatre ou cinq fois.

## Les institutions internationales impuissantes

Le 23 mai, le PAM signale que les opérations humanitaires à Gaza sont proches de l'effondrement.

Le 24 mai, la CIJ ordonne à Israël d'arrêter son offensive sur Rafah. Sans résultat.

Le 26 mai, un camp de déplacés près de Rafah est attaqué. Il y a 49 morts et 250 blessés. L'armée israélienne prend le contrôle du corridor de Philadelphie au mépris des accords passés avec l'Égypte. Les convois d'aide humanitaire sont autorisés à passer au compte-goutte par Kerem Shalom (Abu Salem).

Le 27 mai, l'alerte est donnée sur le sort des handicapés qui ne peuvent pas fuir. Le 28 mai, l'OCHA dénonce les traitements infligés aux prisonniers et en particulier la torture dans le camp de Sde Teiman décrit comme un « Guantanamo israélien ». Le 2 juin, l'ONU évalue à 1,7 million le nombre de personnes déplacées. Le 4 juin, Oxfam[5] dénonce les conditions sanitaires épouvantables et l'organisation de la famine dans la zone côtière d'Al-Mawasi où les camps de tentes se multiplient.

---

5. Oxford Committee for Famine Relief : confédération internationale de 20 organisations caritatives.

## Toujours plus de victimes civiles

Le 5 juin, une école de l'UNRWA est attaquée, il y a 33 morts. Le 7 juin, une opération qui aboutit à la libération de 4 otages israéliens est lancée à Nuseirat. Il y a 274 morts et 698 blessés. L'ONU se dit « choquée » et parle de possibles crimes de guerre. Le bilan des victimes depuis le 7 octobre est de 37 000 morts et 85 000 blessés. On compte 306 morts dans l'armée israélienne.

Le 21 juin, un bureau de la Croix Rouge est attaqué à Al-Mawasi. Il y a 22 morts. Le 24 juin, l'ONG *Save the children* annonce que 21 000 enfants sont morts ou ont disparu depuis le début de la guerre.

Le 25 juin, dix membres de la famille d'Ismaïl Haniyé sont tués dans le camp d'Al-Shati (ville de Gaza). L'armée israélienne donne l'ordre à la population de quitter l'est et le nord-est de la ville. Entre 60 000 et 80 000 personnes fuient. Le 2 juillet, ordre est donné aux 250 000 habitants du sud de la ville d'évacuer.

Le 4 juillet, l'OMS estime que le manque de carburant met en grave danger le système de santé. Dans une publication en ligne datée du 5 juillet 2024 et publiée le 20 juillet sous le titre *« Counting the dead in Gaza, difficult but essential »*, le journal scientifique du *The Lancet* souligne que le chiffre de 37 877 morts identifiés, donné par les autorités de Gaza, a été validé par des études indépendantes. Il évalue à 186 000 le nombre de morts directs ou indirects qui pourraient être imputables à cette guerre.

. Le 8 juillet, une école de l'UNRWA abritant 2 000 personnes est attaquée à Nuseirat. Le 11 juillet, une soixantaine de corps sont découverts dans les décombres d'un immeuble de Shuja'iyya.

Plusieurs cas de poliomyélite sont détectés. Malgré les destructions massives et les déplacements, la campagne de vaccination qui commence en juillet sera menée à terme.

## L'UNRWA

Le 14 juillet, une école de l'UNRWA est frappée dans le centre de Gaza-ville. Il y a 22 morts. Le 16 juillet, plusieurs écoles sont attaquées, il y a 57 morts. Le quartier général de l'UNRWA à Gaza-ville est rasé. Le 17 juillet, l'UNRWA déclare que 70 % de ses écoles ont été attaquées alors qu'elles servent d'abri. Le 19 juillet, après d'autres pays européens dont la France, la Grande-Bretagne reprend ses versements à l'UNRWA.

Le 24 juillet, le haut-commissaire de l'ONU aux droits de l'homme dénonce l'utilisation au cours de bombardements de bombes à fléchettes, des obus contenant des milliers de clous pouvant s'éparpiller et faire des ravages sur 300 m.

Le 1er août, 15 personnes sont tuées dans une école de Shuja'iyya. Le 3 août, il y a 17 morts dans un complexe scolaire de Gaza. Le 4 août, deux écoles de la ville de Gaza sont bombardées, il y a 25 morts.

## L'internationalisation de la guerre

Le 31 juillet 2024, Ismaïl Haniyé est tué à Téhéran dans une frappe attribuée à Israël. Yahia Sinouar lui succède à la tête du Hamas. Il sera tué à Rafah le 16 octobre.

Le 9 août, le ministre Bezalel Smotrich affirme qu'il serait justifié et moral de laisser mourir de faim deux millions de Palestiniens à Gaza. Le 10 août, 93 personnes sont tuées dans une attaque contre une école de Gaza. La rapporteure spéciale de l'ONU, Francesca Albanese, accuse Israël de génocide.

Le 10 septembre, l'aviation israélienne bombarde, à Khan Younis, des zones densément peuplées qualifiées jusque-là de « zones sûres ».

Le 19 septembre, Israël déclenche son offensive contre le Liban.

Le 4 octobre, l'UNRWA indique que 140 de ses écoles ont été attaquées depuis un an.

## Le nord de Gaza, une tragédie à huis clos

Le 13 octobre 2024, l'armée israélienne donne l'ordre à la population d'évacuer tout le nord de la bande de Gaza, y compris la ville de Gaza. Le 14 novembre, selon l'ONU, 100 000 civils ont été expulsés.

Entre le 2 et le 12 octobre, tous les points de passage vers le nord sont fermés. Les boulangeries et les points de distribution alimentaires ont dû cesser toute activité.

Le 22 octobre, plusieurs patients meurent à l'hôpital Kamal Adwan par manque de matériel. De violents combats ont lieu dans le camp de Jabalia. Des dizaines de corps sont sous les décombres. Des civils qui essaient de fuir sont attaqués.

Le 8 novembre, plusieurs associations humanitaires dépendant de l'ONU décrivent comme apocalyptique la situation dans le nord : les forces d'occupation s'acharnent sur les trois hôpitaux. Un médecin de MSF qui avait réussi à livrer du matériel médical est arrêté.

Le 3 décembre, une équipe médicale d'urgence réussit à atteindre l'hôpital Kamal Adwan. Mais les attaques sont incessantes et l'occupant donne l'ordre le 20 décembre aux soignants et aux malades « d'évacuer », ce qui signifie la mort pour les malades.

Le 27 décembre 2024, l'armée israélienne entre dans l'hôpital Kamal Adwan, l'incendie, jette dehors les malades et les soignants et arrête le directeur de l'hôpital, le docteur Hussam Abu Safiya. Une campagne internationale exige sa libération. Le docteur est torturé et emprisonné dans la prison d'Ofer. Il n'y a plus d'hôpital dans le nord de Gaza.

## Un génocide sans fin

Le 26 novembre, la CPI lance un mandat d'arrêt international contre Netanyahou et Gallant. Immédiatement, plusieurs gouvernements dont celui de la France annoncent qu'ils ne l'appliqueront pas.

Le 4 décembre, après une longue enquête, Amnesty International conclut qu'Israël commet un génocide à Gaza.

Avec l'arrivée de l'hiver, le nombre de repas distribués est en baisse. La plupart des animaux d'élevage ont été tués ou abattus. La grande majorité des terres cultivables ont été ravagées.

L'attaque puis l'invasion de la bande de Gaza étaient censées avoir pour but la libération des « otages ». Il est clair que ce n'était pas l'objectif. Cette guerre est clairement une destruction méthodique de la bande de Gaza, de ses infrastructures, de ses écoles, de ses hôpitaux et surtout de sa population civile...

Malgré les annonces régulières sur les « terroristes du Hamas » éliminés, la grande majorité des dizaines de milliers de morts et de blessés sont des femmes et des enfants.

Les journalistes tués à Gaza depuis un an représentent plus de la moitié des journalistes tués dans le monde entier.

La bande de Gaza est fragmentée. Au nord, plusieurs centaines de milliers de survivants vivent dans des ruines bombardées sans relâche. L'armée israélienne détruit tout : infrastructures, immeubles, hôpitaux et elle organise la famine. Il n'y a plus ni magasins, ni ravitaillement. Les Israéliens ont créé une espèce de centre de loisirs pour soldats au nord.

Les trois grandes villes, Gaza, Khan Younis et Rafah ont été vidées de l'essentiel de leur population. La bande de Gaza est coupée en deux par le couloir de Netzarim. L'occupant tire sur celles et ceux qui essaient de le franchir.

L'essentiel de la population est regroupé dans des camps de tentes près de la mer sur une zone totalement surpeuplée de Deir al-Balah à Al-Mawasi.

Le 9 janvier 2025, le journal médical britannique *The Lancet*[6] publie une étude sur la guerre de Gaza. Cette étude montre que le chiffre des morts avancé par le ministère de la Santé de Gaza doit être réévalué d'au moins 40 %.

6. La publication en ligne a été suivie d'une publication dans la revue *The Lancet* ; Zeina Jamaluddine, et al. « Traumatic injury mortality in the Gaza Strip from Oct 7, 2023, to June 30, 2024: a capture–recapture analysis ». *The Lancet*, vol. 405, Février 2025, p. 469-477.

# CHAPITRE 2

# VIVRE LE GÉNOCIDE, TÉMOIGNAGES

Ce chapitre donne la parole à des récits de vie sous génocide : déplacements, perte de sa famille, corvées quotidiennes, situations dégradantes, nuits de terreur, rêves blessés.

### Les Déplacements de l'année 2023/2024

Déplacements incessants, déplacements forcés, des arrachements permanents jusqu'à décider de ne plus bouger ! Mourir ou vivre mais ensemble chez soi !

## TÉMOIGNAGE D'ASMA PROFESSEUR DE FRANÇAIS, CÉLIBATAIRE, VIVANT À KHAN YOUNIS AVEC TOUTE SA FAMILLE

Asma, rencontrée en 2014 à Gaza lors d'un séjour de plusieurs mois, est devenue et restée une amie avec qui à l'époque dans tous nos moments partagés, nous avons longuement échangé sur l'amour idéal, le mariage et la place des femmes dans la société gazaouie. Asma est arrivée en provenance d'Algérie en 2005 pour s'installer à Khan Younis avec sa famille. Elle est professeure de français dans une école. C'est une petite femme d'une quarantaine d'années, sensible, très discrète et réservée. Toute cette année nous sommes restées en lien. Déplacée trois fois avec toute sa famille, elle a livré le témoignage suivant que nous avons écrit ensemble.

## Le 18 décembre 2023 une journée d'arrachement terrible : témoignage mi-janvier 2024

« J'habite dans un appartement qui est dans un immeuble avec ma famille à l'ouest de Khan Younis. Comme nous étions loin des opérations israéliennes qui se situaient à l'est et que nous habitons à côté d'un bâtiment de la Croix-Rouge, nous nous sentions protégés et pensions que l'armée israélienne ne s'approcherait pas. À 8h00 du matin, un enfant de l'immeuble crie que les avions ont lancé des papiers sur les immeubles, papiers que tout le monde lit et où il est écrit que notre quartier et 4 autres doivent être évacués, que les habitants doivent quitter leur habitation car si nous ne partons pas, c'est dangereux pour notre vie. D'habitude je me réveille vers 8h30 et là, ma sœur et mon beau-frère entendent beaucoup de bruit dans l'immeuble car tout le monde quitte son habitation. Mon beau-frère laisse son petit déjeuner en plan et moi j'ai eu un choc, je n'y croyais pas, je ne pouvais pas bouger, j'étais tétanisée. Ma grande sœur a commencé à ramasser les choses importantes et j'ai essayé de l'aider. Tu sais, je me souviens que j'ai voulu tout prendre, mes vêtements, le maquillage, mes bijoux, mais c'était impossible... Alors on a commencé à ramasser les provisions, l'eau, le sel, le sucre, le riz, la farine, des couvertures, des coussins, des matelas, les médicaments, les batteries et j'ai fait un petit sac avec les papiers, l'argent, les bougies et les diplômes. Puis on a commencé à descendre les escaliers car il n'y avait plus d'électricité pour l'ascenseur et comme mes parents sont très âgés et ne peuvent plus se déplacer qu'avec difficulté, nous avons pris une chaise roulante et mis au moins 30 mn pour chacun petit à petit, marche après marche. Moi je suis descendue la dernière et là j'ai pleuré.

J'ai quitté ma maison, ma chambre que j'aimais, mes vêtements, j'ai mis mon foulard et j'ai fermé à clef. Ma grande sœur et son mari, qui possèdent une voiture, ont pris mes parents et nous, nous avons appelé un camion qui a mis du temps à venir à cause des coupures de communication, puis on est monté dans le camion. On est allé chez mon autre sœur à Rafah. A la fin de la journée, je me souviens bien, je restais seule dans un coin la main sur ma tête et quand mon beau-frère m'a questionnée, je lui ai dit que jamais je n'aurais pensé qu'un jour on devrait quitter notre maison. Il m'a répondu que tout Gaza n'a jamais pensé qu'on aurait une guerre comme celle-ci ! J'avais mal au cœur, je ne pouvais ni dormir ni manger, mon appartement était dans ma tête, même si les conditions que nous avons sont meilleures que pour d'autres personnes ici, ce n'est pas ma maison. C'est quitter une vie, des souvenirs, un environnement familier, c'est de la tristesse si difficile. On ne peut pas aller voir ce qui reste de chez nous à Khan Younis, c'est trop dangereux, les Israéliens y sont. Nous sommes maintenant trois familles chez ma sœur, 14 personnes, les journées sont toutes les mêmes, écouter la radio et vivre une routine simple sur fond de bombardements et d'inquiétude avec des difficultés d'approvisionnement pour tout qui est devenu si cher. On a peur, chaque jour, chaque nuit, chaque minute dès qu'on entend qu'ils approchent mais qu'est-ce qu'on va faire ? On va vivre jusqu'à ce qu'on soit mort. J'ai pas peur de mourir, j'ai peur d'être blessée, de perdre un membre, ça c'est dangereux. Tout est détruit, l'école où je travaille, il n'y a plus d'avenir ici.

Début septembre 2024 nous avons écrit ensemble la suite de son témoignage.

« Pourquoi nous, les Gazaouis, doit-on faire tous ces déplacements ?

La première fois que je suis revenue à Khan Younis, j'ai pleuré dans les rues sans rien reconnaître de ma ville, je m'en souviendrai toujours, j'avais peur que ce ne soit plus ma ville. Quand les Israéliens ont terminé leur travail à Khan Younis, les gens ont commencé à rentrer, ce qu'on a fait moi et ma sœur. Tout était détruit, portes, fenêtres et les voisins sont venus nous saluer et nous souhaiter un bon retour.

Au retour dans notre appartement de Khan Younis vers le 25 mai après 5 mois chez ma sœur à Rafah, il y avait du verre partout, de la poussière, de l'eau par terre, tout était sale, en désordre. La porte d'entrée était cassée, on ne pouvait pas fermer. On a réparé les fenêtres sans vitre, on a mis du plastique, moi et ma sœur on a nettoyé tout. Après 5 mois c'était très difficile pour les sentiments de quitter ma grande sœur et ses 4 enfants après tous ces moments vécus, tristes, angoissés, parfois heureux. Ça a été un grand vide, on a pleuré.

On a pris toutes nos affaires, les matelas, les coussins, les vêtements, les valises, les médicaments, la farine, les bouteilles, les batteries, la chaise roulante de mon père.

Notre appartement avait été visité et pillé par des voleurs, la télévision, la bouteille de gaz, la table, des ustensiles de cuisine, des vêtements, un désordre incroyable.

Après, mon beau-frère a ramené mes parents qui ne peuvent plus bouger et les voisins sont venus nous aider à les monter au 3e étage et à tout monter.

Tu sais, tu quittes ta maison pour y revenir, tu crois mourir, pour moi on est mort en partant la première fois et une deuxième fois en quittant ma sœur à Rafah.

Toujours je pense, j'ai des questions dans ma tête, est-ce que je vais retrouver mon école où je travaillais, mes élèves, mes collègues, ma vie d'avant, mes amies : pourquoi on paie cette facture, c'est un grand jeu entre les États du monde, Israël, les États-Unis et l'Iran, pourquoi faire ça ? Pourquoi nous, le peuple, on a tout perdu et rien gagné cette année, tout est détruit.

Des journées je suis calme, d'autres je suis très énervée. On a peur, on s'inquiète pour l'avenir, pour demain. Tu sais quand tu cherches dans un coin noir la lumière, tu cherches tu cherches et tu ne trouves pas tu as peur, nous on est coincé, on n'a pas trouvé la lumière.

Des journées, j'ai de l'espoir, je tiens le coup ; d'autres journées, c'est le désespoir : je prie Dieu que je veux mourir, mes sentiments ne sont pas stables, je ne suis pas stable.

Le plus important pour moi, c'est qu'on reste toutes et tous en bonne santé, parfois j'ai des rêves, voyager, trouver un autre travail, une autre vie, parfois je dis non tout est fini, Asma aussi est finie. Est-ce que le peuple gazaoui peut avoir une vie après cette année, est-ce que l'on peut oublier, est-ce que cette guerre finira ou va continuer, je ne sais pas, je suis toute perdue. J'ai perdu Asma, j'ai perdu ma vie.

Au début, il fallait remplir de l'eau dans des bidons après un trajet d'une demi-heure et surtout on ne trouve plus les médicaments pour mes parents, on a pu acheter des médicaments égyptiens mais qui n'étaient pas les mêmes et actuellement on ne trouve plus rien.

Après notre retour au bout d'un mois et demi Israël nous demandait de partir de nouveau, c'était dur pour nous. On n'a pas quitté car on n'avait plus d'endroit où aller, ma sœur ayant évacué Rafah. On ne se sentait pas d'aller sous tente avec mes vieux parents ne pouvant plus ni bouger ni aller aux toilettes ni dormir par terre. Alors la situation est devenue très difficile car presque tout le monde était parti sauf une famille au 6e étage et quelques jeunes sans famille qui sont restés pour empêcher les vols.

Une partie de la famille est partie, nous sommes restées avec ma sœur en demandant à ma mère si elle était sûre de vouloir rester et ne pas aller dans les tentes, elle nous l'a assuré : si on meurt, on meurt ensemble ; si on est bien, on est bien ensemble. On est resté quatre jours sans sortir avec de l'eau et du pain et tu sais qu'à partir de 17h chacun restait à sa place sans bouger car on avait peur des petits avions israéliens, les fameux quadricoptères qui prennent des photos de tout ce qui bouge, même pour parler, c'était en silence, sans aller aux toilettes non plus. Après, ça s'est calmé et les voisins sont revenus encore une fois et ces jours-là j'avais un sentiment de ne pouvoir aider personne. Je rêve de boire de l'eau mais froide et il n'y a plus d'électricité !

On est tous perdus devant cet avenir inconnu après une année de guerre, que peut-on espérer ? Reconstruire Gaza une autre fois ? Retrouver nos rêves et nos amies ? »

## DÉPLACEMENT D'ABU AMIR LE 28 DÉCEMBRE 2023

« Le 28 décembre au soir, nous avons passé une nuit difficile dans la zone d'Al-Sawarha de la région d'Al-Zawaida. C'est dans cette zone que nous avons passé une semaine terrifiante après avoir été déplacés de notre maison de Nuseirat. Les bombardements ont commencé la nuit, plus précisément à huit heures du soir. Les bombardements étaient intenses et continus, provenant des canons des tanks, des navires de guerre, et des avions F16. Nous nous sommes rassemblés dans les escaliers de la maison pour nous abriter des obus. Nous étions assis les uns contre les autres. Les enfants enfouissaient leur tête sur nos genoux, et parfois ils criaient lorsque les obus touchaient le sol. Le pire moment est d'entendre l'obus exploser. Même s'il ne touche le sol que dans quelques secondes, il est accompagné du sifflement du projectile qui s'élance et frappe le sol, vous plaçant ainsi entre la vie et la mort.

J'ai honte de dire que nous étions rassurés lorsque l'obus tombait à un autre endroit, alors qu'il a pu tomber sur une autre maison et tuer d'autres personnes, mais ce réconfort s'accompagnait d'une grande terreur quand le projectile suivant était tiré. Le temps passait très lentement, et parfois les obus s'arrêtaient pendant une minute ou plus, pendant laquelle nous nous endormions et nous réveillions avec le bruit d'un autre obus.

Enfin, la lumière du matin s'est levée, la fréquence des bombardements a diminué et nous avons commencé à entendre le bruit des charrettes à traction animale qui descendaient la rue. Nous avons regardé prudemment par la fenêtre et avons constaté que les gens avaient commencé à charger ce qu'ils pouvaient sur les charrettes et à quitter la zone. Nous avons alors compris que nous avions miraculeusement échappé à une mort certaine. Nous nous sommes mis à la recherche d'un camion pour transporter ce que nous pouvions prendre et quitter la zone rapidement avant que les bombardements ne reprennent.

Nous étions 13 personnes, ma famille, la famille de mon frère et la famille de ma fille. Nous nous sommes dirigés vers le sud, le long de la route côtière, en espérant que cette route serait sûre. Le long de la route et à perte de vue, il y avait des charrettes et des camions chargés de réfugiés fuyant l'enfer, se dirigeant vers le sud, vers la zone d'Al-Mawasi qui s'étend de Khan Younis à Rafah, mais nous allions vers l'inconnu. Où allons-nous nous installer, comment allons-nous vivre ? La réponse était inconnue de tous.

Pendant que nous avancions et que nous circulions dans les véhicules, nous avons vu certains de nos proches, qui avaient quitté la ville de Gaza pour Deir al-Balah, se dirigeant en direction de Rafah. Nous avons également vu nos voisins de Nuseirat. Tous, nous ignorions notre sort. Des souvenirs me sont revenus à l'esprit, en regardant ce déplacement, ceux du montage de la vidéo sur la Nakba que nous avons diffusé en France. Un spectacle douloureux qui m'a fait couler des larmes sans que je m'en rende compte. Ma femme, qui était assise sur le siège voisin, a remarqué mes pleurs silencieux et s'est mise à pleurer en me disant : « Dieu merci, notre famille et nous-mêmes allons bien et nous sommes sortis sains et saufs », mais le sentiment que nous éprouvions, alors que nous quittions notre maison en tant que réfugiés pour aller vers l'inconnu, et que nous ne savions pas si nous allions rentrer chez nous ou si le destin allait nous emporter au loin, nous brisait le cœur.

Nous sommes arrivés au début de la zone d'Al-Mawasi, dans la région de Khan Younis, et des tentes de réfugiés ont commencé à apparaître de loin au-dessus des dunes de sable. La plupart de ces réfugiés ont perdu leur maison et leurs proches. Nous avons continué notre voyage, pour trouver des milliers de tentes, et au fur et à mesure que nous avancions, la foule augmentait, et l'image de la souffrance commençait à apparaître plus clairement qu'auparavant.

Nous avons continué à marcher jusqu'à ce que nous entrions dans la zone de Rafah, où nous avions l'impression d'être dans un autre monde ou dans une autre période de l'histoire. La cohue était énorme et étouffante. Il nous a fallu trois heures pour parcourir un kilomètre. Les eaux usées recouvraient les rues et les odeurs nauséabondes étaient omniprésentes. Un grand nombre de personnes mendiaient et demandaient de la nourriture. Ce qui m'a vraiment blessé, c'est une femme accompagnée de ses enfants qui sollicitait les voitures qui me précédaient, afin de pouvoir nourrir ses enfants. Lorsqu'elle a atteint ma voiture, elle s'est adressée à nous et nous a dit : « Je vous en supplie et je vous embrasse les pieds. Donnez-moi n'importe quoi pour nourrir mes enfants. » Je lui ai donné un peu d'argent et je jure que moi et tous ceux qui étaient avec moi avons pleuré.

Nous avons continué à avancer jusqu'à ce que nous atteignions la maison d'amis qui nous ont hébergés ».

## PERDRE SA FAMILLE

« Mon frère, un morceau de mon cœur, tué, lui et toute sa famille effacée de l'état civil »

Voici le témoignage de Marsel Alledawi, responsable du Centre Ibn Sina du nord de la bande de Gaza, centre laïque qui se consacre au suivi éducatif et psychologique de l'enfance. Marsel est un de nos partenaires privilégiés dans l'organisation solidaire des camps de déplacés.

Le soir du 3 janvier 2024, nous apprendrons que le frère de Marsel et toute sa famille ont été écrasés par un bombardement du camp de Jabalia : la famille de son frère était retournée au camp de Jabalia dans le nord de la bande de Gaza pour assister les parents de sa femme.

« Les mots tremblent, la vie n'est plus qu'un rêve, et des fragments de mots volent avec la force du bombardement, atteignant les cieux. Ils crient au secours, espérant que la fortune leur accordera la survie... Le sifflement des roquettes, le bourdonnement des balles, le tonnerre des bombes, le rugissement des canons et le grondement des chars écrasant et déchirant la terre et tout ce qui s'y trouve. Le feu ici, les flammes là, les cendres et la fumée remplissent le ciel, résultat des explosions incessantes. Des cris ici, des sanglots là, des gémissements et des gémissements de tous les coins... C'était l'histoire de mon frère Mouayad, de sa femme Maï, de ses filles Maya (9 ans), Milan (7 ans) et Mila (3 ans), et d'autres comme eux qui ont eu leurs propres histoires à cette époque de fascisme et de nazisme modernes, ancrée dans le crime. Le matin du 7 octobre dernier, sous un ciel étouffant et sous la pression des missiles qui tombaient de toutes parts, nous avons fui – ma famille, mes parents, mes frères et sœurs et la famille de Mouayad – courant de mort en mort, à la recherche d'une vie qui s'est évanouie sous nos yeux...

Le troisième jour après notre arrivée à Rafah, Mouayad et sa famille sont rentrés, car à cette époque, le voyage vers le nord était possible et la route moins difficile. Le lendemain matin, le cœur lourd, mon frère Mouayad et sa famille sont retournés à Jabalia. Il ne pouvait pas supporter la séparation d'avec ses enfants, ni le fardeau de vivre dans une maison surpeuplée. Mon frère Mouayad et sa femme ont décidé de prendre leurs enfants et de retourner au camp de Jabalia une fois de plus pour rester dans le nord avec leur famille. J'ai essayé de le dissuader par tous les moyens possibles, mais pour lui, la décision était définitive.

Le téléphone était notre moyen de communication et une bouée de sauvetage qui nous ramenait à la vie. Les jours passaient, jalonnés d'appels téléphoniques et de messages remplis de promesses de réconfort, comme quoi ils allaient « bien », même si dans nos cœurs nous savions la vérité : ils allaient « bien » seulement parce qu'ils étaient encore en vie. Nous lisions chaque mot et chaque lettre, imaginant et discernant la situation, voyant au-delà des mots. Nous analysions le ton de la voix, qui nous servait de guide pour comprendre Mouayad, son état et sa famille. Chaque matin,

Mouayad nous appelait pour nous rassurer, plaisanter avec nous, et son beau rire nous attirait, nous remplissait d'amour et d'espoir de retrouvailles. À chaque rire, à chaque murmure, nous ressentions la chaleur de la vie. Mais lorsque l'appel tardait, l'anxiété nous envahissait, nous poussait à téléphoner, à chercher des réponses et à succomber à la peur. La tension s'emparait de nos vies, et la tristesse nous enveloppait, nous rendant incapables de bouger, tandis que nous nous regardions dans les yeux, incapables de nous défaire de l'inquiétude. Nous ne pouvions ni manger ni boire, nous regardions le ciel comme si nous attendions un oiseau ou un signe qui nous dirait que Mouayad et sa famille allaient bien – ou peut-être qui nous apporterait des nouvelles de leur rencontre, ceux qui avaient pris racine dans nos cœurs jusqu'à devenir l'essence même de notre être.

Un jour, l'appel tarda, et notre inquiétude s'intensifia à chaque minute qui passait sans nouvelles. Notre cœur s'emballa plus vite, notre souffle s'accéléra et nos mots trébuchèrent lorsque nous essayâmes de parler de lui. La communication semblait impossible et nous avons cherché d'autres moyens de nous connecter. Le battement de cœur parlait pour nous, exprimait notre douleur et faisait écho à notre désir d'inconnu, un inconnu intimidant qui nous serrait la poitrine, nous poussant à crier intérieurement. Les nouvelles ont révélé une histoire terrifiante sur un massacre dans le camp de Jabalia qui a frappé la famille Al-Khalil, la famille de la femme de mon frère. J'ai appris cela par mon autre frère, alors que je me rendais à une activité de soutien psychologique pour les enfants souffrant de troubles de stress post-traumatique causés par la guerre. J'ai laissé mon équipe derrière moi, sentant mon cœur battre contre ma cage thoracique ; mes jambes pouvaient à peine me porter. J'ai crié de douleur en silence, gémissant en me parlant à moi-même. Est-il possible que la peur m'entraîne vers le cimetière de la tension mortelle et de l'inconnu ? Vous prenez du recul et vous vous demandez : est-ce que cela se produit vraiment ? Puis vous mettez le doute de côté, vous laissant piégé, attendant l'inconnu. Je suis arrivé à la maison et j'ai appelé un de mes amis dans le nord pour prendre des nouvelles de mon frère et de sa famille. Mon ami avait besoin d'un peu de temps pour les joindre. J'ai ensuite contacté un ami du Croissant-Rouge, qui m'a informé que les corps de la femme de Mouayad, Maï, et de sa fille, Maya, étaient arrivés à l'hôpital. Plusieurs autres martyrs. Mes frères, mes sœurs et moi avons gardé la nouvelle pour nous afin d'éviter de traumatiser nos parents. Puis est arrivé l'appel de mon ami. Je me suis tenu debout avec tout le monde pour répondre. Mon ami a dit : « Je suis devant la maison, Marsel, ils sont tous morts en martyrs. » À ce moment-là, j'ai placé des milliers de liens sur mes yeux pour m'empêcher de pleurer. J'ai érigé mille murs sur mon visage pour cacher ma dévastation et j'ai dit à mon ami : « Oui, mon ami, tu n'as pas encore d'informations. S'il te plaît, fais-moi savoir si tu découvres quelque chose. » Je ne l'ai raconté à mes frères et sœurs qu'après être allés dans un endroit où il n'y avait personne autour ; mon frère Mohanad s'est effondré et s'est mis à pleurer en cachant son visage contre le mur. La tâche la plus difficile a commencé : raconter à notre père et à notre mère. Nous avons commencé à les informer progressivement, et ma mère s'est effondrée. Mon père était comme une montagne, nous aidant à faire face à cette tragédie avec résilience. Il était fort et déterminé, il réprimait toute sa tristesse en lui et nous exhortait à être forts. Une fois que ma mère a appris le martyr de Mouayad et de tous les membres de sa famille, elle pleurait sans cesse, épuisée, en criant : « Mouayad est un martyr ! Mouayad est mort ! » Comment la vérité vous frappe-t-elle ? Elle vous gifle au visage. Mouayad est un martyr, ses filles et sa femme ont perdu la vie, la maison s'est effondrée sur eux. Sans avertissement, l'occupation a largué deux missiles d'un avion F16 sur une maison pleine d'enfants. Mouayad, Milan, Maya, Mela et un grand nombre de martyrs sont toujours coincés sous les décombres. Nous attendions que leurs corps soient récupérés, déchirés et brisés. Oh mon Dieu, quelle grave injustice envers un enfant qui n'avait que quelques années... Quel crime a conduit à cet acte atroce ? Mouayad, sa femme et ses filles sont morts ; Ils ont quitté cette vie... Ils ont quitté ce monde, le laissant aux mains des criminels et des tyrans sur cette terre qui accueille la malveillance des malfaiteurs et l'exploitation des hypocrites. Comment est-il mort ? Pourquoi est-il mort ? Mouayad a déménagé dans la maison de ses beaux-parents et a vécu avec eux, se déplaçant d'un endroit à l'autre, fuyant les bombardements du camp de Jabalia vers la ville de Gaza, où ils ont souffert de la famine, du siège et du manque de nourriture. Ils sont retournés au nord pour se reposer et essayer de trouver quelque chose à manger après la famine qu'ils ont endurée à Gaza. Mouayad est tombé en martyr, sa femme et ses filles sont mortes, mais les valeurs de son existence et son éthique ne sont pas mortes. Ils continueront à poursuivre chaque tyran, oppresseur, fasciste, nazi et ennemi de l'humanité. Mouayad, sa femme et ses filles renaîtront à chaque battement de cœur des jeunes et des vieux. Ils se lèveront avec le soleil et accompagneront la lune pour protéger l'humanité et chaque individu. Après leur martyr et leur effacement de l'état civil, ils furent enterrés, avec un grand nombre de membres de la famille de sa femme, dans l'un des champs du camp de Jabalia. Cependant, l'occupation nazie a déformé leurs tombes, les arrachant du sol et les transformant en une montagne de corps. Ils ont été poursuivis dans la vie et au-delà, traqués sur la terre, mais ils resteront sur cette terre parce qu'ils en sont les propriétaires légitimes. Dans les cieux, ils brilleront comme une lumière qui attire les vivants et illumine la terre avec un modèle d'amour et de loyauté. Leurs corps, que l'occupation considère comme une menace pour son existence, les hanteront sur le sol et dans la terre. Un voleur de la terre ne peut triompher de son propriétaire légitime. Leurs paroles, leur héritage et leur histoire serviront de témoignage de loyauté et de symbole du nazisme de l'occupation, qui commet un génocide ».

Dans la nuit du 3 au 4 janvier 2024 nous avons échangé longtemps avec Marsel pour essayer de trouver les mots ensemble, la possibilité d'une distance, d'un espoir, mettre des mots sur les morts à l'œuvre, voilà ce qu'il écrivait :

« Ils ont tous été martyrisés, tous. J'essayais de me contrôler depuis le matin devant mon père et ma mère. J'ai eu des nouvelles de leur martyr par un ami, jusqu'à ce que j'en sois sûr. J'étais dans un état d'effondrement, le tenant en moi. J'essayais de me contrôler. Je ne l'ai pas dit à mon père et à ma mère. Ça les détruira. Mouayad mon frère, l'épouse de Mouayad, ses trois filles et un certain nombre d'autres martyrs de sa famille ont tous été massacrés. Hier, je vous ai dit que Mouayad était un morceau de mon cœur et qu'ils l'ont tué et effacé sa famille de l'état civil. Ils m'ont tué et ont tué mon père, ma mère et mes jeunes frères. Nous vivrons avec cette tristesse et cette douleur. Le reste de notre vie. Une vingtaine de martyrs. Les criminels les ont tous exterminés ».

Marsel nous a envoyé une photo de son frère Mouayad avec sa fille Milan prise la veille au soir, il n'arrive pas à croire à cette nouvelle, ne sait comment le dire à ses parents, doit attendre demain pour leur annoncer de vive voix et espère encore un miracle car il n'a pas trouvé la confirmation de sa mort aux informations sur internet.

Message envoyé par Marsel à notre groupe le matin du 4 janvier 2024 :

« Chers camarades, ce qui arrive à ma famille s'est produit des milliers de fois et cela arrive quotidiennement. Le jour où l'occupation a anéanti la famille de mon frère, l'occupation a anéanti d'autres familles dans les gouvernorats de Gaza-ville, Rafah et Khan Younis. Ce que je demande, c'est que vous ne cessiez de dénoncer cette occupation. Ne restez pas silencieux, vous devez crier à pleine voix pour la dénoncer. Depuis hier, mon frère et ses filles sont sous les décombres, et aujourd'hui les voisins de la maison ont pu récupérer le corps de Mouayad, coincé sous le toit de la maison, et sa cadette ; les corps de Mila, leur fille d'un an et demi, et de Maya, leur fille de 9 ans, sont toujours sous les décombres. Merci pour vos condoléances et votre solidarité constante ».

Les morts palestiniens sont invisibilisés. Il y a les morts qui comptent - les « otages » - et ceux qu'on compte – les Palestiniens.

## L'EFFROYABLE ÂPRETÉ DES CORVÉES QUOTIDIENNES

Ce qui est effrayant dans le vécu du génocide pour les survivants, ce sont les situations répétitives d'un quotidien innommable, qui petit à petit les inscrivent dans une certaine accoutumance.

Ce sont ces situations intenses qui se répètent dans un quotidien détruit qui parlent le mieux de la catastrophe en cours. Il faut les raconter comme miroir de l'horreur vécue que l'on pourrait finir par ne même plus remarquer, regarder. Abu Amir souhaite partager avec nous une histoire banale qui se répète à l'infini à l'image du désastre génocidaire en cours et de ses conséquences dramatiques :

> « Il est vraiment douloureux de rechercher une quelconque humanité à une époque où le sens de la miséricorde et de la compassion est perdu. Au milieu des guerres et des conflits, la vie de personnes innocentes, en particulier des enfants, se transforme en un cauchemar quotidien, car leur enfance leur est enlevée et ils deviennent des victimes de la pauvreté et de l'absence de foyer. Je me souviens encore de ce moment où j'ai rencontré Yara et Nawara, deux fillettes dans la fleur de l'âge, dans la ville de Deir al-Balah, âgées chacune de 7 et 8 ans, et où elles m'ont offert des masques médicaux pour un shekel. Leur apparence reflétait l'extrême pauvreté, deux belles petites filles mais la misère se lisait sur leurs visages. Des masques médicaux qui n'étaient plus utilisés, et pourtant elles insistaient pour les vendre. Leur innocence m'a interpellé, non pas parce que j'avais besoin de ces masques, mais parce que je sentais la souffrance qui les obligeait à rester dans la rue, à mendier pour un peu d'argent. Je leur ai donné 2 shekels chacune, sans rien demander en retour, et pendant un instant, j'ai eu l'impression d'avoir fait quelque chose de bien, mais la vérité était plus douloureuse que je ne l'imaginais. Deux jours plus tard, je les ai retrouvées au même endroit. Dès qu'elles m'ont vu, elles ont souri, car elles essayaient à nouveau de vendre des masques. Je leur ai demandé de me suivre jusqu'à un endroit proche, et là, je leur ai demandé : « Est-ce que quelqu'un achète ces masques ? » Elles m'ont répondu que non. Lorsque je leur ai demandé pourquoi elles essayaient de vendre quelque chose qu'elles savaient ne pas pouvoir vendre, la plus âgée a répondu : « Nous devons rentrer à la maison avec l'argent, sinon notre journée sera noire », c'est exactement ce qu'elle a dit. Ces mots m'ont stupéfait, et lorsque je me suis renseigné, j'ai découvert que la raison de leur peur était leur mère, qui les bat et les punit sévèrement si elles reviennent sans argent. La jeune sœur me montrait les marques de

violence sur son corps, les marques des pincements qu'elle subit quotidiennement. À ce moment-là, je n'ai pas pu cacher mes larmes. Je me sentais à la fois en colère et impuissant. Ces deux petites filles ne sont pas une exception, mais plutôt un petit exemple de ce dont souffrent des milliers d'enfants de Gaza, que les conditions difficiles obligent à mendier ou à travailler dans les rues au lieu d'aller à l'école ou de jouer comme les autres enfants. La guerre n'a pas seulement détruit les bâtiments et les infrastructures, elle a aussi détruit de jeunes vies, les a privées d'espoir et les a transformées en outils pour collecter de l'argent, parfois auprès de leurs proches. Chaque fois que je passe sur cette route, je cherche Yara et Nawara. Je leur souris, je leur donne un peu d'argent, je pense à ma petite fille qui a le même âge qu'elles et je me pose des questions : Comment en sommes-nous arrivés là ? Comment l'enfance peut-elle se transformer en lutte pour la survie ? C'est une véritable tragédie qui résume les résultats des guerres qui sèment la pauvreté et la privation, et poussent les enfants à mendier pour rester en vie. Cette histoire n'est pas un simple incident passager, mais une image vivante des déplacements et des destructions causés par les guerres. Elle nous invite à réfléchir au sort de ces enfants qui perdent leur innocence dans un monde de violence et d'injustice. Je voulais partager cette histoire avec vous » (22 août 2024).

Dans le même registre, sous une petite vidéo de deux enfants partageant une paire de chaussures, Marsel raconte :

« Un clip très touchant que je tenais vraiment à partager. La vidéo montre deux enfants qui partagent spontanément une paire de chaussures pour atténuer les effets de la chaleur intense et des brûlures aux pieds pendant qu'ils transportent de l'eau pour leurs familles déplacées dans les camps de réfugiés de la bande de Gaza. Ils portent plusieurs fois leur propre poids, partageant et incorporant la douleur sans hésitation » (17 août 2024).

À propos de la corvée d'eau quotidienne dans les camps, Marsel rapporte :

« Cette enfant traînait des cubis d'eau sur un chariot aux roues endommagées, l'enfant s'est arrêtée lorsqu'elle était épuisée et fatiguée, je suis allé vers elle pour l'aider, j'ai commencé à tirer le chariot et je lui ai demandé pourquoi ses frères ou son père ne venaient pas faire la queue pour avoir de l'eau. Elle m'a répondu que les membres de la famille s'étaient réparti les activités, ses deux frères étaient allés chercher du bois de chauffage et de la nourriture, son père réparait la tente, sa mère était allée faire du pain, et sa tâche à elle était de se procurer de l'eau. Nos enfants portent des tâches que les montagnes ne portent pas, et pourtant ils ne se plaignent pas, comme s'ils abandonnaient leur enfance... » (14 mai 2024).

## Situations indignes

Dans les ateliers de soutien psychologique pour les femmes, beaucoup témoignent d'un manque d'intimité énorme dans leur vie quotidienne des camps de déplacés, une atteinte à leur intégrité, elles témoignent :

« Une femme a parlé du manque d'eau potable et de la difficulté d'obtenir de l'eau pour se laver et pour les besoins quotidiens, car la distance est longue et il y a des files d'attente et souvent des querelles et du harcèlement des femmes pendant qu'elles font la queue (...). Une autre femme nous raconte ses difficultés à accéder aux toilettes et qu'elle ne peut pas se sentir libre d'utiliser les toilettes à cause de la file d'attente qui compte des dizaines de personnes devant la porte des toilettes (...). Nous manquons d'intimité dans tout, dans les toilettes, à l'intérieur des tentes, et lorsque nous parlons, les tentes sont rapprochées et les voisins peuvent entendre notre respiration ».

## Nuits de terreur

Si les qualificatifs sont encore éclairants, le pire dans ce quotidien du génocide, ce sont les nuits de terreur comme celle racontée par Abu Amir du 12 au 13 septembre 2024 à Nuseirat.

« À minuit pile, les tambours de la guerre ont commencé à battre sans relâche. Pendant deux heures et demie, la région a été le théâtre d'intenses échanges de tirs et d'obus lourds, tandis que les avions de reconnaissance et les drones quadricoptères n'arrêtaient pas de remplir le ciel et de tirer sur tout ce qui bougeait. Nous ne pouvions échapper au bruit des chars qui s'approchaient progressivement, avançant vers la zone d'une manière terrifiante. Nous ne savions pas exactement dans quelle direction ces chars se déplaçaient, mais leurs bruits étaient si proches que tous ceux qui les entendaient avaient l'impression qu'ils étaient sur le point d'envahir leur maison ou leur tente à tout moment. Plus les sons se rapprochaient, plus nos cœurs battaient en synchronisation avec le mouvement des chars. Nous avons passé deux heures et demie dans une terreur constante, anticipant ce qui allait se passer, ne sachant pas si nous allions devoir fuir à tout moment. Il n'y avait aucun moyen de se reposer ou d'être en sécurité, la peur s'est emparée de tout le monde, en particulier des enfants, de ma fille et de ma petite-fille. Cette nuit a été plus longue pour tout le monde que toutes les autres nuits que nous avions vécues. (...) Il ne s'agissait pas d'une peur passagère, mais d'une peur bien concrète, due au fait que l'invasion pouvait approcher à tout moment. Bien que beaucoup d'entre nous aient déjà vécu des expériences similaires, chaque nouvelle rencontre avec la guerre laisse une blessure plus profonde dans l'âme. Ces nuits ont un impact psychologique important sur tout le monde. Vivre sous la menace constante de la guerre entraîne des sentiments d'anxiété et de stress permanents. Ces expériences répétées font que chacun vit dans un état de préparation permanent aux situations d'urgence, ce qui affecte sa capacité à s'installer ou à se sentir en sécurité ».

## LES RÊVES D'ENFANTS BRISÉS PAR LA GUERRE

Ils témoignent de l'arrêt de l'avenir dans une vie qui commence. Gaza appelle le monde : sauvez les enfants, car ils sont l'espoir qu'il ne faut pas briser.

« Les enfants de Gaza : des rêves fragiles poursuivis par la guerre et la pauvreté dans les camps de déplacés. Sous les bruits des bombardements et parmi les ruines des maisons détruites, les enfants de Gaza grandissent dans des conditions qui leur volent presque le sens même de l'enfance. Dans chaque coin des camps de déplacés disséminés dans la bande de Gaza, des récits douloureux se dessinent : des innocences brisées et des rêves réduits en miettes par le siège et l'agression incessante. Ces enfants, dont la vie aurait dû être remplie de joie et d'éducation, se retrouvent piégés dans un cercle vicieux de pauvreté, de peur et de souffrance. (...) ces enfants grandissent dans une atmosphère de peur constante, tandis qu'ils voient leurs rêves s'effacer sous leurs yeux (...) ».

Mohamed, un garçon de dix ans, rêvait de devenir médecin. Il raconte :

« Je voulais aider les malades, mais maintenant, je ne peux même pas aider ma propre famille. » Il passe ses journées à ramasser des morceaux de bois pour chauffer la tente familiale, mettant de côté ses rêves face aux exigences de la réalité. Mariam, une fille de douze ans, vit avec sa famille dans un camp près de la plage de Gaza. Elle voulait devenir enseignante, mais aujourd'hui, elle aide sa mère à préparer un repas maigre pour ses petits frères. « Je voudrais retourner à l'école », dit-elle, « mais cela semble désormais appartenir au passé. (...) En plus de la mendicité, le travail des enfants est une réalité répandue à Gaza. Les enfants sont contraints de travailler dans des conditions difficiles pour subvenir aux besoins de leurs familles. Omar, un garçon de 13 ans, travaille dans un atelier de réparation automobile. « J'aimais l'école », dit-il, « mais maintenant, je dois travailler toute la journée. Je rêve de retourner étudier, mais cela semble impossible. » Le travail des enfants à Gaza n'est pas seulement un problème économique, c'est une crise humaine qui prive une génération entière d'éducation et les expose à l'exploitation et aux abus. (...) La peur des bombardements, la perte des proches et le déplacement forment une combinaison dévastatrice qui laisse des traces psychologiques profondes chez les enfants de Gaza.

Beaucoup souffrent de cauchemars récurrents, de troubles du sommeil et même d'énurésie. L'enfance, censée être un temps de jeu et d'insouciance, est désormais marquée par la peur et l'angoisse. Les spécialistes en santé mentale à Gaza rapportent que de nombreux enfants présentent des symptômes de stress post-traumatique, tandis que d'autres sombrent dans la dépression et l'isolement. Avec des taux de pauvreté et de chômage atteignant des niveaux sans précédent, de nombreux enfants se retrouvent à travailler ou à mendier dans les rues. Ces scènes, où des enfants errent dans les marchés ou se tiennent aux feux rouges, sont devenues monnaie courante. Certains vendent des mouchoirs en papier, tandis que d'autres tendent la main pour demander de l'aide. La mendicité et le travail ne sont pas seulement des preuves de privation ; ils reflètent également l'effondrement d'un système de protection sociale censé garantir aux enfants une vie décente. (...) Les récits des enfants de Gaza ne sont pas de simples nouvelles passagères ; ce sont des appels à l'humanité tout entière. La communauté internationale doit assumer sa responsabilité et agir de toute urgence pour mettre fin à la guerre et au blocus. Ces enfants, porteurs de récits de déplacement et de souffrance, méritent bien plus que de la compassion. Ils méritent une enfance sécurisée, une vie digne et un avenir lumineux, loin des horreurs de la guerre et de la destruction » (Abu Amir, fin novembre 2024).

## DEUXIÈME HIVER SOUS DES ABRIS DE FORTUNE

Combien de temps encore l'horreur va-t-elle durer ?

Madleen, première – et seule à ce jour – femme pêcheure dans la bande de Gaza, jeune maman de quatre enfants, déplacée de camp en camp, actuellement dans un camp inondable à Nuseirat.

Madleen, un exemple de détermination et de courage dont le sourire illumine le documentaire « Aimer la mer à Gaza », sent par moment ses forces l'abandonner à l'entrée de ce nouvel hiver de massacres.

« Merci, mon amie. J'ai honte de te parler parce que je ne veux pas être un fardeau.

J'ai déménagé il y a plusieurs mois à Nuseirat après que l'armée israélienne a menacé la zone où nous étions enfin installés à Deir al-Balah. Je me sens désolée, je ne peux presque rien faire pour les familles de pêcheurs autour de moi. J'essaie d'aider les familles déplacées dans mon camp avec un don canadien, mais c'est une chose si petite par rapport aux besoins. Il m'est envoyé à titre personnel, c'est donc très peu d'argent pour un soutien collectif, étant donné les prix élevés que nous connaissons, mais j'essaie de l'économiser et de faire quelque chose pour certains des enfants du camp. Mon amie, j'aide ceux que je vois de mes propres yeux. Ils sont ici dans le besoin. De nombreux enfants sont morts de froid et de faim.

Il y a un problème avec certaines aides, elles ne se propagent pas dans les camps. En ne connaissant pas les personnes spécifiques et chaque zone, on aboutit à ce qu'une famille donnée en profite plus d'une fois. Alors pour cette famille-là, cela devient un surplus, donc elle vend l'aide sur le marché à des prix très élevés. Mais les autres familles ? Elles sont obligées de priver leurs enfants de vêtements. Il y a beaucoup d'aides vendues sur les marchés, et nous, nous les achetons quand nous pouvons pour pouvoir nourrir nos enfants. Pour toucher ceux qui en ont besoin, l'aide doit être équitable. Mon amie, personne ne sait ce que nous vivons, ce que nous souffrons, et personne ne comprend. Nous nous sommes endormis le ventre vide. Saviez-vous que j'ai commencé à donner à mes enfants une demi-miche de pain pour le dîner, et quand l'un d'entre eux en redemande, je le gronde jusqu'à ce qu'il pleure et s'endorme, et puis je pleure parce que je suis incapable de les satisfaire ? Connaissent-ils le monde dans lequel nous vivons, ceux qui acceptent la situation qui nous est faite ? Savent-ils que ma petite fille, âgée d'un an et trois mois, ne peut pas encore marcher à cause d'un manque de calcium et de vitamines ? Est-ce que quelqu'un sait qu'elle souffre ? Connaissez-vous la malnutrition ? Est-ce que quelqu'un sait que mon fils Jamal est maintenant malade et souffre de graves infections et de congestion des amygdales, en raison du manque d'eau potable,

Les nièces de Marsel – Maya
et Milan – assassinées avec toute
la famille, dans le bombardement
de leur maison à Jabalia, début
janvier 2024 (© Moayad).

En haut, première vague de déplacement du Nord au Sud de la bande de Gaza, décembre 2023 (DR).

Ci-dessus, deuxième hiver dans les camps de déplacés, sud de la bande de Gaza, 3 janvier 2024 (© Marsel).

Ci-dessus à droite et ci-contre, destruction du château d'eau dans le village de Khuza'a, début février 2024 (© Abu Amir).

En haut, premières distributions de repas, janvier 2024. Tous les repas seront dans le camp des agriculteurs Al Fajr (© Abu Amir).

À gauche, premiers achats alimentaires pour les repas, pour le camp des agriculteurs Al Fajr janvier 2024 (© Abu Amir).

À droite, un camp de déplacés installé dans une école de l'UNRWA (école Al Amal de Khan Younis), décembre 2023 (© Abu Amir).

En bas, les chaudrons, une cuisine artisanale au camp des agriculteurs Al Fajr, à partir de mai 2024 (© Abu Amir).

Ci-contre et ci-dessus à gauche, distribution de repas dans le camp des agriculteurs Al Fajr, été 2024 (© Abu Amir).

En haut, distribution de repas dans le camp des agriculteurs Al Fajr, printemps 2024 (© Abu Amir).

Ci-dessus au milieu et à droite, installation de tentes, Deir Al Balah, printemps 2024 (© Abu Amir).

Scolarisation dans la tente de la Solidarité, camp Al-Izza, août 24 (© Marsel).

Scolarisation sous la tente,
2024 (© équipes gazaouies).

et en raison d'une mauvaise alimentation due à la consommation de beaucoup de pain ? Malheureusement, mon amie, je regarde des mères pleurer et craindre que leurs enfants meurent et il n'y a rien qui vienne à elles. Je vois combien de souffrance c'est d'avoir un kilo de farine pour nourrir les enfants, je regarde comment nous sommes noyés dans l'eau qui envahit les tentes où sont nos enfants, et comment mes enfants et les autres enfants gèlent à cause du froid. Par moment, je pense que personne ne se sent mon amie, personne, alors je veux que mes enfants et moi mourions et ne vivions pas. Je ne peux pas changer de nourriture et de vêtements chauds pour eux. Je ne peux pas vivre une vie décente. Regarde ma fille, elle est maigre et faible, pourquoi devons-nous vivre comme ça, mon amie ?

Merci, mais je suis désolée de t'avoir dérangée. Je suis stressée, je me noie... J'ai peur de perdre un de mes enfants sous mes yeux à cause de la faim, du froid ou de la maladie. Pendant que je parle, mon enfant est maintenant très malade à cause de la nourriture et de l'eau malsaine. Il n'y a pas d'endroit où aller pour obtenir des conseils médicaux et il n'y a pas de médicaments. Je me sens impuissante, alors je te parle, mon amie. On pourrait dire que c'est une sorte de libération psychologique. Merci de m'avoir écoutée » (7 janvier 2025).

# CHAPITRE 3

# DANS L'HORREUR, CONSERVER LE RÉFLEXE DE SOLIDARITÉ

Dès le 9 octobre 2023 l'armée israélienne bombarde, de manière inouïe, la bande de Gaza.

Comment survivre dans de telles conditions inhumaines ?

Il faut imaginer ce que c'est de perdre sa maison, de perdre ses repères, de perdre ses proches, d'être déplacé par haut-parleur ou tract jeté par un drone, d'un lieu à l'autre sans cesse, avec la fausse promesse que vous serez enfin en sécurité. Et recevoir la nuit d'après des bombes sur la tête et encore des morts, des blessés ... Et pour finir se trouver sur une plage, vide à l'infini ou à proximité du bord de mer tout aussi vide.

Il faut imaginer cette multitude de camps construits à la hâte, sans infrastructures tout au long de ces plages. Comment y survivre ? Comment y protéger ses proches ? Comment y rester en vie ?

Comment fait-on quand on n'a plus rien ? L'écrasante majorité de la population déplacée se trouve dans un très grand nombre de camps qui utilisent tout espace vide de ruines. Dans cette concentration, chacun des camps s'organise collectivement, se dote d'un comité d'organisation et se nomme.

Et quand le monde se réveillera et se demandera pourquoi il n'a rien fait, ces récits seront là pour lui jeter à la face son ignominie et son indignité.

Répondre aux besoins vitaux : une première urgence. Les équipes Gaza-UJFP et Ibn Sina interviennent dans plusieurs camps de déplacés. Le soutien de la solidarité française s'avère indispensable pour réaliser les actions concrètes.

En novembre 2023, en concertation avec Abu Amir, l'UJFP a lancé une grande collecte « Urgence Guerre à Gaza », dans la suite logique de l'expérience de la solidarité avec les agriculteurs du sud-est de la bande de Gaza, initiée en 2016 (voir chapitre 3).

La solidarité française a répondu magnifiquement : des sommes importantes ont été collectées et envoyées, avec succès, à Gaza.

Ce chapitre est composé des extraits de comptes-rendus des actions menées sur le terrain par les équipes Gaza-UJFP et Ibn Sina, en collaboration avec de nombreux autres acteurs.

Toutes ces actions font l'objet de comptes-rendus quotidiens que l'équipe française publie maintenant depuis plus de 15 mois[1]. Elles montrent la capacité humaine, face aux situations les plus dramatiques, de trouver des solutions collectives et de construire, dans différents camps, une vie commune. Elle s'organise autour de la création *ex nihilo* d'infrastructures indispensables à la vie quotidienne et d'activités régulières que sont la distribution de repas, la scolarisation et le soutien psychologique.

1. Sur le site de l'UJFP (https://ujfp.org/dossier/temoignages-de-palestine/), sur les sites d'ISM France (https://ismfrance.org/index.php/category/temoignages/), du Poing (https://lepoing.net/agora/) et d'Altermidi (https://altermidi.org/rubrique/monde/proche-orient/territoires-palestiniens/bande-de-gaza/ ou ) et sur l'Instagram du comité Palestine des étudiants de Montpellier.

# CAMPS DE DÉPLACÉS DANS LESQUELS LES ÉQUIPES GAZA-UJFP ET IBN SINA INTERVIENNENT PRINCIPALEMENT (VOIR CARTE N°2)

## Le camp des agriculteurs

Les agriculteurs avec lesquels l'UJFP travaille depuis 2016, déplacés de leurs villages dès le tout début de la guerre, se réfugient d'abord dans une école-abri située à l'ouest de la ville de Khan Younis. Après le siège et l'invasion de cette école par l'armée israélienne, les fermiers fuient vers plusieurs zones. Certains d'entre eux choisissent de se rendre à l'hôpital européen de Khan Younis et sur les terres qui l'entourent, une autre partie monte des tentes sur le rivage de la mer à Rafah, et la plus grande partie se trouve dans le camp des agriculteurs, situé sur la plage de Mawasi Khan Younis. C'est dans ce camp, dénommé Al Fajr (le camp de l'aube) et qui rassemble 1 800 familles, que l'équipe d'Abu Amir intervient quotidiennement. Ce camp, bien organisé, est leader dans la scolarisation et le soutien psychologique ; il est unique par rapport à d'autres camps de déplacés : ses résidents, liés par des liens familiaux forts (parenté ou mariage), forment une communauté unie par des coutumes et des traditions qui contribuent à renforcer un esprit d'entraide et de solidarité.

## Le camp où intervient l'équipe du Centre Ibn Sina

Il se nomme Al-Izza (le camp de la fierté), comporte 500 familles et est situé dans le sud de Deir al-Balah. Ce camp a mis un accent important sur la scolarisation et y a consacré une grande tente, « la tente de la solidarité ». Ce camp se trouve au milieu d'un groupe de camps de réfugiés, le plus grand de la région de Deir al-Balah. Il est situé en bordure de Deir al-Balah, près de Khan Younis, à proximité du bord de mer, dans une zone appelée Al-Masha'la.

### Le camp Amal

Amal signifie Espoir. Ce camp rassemble des déplacés d'origine professionnelle ou géographique diverses, qui se sont installés dans le nord de Deir al-Balah. C'est un « petit » camp (85 familles), mais il constitue un centre pour la scolarisation et les ateliers de soutien psychologique pour les camps qui le bordent. Il est aussi le camp responsable de l'approvisionnement quotidien en eau potable des camps voisins.

### Les camps des pêcheurs

Ces camps, de tailles très inégales, installés à Deir al-Balah, sont également en contact avec l'équipe Gaza-UJFP. Le principal regroupement de pêcheurs à Hamad, avec la présence de Zakaria Bakr, le responsable syndical des pêcheurs, est en lien quotidien avec Abu Amir. Le camp se nomme Al Quds 2 (Jérusalem 2) et abrite 260 familles, dont 150 familles de pêcheurs. Un soutien est aussi apporté à un petit groupe d'une dizaine de tentes de pêcheurs où habite Madleen, qui est la première femme pêcheure de Gaza, déplacée là avec son mari et ses quatre enfants.

### Le camp Al-Baladiyah

Ce camp a développé très tôt un grand effort sur la scolarisation, profitant d'une présence importante de professeurs. Il abritait les différentes classes sous les oliviers. À l'arrivée de l'hiver, il a demandé à l'équipe Gaza-UJFP une aide pour obtenir une tente permettant la continuité de leur action.

### Le camp Al-Asdiqa'a (les amis)

La massification des camps rend difficile le travail des ONG, car le nombre de familles finit par dépasser leur possibilité ; ce camp est né d'un processus d'essaimage, qui en découle.

## Carte n° 2 : Présence de l'armée israélienne et massification des camps

Les équipes travaillent avec ces différents camps, et élaborent avec leurs résidents de nouveaux projets collectivement en s'appuyant sur les ressources encore existantes sur place, pour permettre une survie digne.

La densité des camps permet une circulation entre eux : par exemple, les femmes d'un camp se déplacent pour participer à un atelier de soutien psychologique dans le camp où a lieu la séance.

Par ailleurs, des actions ponctuelles se démultiplient : les équipes interviennent ainsi dans de nombreux autres camps, sur les questions d'assainissement, distribution de produits d'hygiène, de tentes, de vêtements et de bâches pour les abris.

## ÊTRE DÉPLACÉ, S'ABRITER

### Déplacements sans issues : un piège mortel

« En novembre 2023, des habitants déplacés depuis le nord de Gaza vers le sud, ont déjà tenté d'y retourner. Certains ont réussi à dépasser les chars stationnés au carrefour de Netzarim, en empruntant des routes secondaires, mais la plupart ont essuyé des tirs » (Abu Amir).

Husam témoigne du geste de sa mère de 85 ans :

« Elle a refusé de quitter le camp de réfugiés car son expérience de 1948 l'avait convaincue que si on obéit à un ordre israélien de partir, on ne pourra jamais revenir. Elle était avec son fils aîné Husni à l'hôpital Al-Shifa lorsque celui-ci a été attaqué. Son fils Husni a été blessé, puis est mort dans ses bras, à l'hôpital même, le 14 décembre 2023. Elle avait vécu dans la maison de Husam pendant 20 ans. Sa sœur nous dit que, jusque dans sa dernière nuit, elle prononçait les noms des 5 enfants de Husam ».

Elle est morte de faim.

« Ces derniers refusent néanmoins de quitter le nord : il n'y a pas d'endroit sûr comme le prétend l'armée israélienne et que beaucoup de ceux qui sont partis pour le sud n'ont pas pu arriver parce qu'ils ont été tués par l'armée sur le chemin.... Les autorités de Gaza ont rejeté les appels israéliens à évacuer les zones assiégées et les ont considérés comme une « tentative de tromperie » pour augmenter le nombre de victimes ».

Octobre 2023 : Début de la période des pluies et du froid. Après un moment de sidération sur ce qui lui arrive, la société gazaouie s'organise dans les conditions du déplacement forcé de plus d'1,2 million de Palestiniens du nord vers le sud de la bande de Gaza.

Début des bombardements et des destructions massives d'immeubles : la plupart des familles s'installent dans les écoles (écoles de l'UNWRA ou écoles publiques), en pensant qu'elles y seront en sécurité. Obstacle majeur : très vite surpeuplement de toutes les écoles. Alors, les familles investissent les terrains, les jardins et les routes adjacentes à ces écoles, dans l'espoir d'une certaine sécurité. Les premières tentes se dressent sur la plage d'Al-Mawasi. Mais aucune zone n'est sûre à Gaza.

## Premières distributions de tentes

Novembre 2023, premières actions : acheter et distribuer gratuitement des tentes. D'abord, de petites tentes pour des écoles publiques de Nuseirat (zone centrale de la bande de Gaza) abritant des déplacés en trop grand nombre pour être pris en charge à l'intérieur des écoles. Puis, au fur et à mesure, de plus en plus d'abris ont dû être fournis.

La distribution de tentes se fait en fonction du nombre d'enfants à mettre à l'abri.

« Cela nous a pris beaucoup de temps pour identifier les personnes déplacées qui ont le plus besoin de tentes. Nous travaillons actuellement sur l'établissement des priorités [...], en raison de la difficulté à les obtenir » (Abu Amir).

## L'odyssée des agriculteurs de Khuza'a et Abasan

Février 2024 - Les écoles ne sont pas des lieux sûrs ! Elles sont assiégées par l'armée israélienne ; les agriculteurs en font les frais !

« Le 4 février 2024, des centaines de familles d'agriculteurs de Khuza'a et Abasan (zone Abu-Taïma Abasan), réfugiées dans une école de l'UNRWA à Khan Younis, après la destruction totale de leurs villages, s'y retrouvent assiégées par l'armée d'occupation. Et la famine les guette. Des familles restées à l'extérieur leur apportent du secours : elles achètent des vivres, qu'elles réussissent à faire passer dans l'école assiégée. Ces achats sont en partie pris en charge par les agriculteurs eux-mêmes et en partie par la solidarité française » (Abu Amir).

11 février 2024 : l'armée d'occupation tire sur l'école - tanks et tirs de snipers. Il y a deux morts et 50 blessés.

12 février 2024 : les agriculteurs réussissent à s'échapper de l'école.

Le mokhtar des agriculteurs assiégés a enregistré des mots de remerciements à la solidarité française. Voici la traduction de ses paroles :

« Au nom du mokhtar de la famille Abu Taima, nous remercions l'UJFP pour sa contribution au soutien des agriculteurs et pour la distribution de légumes aux agriculteurs déplacés dans l'école de garçons Al-Amal assiégée dans la région de Khan Younis ».

Les agriculteurs n'ont plus aucun abri. Ils s'installent sur une plage et forment, avec d'autres camps de déplacés, des villes de tentes le long de la plage. Petit à petit, avec l'aide de la collecte de la solidarité française, le camp s'équipe sommairement et s'organise.

« Entre les deux événements que nous venons de relater, nous apprenons, le 8 février 2024, la destruction du château d'eau de Khuza'a. C'était d'ailleurs déjà une région en ruines, comme en témoignent les agriculteurs qui ont profité de la brève suspension des bombardements de novembre 2023 : les déplacés sont allés inspecter leurs maisons. Mais ils ont dû retourner dans les écoles de l'UNRWA ou les écoles publiques, désespérés par les destructions qui ont frappé les maisons. Ne restent que des ruines, comme dans tout le reste des zones frontalières » (Abu Amir).

### Les déplacés sont à la merci des saisons : été brûlant et hivers froids, venteux et pluvieux

Les pêcheurs, particulièrement démunis, sans aucun espoir de retourner en mer. Les familles de pêcheurs n'ont plus rien ! Plus de revenus, plus de maison... Et l'aide humanitaire bloquée...

« Vendredi 12 juillet 2024, l'équipe Gaza-UJFP se rend dans le camp des familles de pêcheurs, situé dans la ville de Hamad, au sud de Khan Younis. Nous sommes arrivés avec 80 tentes pour les distribuer aux familles démunies par leurs multiples déplacements : de Gaza-ville vers la ville de Rafah, puis vers la ville de Hamad. Chaque déplacement implique l'abandon d'une partie de leurs biens, dans l'urgence, pour échapper à la mort. Les personnes déplacées dans la bande de Gaza appellent cela « le voyage du tourment ». Dans ce camp, 150 familles vivent dans des tentes usées, fabriquées par les pêcheurs eux-mêmes avec n'importe quel matériau : tissu, plastique et tout autre matériau permettant de se protéger des rayons brûlants du soleil. Nous avons été reçus par le camarade Abu Ayed et d'autres pêcheurs qui nous ont aidés à décharger les tentes du camion... L'équipe a commencé à monter les tentes avec l'aide des pêcheurs, accompagnée par les applaudissements des jeunes hommes et femmes du camp ; ils ont aussi scandé le nom de l'UJFP. C'était impressionnant. Les fils des pêcheurs étaient très coopératifs, ce que nous n'avons pas vu dans les autres camps où nous intervenons. Malgré leur extrême pauvreté et leur situation tragique, ils étaient organisés et très coopérants » (Abu Amir).

Deuxième arrivée de l'hiver (2024-2025) sous les tentes et sur la plage : avec la détérioration des conditions météorologiques, l'augmentation des déplacements forcés et le manque d'aide humanitaire, les déplacés restent dans leurs tentes, plus ou moins délabrées, luttant contre le vent et la pluie et espérant une aide pour atténuer les rigueurs de l'hiver et leur apporter un minimum de sécurité.

« Le 21 septembre 2024, il a plu et de nombreuses tentes se sont effondrées, en raison de l'accumulation d'eau. Il faut noter que mon camp est plus bas que la vallée et que le sol est argileux, ce qui rend difficile l'absorption de l'eau de pluie. La pluie a empêché les personnes déplacées de quitter leurs tentes à cause du sol argileux. [...] Oui, cet hiver nous ramène à l'époque de la première catastrophe, et il pourrait être encore plus sévère » (Marsel).

Octobre 2024 : La situation empire, mais les besoins sont les mêmes, dans des conditions de désolation et dans des proportions encore plus importantes, un an après le début de cette guerre d'éradication d'un peuple entier. L'une des personnes déplacées déclare :

« Nous n'avons pas les moyens de sécuriser nos tentes ou de les réparer correctement. Le bois nécessaire pour monter une seule tente est très cher, et le prix d'un morceau de plastique de quatre mètres de long atteint environ 70 shekels (19 dollars). Avec les déplacements répétés et l'exposition des tentes aux conditions climatiques difficiles, la plupart des tentes sont devenues usées et incapables de résister aux vents d'hiver. [...] À chaque fois que le vent souffle, je crains que ma tente ne soit détruite, car les tentes ne peuvent pas résister à la force des tempêtes et nous n'avons aucun moyen de les consolider ».

## Novembre 2024, des exilés permanents

Un père raconte son voyage avec sa famille pendant le déplacement : « Lorsque nous avons dû fuir, nous n'avons rien pu emporter. Nous sommes partis sans bagages ni nourriture, ni même nos papiers d'identité, et nous n'avions que les vêtements que nous portions. Sur le chemin, ma femme portait notre bébé d'un an, tandis que j'essayais de protéger mes autres enfants au milieu du chaos. Nous avons continué à marcher pendant plus de 10 heures sur les routes détruites, sans eau ni nourriture, vivant uniquement d'espoir, attendant un moment de sécurité où nous atteindrions un endroit que nous pourrions appeler *sanctuaire* ».

Ou encore, une mère déplore sa situation :

« Nous vivons dans une petite tente avec ma famille de huit personnes. Il n'y a aucune intimité et tout est exposé. Je crains pour mes enfants car il n'y a pas d'endroits sûrs à l'intérieur du camp où ils peuvent jouer. La nuit, le froid est si intense que nous ne pouvons pas dormir, car nous nous blottissons tous ensemble dans la tente pour nous tenir chaud. Lorsqu'il pleut, tout le sol devient boueux et l'eau pénètre dans les tentes, ce qui rend le sommeil presque impossible. Je pensais que le déplacement serait temporaire, mais les jours passent et nous ne voyons aucun espoir de revenir à notre vie normale ».

Tout le monde passe son temps à rafistoler les tentes.

## Novembre et décembre 2024, le projet « un hiver à l'abri »

À chaque vague de froid ou de pluie, la vie des familles déplacées tourne au cauchemar. L'eau s'infiltre dans les tentes, ruinant le peu de literie et de couvertures encore disponibles, obligeant les familles à dormir sur un sol froid et humide... Les cris des enfants grelottants, les supplications des mères accablées par leur incapacité à soulager leurs souffrances résument la profondeur de la douleur que ces familles endurent... Les enfants, dépourvus de vêtements chauds, affrontent le froid, visages pâles et pieds nus, tandis que les personnes âgées cherchent désespérément à s'abriter, même dans des conditions indignes. La vue des tentes déchirées et de l'eau qui envahit chaque coin de « rue », renforce leur sentiment d'abandon. Ils réclament à cor et à cri le strict minimum pour passer l'hiver...

« Cette initiative représente une bouée de sauvetage pour les déplacés, y compris les pêcheurs durement affectés par la guerre et le blocus. Depuis le début de l'hiver, nous avons ciblé de nombreux camps de déplacés à travers Gaza, leur fournissant des articles essentiels pour affronter le froid rigoureux, notamment des couvertures, des vêtements chauds et des bâches en plastique.

Une femme décrit l'hiver dans les camps comme une bataille supplémentaire que les femmes et leurs familles doivent affronter. Elle explique que le froid mordant rend la vie sous les tentes presque insoutenable, en l'absence de moyens de chauffage ou d'équipements adéquats pour faire face à la chute des températures. Les pluies abondantes aggravent encore leur situation, inondant les tentes et les chemins du camp, détruisant matelas et couvertures, et laissant les familles exposées à un froid implacable... [N'ayant pu] emporter ni couvertures, ni vêtements chauds, ni matelas... [elles] affrontent l'hiver avec des corps épuisés et des ressources presque inexistantes, se retrouvant à grelotter dans des tentes précaires qui n'offrent aucune protection contre le froid » (Abu Amir, décembre 2024).

En réponse à l'hiver qui s'annonce, les équipes ont lancé l'initiative « Hiver à l'abri » en novembre 2024. Dans sa première phase, l'initiative a ciblé quatre camps : le camp Abo Al-Atta, le camp Al-Izza, le camp Al-Baladiyah et le camp des agriculteurs. Au total, 100 bâches ont été distribuées dans ces camps pour couvrir les tentes endommagées et assurer une protection contre les fuites d'eau.

« Dans le cadre de ce projet nous distribuons des tentes, des bâches en plastique et des fournitures d'hiver pour atténuer les rigueurs du froid qui exacerbent les souffrances des personnes déplacées, en particulier les enfants et les personnes âgées » (Abu Amir, 10 décembre 24).

Cette action se poursuit.

## SE VÊTIR

Avoir un toit sur la tête n'est pas suffisant ! Il faut lutter contre le froid.

Parmi les priorités, il faut répondre aux nécessités vestimentaires : repérer les stocks disponibles et négocier avec les propriétaires des nombreux magasins fermés.

Marsel, du Centre d'Ibn Sina partage un témoignage (hiver 2023-2024) :

« Un père a raconté que sous la pluie, il y a quelques jours, il s'est déshabillé et est resté en sous-vêtements pour couvrir ses enfants, car il vit dans une tente au milieu de l'une des écoles-abris... Après avoir enlevé ses vêtements et couvert ses enfants, et après s'être assuré qu'ils étaient au chaud et dormaient, il s'est assis dans un coin de la tente et a commencé à pleurer jusqu'à ce qu'il s'effondre ».

Décembre 2024 : ce n'est que le début du deuxième hiver de cette guerre interminable et toujours aucun cessez-le-feu en vue. Et toujours l'inaction de la communauté internationale !

Mais comment protéger les enfants du froid ?

Se débrouiller, être à l'affût de la moindre occasion, de la moindre opportunité : c'est le quotidien. Le but : diminuer autant que possible la souffrance des personnes.

Les comités d'organisation des camps font appel à l'équipe Gaza-UJFP pour qu'elle fournisse des vêtements d'hiver aux enfants.

« Après quelques recherches et de manière extraordinaire, nous avons été en mesure de trouver des vêtements d'enfants composés de deux pièces (un pantalon et un pull), encore disponibles auprès de certains fournisseurs, les tailles s'échelonnant entre 2 et 8 ans. Nous prévoyons d'acheter 300 ensembles au total. 150 ensembles seront distribués au camp des paysans, tandis que les 150 autres ensembles seront répartis entre trois autres camps plus petits » (Abu Amir).

## Le nord de Gaza : le pire du pire

Tout début octobre 2024, il était encore possible d'aider le nord de Gaza, notamment Jabalia :

« Après des recherches, nos équipes ont pu communiquer avec des commerçants du nord qui leur ont fourni des chaussures d'hiver et des vestes pour enfants, distribuées aux enfants de la région de Jabalia. [...] Fournir des vêtements d'hiver aux enfants n'était pas seulement un acte humanitaire, c'était aussi un message d'espoir pour ces enfants vivant au milieu de crises sans fin » (Abu Amir, 7 octobre 2024).

Depuis, cette zone est devenue inaccessible, systématiquement détruite, isolée, interdite de toute aide possible.

Une honte pour les État occidentaux, clairement complices et un désespoir face aux instances internationales qui malgré les avis, les injonctions et les décisions basées sur le droit international sont impuissantes à stopper ce carnage programmé.

Sous le fallacieux prétexte « d'empêcher le Hamas de retrouver ses forces », l'opération militaire lancée par l'armée israélienne à Jabalia est purement et simplement l'extermination totale d'une population civile qui ne peut plus ni fuir ni recevoir de l'aide.

Plus de nourriture, plus d'eau pour plus de 400 000 Gazaouis.

« Les personnes piégées dans le nord de la bande de Gaza utilisent les médias sociaux pour faire part de leurs souffrances au monde extérieur, en adressant des appels urgents à la Croix-Rouge internationale et aux organisations humanitaires pour les sauver, ainsi que leurs enfants, du risque de mourir de faim et de soif. Mais rien ne change. Destructions, famine, morts et blessés continuent et les ONG humanitaires ne sont plus en mesure de distribuer des aliments d'aucune façon dans la province du nord de Gaza » (Abu Amir, 13 octobre 2024).

## FAIM TENAILLANTE ET FOURNITURE RÉGULIÈRE DE REPAS

### Fourniture régulière de repas

Fournir des repas réduit les tensions, les conflits ou les querelles entre les résidents, les ressources étant limitées. Ainsi, dès la fin 2023, l'équipe Gaza-UJFP installe une cuisine dans laquelle elle prépare des repas pour une distribution à un nombre croissant de familles d'agriculteurs sans ressources. Cela fait maintenant plus d'un an que ces repas complets et équilibrés sont proposés, avec l'aide de la solidarité française, trois fois par semaine. Ils permettent actuellement de nourrir les 1 800 familles présentes dans le camp des agriculteurs.

Plusieurs facteurs ont permis la mise en place de cette action vitale : la force du travail collectif de l'équipe Gaza-UJFP dans sa détermination, associée à la collecte du mouvement de solidarité français constituent une puissance de négociation pour l'achat de nourriture. Ces deux éléments construisent et alimentent une confiance mutuelle dans les réseaux de la société civile gazaouie concernés par ce travail.

Au début quelques gamelles, petit à petit des chaudrons majestueux, ils étaient trois pour commencer, sont devenus cinq, dans l'abri cuisine où les jeunes tournent les préparations culinaires avec des pelles en bois immenses, trois fois par semaine depuis plus d'un an. Tout contenant fait office de plat, de bol, d'assiette, d'écuelle, portés fièrement par les hommes, les femmes et les enfants dans la cohue de la distribution. Sur toutes les photos et vidéos nombreuses et régulières, de ces instants collectifs de nourriture partagée, on y lit le plaisir, l'envie de manger un repas consistant. Parfois Abu Amir, qui est à l'affût pour repérer toutes ressources ou stocks encore disponibles sur le marché, achète des poulets ou de la viande. De la viande enfin pour ces 1 800 familles qui en ont si rarement dans leurs frugales repas, une vraie fête et un régal du regard sur la découpe des poulets et la satisfaction des agriculteurs.

Mais, c'est une tragédie de tous les instants que vivent les Gazaouis déplacés ; il n'y a jamais suffisamment à distribuer :

« Nous voyons tous les jours au cours de nos tournées beaucoup de choses déchirantes. Des enfants pieds nus courent après la voiture pendant la distribution, commandent des repas, et les femmes nous supplient de leur donner un repas supplémentaire. Nous essayons autant que possible de distribuer ce qui est en notre pouvoir, mais les besoins sont énormes et rendent nécessaire que des pays donateurs répondent à ces besoins, et pas seulement des institutions.

Fournir des repas réguliers renforce l'esprit de coopération et de cohésion entre les membres au sein du camp, car cela contribue à créer un environnement de solidarité qui améliore la capacité de chacun à s'adapter et à coopérer pour faire face aux défis de la vie quotidienne » (Abu Amir).

## Être à l'affût

Les deux équipes assurent l'organisation ordinaire et régulière du soutien dans les camps de déplacés, mais restent à l'affût des opportunités pour des aides ponctuelles, grâce aux liens sociaux qu'elles ont développés.

Ainsi, le 31 mars 2024, les équipes ont proposé aux agriculteurs des bonbonnes de gaz, le bois étant devenu hors de prix ; et le 9 mai 2024 de la farine et de l'eau.

## CRÉATION D'INFRASTRUCTURES EX NIHILO

Répétons-le encore et encore ! Les agriculteurs de Khuza'a et d'Abasan comme le million de réfugiés campent sur une plage depuis début 2024 : pas d'eau, pas d'égouts, pas d'électricité, pas de toilettes. Rien !

Au fil du temps, habiter sous la tente dans des camps nécessite la mise en place d'infrastructures de toutes sortes : pour l'apport d'eau et d'électricité, pour l'hygiène quotidienne, pour l'évacuation des eaux usées, les sanitaires...

### Construire des sanitaires, en rendre compte, le raconter scrupuleusement

« Bonjour, dit son père à Marsel, as-tu été aux toilettes ce matin ? » « Ben Oui ! », répond Marsel interloqué. « Et bien tu vois, des centaines de milliers de personnes n'ont pas pu le faire. »

L'une après l'autre, les deux équipes ont construit des sanitaires dès la mise en place des camps de réfugiés, d'abord, lors de l'exode massif à Rafah (décembre 2023 et janvier 2024), puis sur les plages près de Deir al-Balah (à partir de février 2024), pour diminuer les risques d'épidémies.

En décembre 2023, l'équipe du Centre Ibn Sina a construit à l'ouest de Rafah, pour les personnes déplacées, obligées d'installer leurs tentes dans des parcelles vides et sur les trottoirs des rues, des sanitaires :

« Avec le soutien de l'UJFP et du mouvement de solidarité français, nous avons mis en œuvre ce projet. Nous en avons estimé la faisabilité, vérifié la disponibilité des matériaux et évalué les alternatives ainsi que les prix ; c'est ainsi que nous avons creusé 20 puits d'égouts, construit des fondations en béton et fourni des cabines transportables pour le bâtiment des toilettes. Cela a permis la mise à disposition de 20 sanitaires individuels » (Marsel, le 9 janvier 2024).

Ce sera fait également, au fil des déplacements, chaque fois que c'est possible, dans d'autres camps.

### De l'énergie solaire, une nécessité pour l'eau

« Manque d'électricité pour faire fonctionner les puits. Cette crise touche une partie des agriculteurs du camp, qui souffrent de la pénurie d'eau... Notre équipe a donc travaillé à l'installation d'un système d'énergie solaire pour faire fonctionner le puits d'eau situé à proximité du camp et à l'extension des conduits d'eau jusqu'au centre du camp, au bénéfice de plus de 750 familles et d'environ 145 familles du camp voisin. Nous avons acheté chacune des pièces nécessaires à l'installation du système, dans un endroit différent, pour en diminuer le coût global, tout en proposant un système avec des spécificités identiques à celles des systèmes classiques » (Abu Amir, fin mai 2024).

### De l'eau, de l'eau, de l'eau

« Notre équipe a créé un réseau d'eau pour le camp. Elle a acheté des tuyaux d'eau usagés, de nouveaux raccords en plastique, installé des lignes d'adduction d'eau pour le camp et une autre ligne d'adduction d'eau pour le camp voisin, et 5 robinets d'eau pour en faciliter la distribution. La longueur du conduit d'eau est d'environ 300 mètres, répartie entre les deux camps. Auparavant, les femmes et les enfants qui s'en chargeaient devaient marcher plus d'un kilomètre pour obtenir de l'eau » (Abu Amir, mai 2024).

En août 2024, les deux équipes ont distribué deux camions d'eau potable, chacun d'une capacité de 15 000 litres à différents camps.

« Le premier camion est distribué au camp d'Al-Izza, au sud-ouest de Deir al-Balah et le deuxième camion est distribué deux jours plus tard au camp d'Al-Ihsan, adjacent au camp d'Al-Izza. (...) La distribution d'eau à ces familles est une bouée de sauvetage... L'eau est essentielle à la survie : boire, cuisiner, se laver, nettoyer » (Abu Amir).

En septembre 2024, les deux équipes ont distribué des bidons propres et récupéré des bidons souillés, qui ont été nettoyés et recyclés : ils ont été trempés dans du chlore pour être stérilisés, puis nettoyés avec du sable et de l'eau pour être réutilisés et distribués à nouveau aux familles. Le projet a ciblé trois camps au sud de la ville de Deir Al-Balah, à savoir les camps Al-Izza, Al-Kharoub et Al-Ihsan.

## ASSAINISSEMENT DES CAMPS

### Désinsectisation et dératisation

N'oublions pas : non seulement les zones habitables ont été complètement détruites ainsi que leurs équipements, mais des centaines de milliers de personnes ont été déplacées de force dans des zones où il n'y avait rien : pas d'infrastructure sanitaire, pas d'assainissement. Au fil du temps, tous les nuisibles (insectes, rongeurs) envahissent les espaces entre les tentes, en raison des fuites d'eaux usées qui stagnent.

« Le programme de pulvérisation d'insecticides dans les camps s'inscrit dans le cadre des efforts humanitaires visant à améliorer les conditions de vie à l'intérieur des camps et à réduire la propagation des maladies causées par les insectes et les rongeurs. En utilisant des produits antiparasitaires très efficaces, les équipes ont pu réduire la densité des insectes à l'intérieur du camp, ce qui a permis d'améliorer l'état de santé de la population et de réduire le risque de maladies » (Abu Amir, 28 août 2024).

« Désinsectisation : l'expansion des marécages remplis d'eaux usées a considérablement exacerbé la crise des insectes, ce qui a accru les souffrances des personnes déplacées. Les insectes se sont répandus, ce qui a contribué à la propagation de maladies et d'épidémies au sein des camps. Cela a incité les personnes déplacées et les citoyens à lancer des appels continus aux municipalités et aux autorités responsables pour trouver une solution à ce problème qui s'aggrave de jour en jour, mais les capacités disponibles ne sont pas suffisantes pour relever ces défis. (...) Une opération a lieu dans divers camps à intervalles plus ou moins réguliers. Pour la dernière en date des initiatives (équipe Ibn Sina), curage des puits envahis par les eaux usées, le camp bénéficiaire a été choisi pour sa position particulièrement désastreuse à cause de la sous-couche glaiseuse dans lequel il est implanté » (Abu Amir).

Le peu de place pour monter sa tente a conduit à l'installation de tentes parfois sur des fourmilières.

« Ce matin, l'une des personnes déplacées est venue me voir en tenant son petit-fils par la main. La personne déplacée a dit : « Je veux te montrer quelque chose d'important dans ma tente ». L'enfant a dit : « Des fourmis nous ont attaqués et m'ont mordu. » Les yeux de l'enfant exprimaient une profonde inquiétude. Les mots simples de l'enfant portaient en eux une souffrance plus grande qu'il n'y paraissait. Je suis allé leur rendre visite et j'ai trouvé une multitude de fourmis à l'intérieur de la tente. Les personnes déplacées m'ont demandé de photographier les fourmis et d'essayer de trouver une solution pour les combattre, car elles étaient obligées d'évacuer la tente et de se déplacer la nuit à cause de l'attaque des fourmis ! » (Marsel, le 29 août 2024)

## Hygiène des camps

« Pour améliorer l'environnement sanitaire dans les camps de déplacés, nos deux équipes [...] ont éliminé les eaux usées collectées dans les puits répartis dans tout le camp de déplacés. Ce camp abrite 500 familles [...]. Cette initiative est devenue nécessaire après que les puits utilisés pour collecter les eaux usées ont débordé, propageant des eaux polluées entre les tentes » (Marsel, 29 octobre 2024).

Les restrictions imposées par Israël limitent l'introduction de produits de nettoyage à Gaza. L'équipe Gaza-UJFP a eu recours à une solution alternative : elle a déniché une entreprise locale à l'intérieur de Gaza qui avait la capacité, grâce à des stocks encore disponibles, de produire des produits de nettoyage de haute qualité :

« Cette solution alternative non seulement permet de répondre aux besoins des camps en matière de nettoyage, mais elle contribue également à soutenir l'économie locale en stimulant la production » (Abu Amir, 27 août 2024).

Ces campagnes de désinfection étant très onéreuses, elles n'ont pu être réalisées que grâce à des appels ciblés hors collecte. La première a été financée à part égale par l'AFPS et l'UJFP. Les cinq autres ont bénéficié d'un grand élan du mouvement de solidarité dans sa diversité. Dans les camps qui ont bénéficié de cette désinfection, la population a dit que pour eux, c'était encore plus important que la nourriture.

L'équipe Gaza-UJFP a partagé son savoir-faire dans plusieurs camps :

« Les actions touchant au maintien d'un minimum d'hygiène dans les camps, question cruciale pour la santé de tous et en particulier des enfants, a concerné d'autres camps de Deir al-Balah : campagnes « nettoyage et désinfection des camps ». Six campagnes ont été effectuées, touchant de trois à quatre camps chacune » (Abu Amir).

## PROTECTION ET PRÉVENTION DE SANTÉ

« Les maladies se sont répandues et les enfants affamés sont fragilisés. Les pharmacies sont vides et le seul hôpital de la région de Deir al-Balah est bondé de réfugiés. Il n'y a plus de place pour soigner les blessés. Dans cet hôpital, les blessés sont allongés sur le sol et les médecins ne peuvent que leur prodiguer les soins de premier secours, car ils n'ont pas de matériel médical. Bref, l'endroit ici est devenu un cimetière, et les gens sont désespérés, attendant de mourir, soit par les bombardements, soit par la famine » (Abu Amir, fin décembre 2023).

Mais les équipes gazaouies réagissent, travaillent avec courage, déterminées à mettre en place toute une série d'actions concrètes.

## Les prématurés

« L'équipe de notre Centre Ibn Sina est allée acheter les fournitures nécessaires pour les prématurés, les a remises aux médecins, en visitant le service. Aujourd'hui est la Journée internationale de l'enfance, conformément à la Charte des Nations unies, il était donc important de mettre en œuvre cette action spécialement aujourd'hui pour les bébés prématurés qui ont été exposés au siège et aux bombardements de l'hôpital Al-Shifa, alors qu'ils n'étaient âgés que de quelques jours. Ils avaient également besoin de lait. Le personnel du centre (Ibn Sina) a immédiatement collecté et acheté des fournitures pour trente-et-un bébés. Nous avons vu des prématurés dont les corps étaient épuisés, maigres et émaciés. Une aile de papillon peut égratigner leur corps en raison de sa délicatesse. Vous voyez la peur dans leurs yeux, dans leurs petits traits, sur ces visages doux. Ils ne savent peut-être pas ce qui se passe, mais leur souffrance est poignante : ils sont malheureusement nés dans un cycle de conflits sanglants et d'occupation brutale » (Marsel, le 20 novembre 2023).

## Initiative pour des patients dialysés

« Après avoir écouté le directeur du service et un certain nombre de patients, nous avons pu leur procurer de l'eau potable, des fruits et des repas adaptés à leurs besoins. (...) Nous avons distribué à chaque patient du service une bouteille d'eau et un repas composé d'un gros sandwich au poulet, d'une boîte d'eau, d'un carton de lait et d'un bol de fruits. Cette initiative était belle et réconfortante. Les patients ont remercié le personnel de l'UJFP pour ce travail merveilleux et inattendu » (Abu Amir, 28 juin 2024).

## Épidémies et campagnes de vaccination

Mi-mars 2024, selon les données recueillies par les organisations internationales qui ont pu entrer dans la bande de Gaza, au moins 312 000 personnes souffrent d'infections respiratoires aiguës ; au moins 220 000 patients souffrent de diarrhée aiguë, dont plus de la moitié sont des enfants de moins de cinq ans. Au moins 6 600 cas de varicelle, une importante épidémie d'hépatite A et des cas de poliomyélites ont été détectés.

Le mardi 3 septembre 2024, après une longue attente et sous la pression des organisations internationales, une campagne de vaccination contre la polio a été organisée. On est en droit de s'interroger sur l'accord de l'occupant pour cette campagne spécifique de vaccination. L'équipe du centre Ibn Sina, dans la tente de la solidarité, du camp Al-Izza, a participé à cette campagne.

« Ce qui se passait à l'intérieur était déchirant. L'endroit était bondé de mères et de pères, dont les visages portaient un mélange d'espoir et d'anxiété, et leur stress se lisait dans chacun de leurs regards. Chaque enfant nourri est un rayon de lumière qui brille dans un tunnel sombre, un signe de survie à l'épidémie de polio » (Marsel).

Une vaccination d'une telle ampleur n'a été rendue possible que parce que les camps de réfugiés étaient organisés de façon collective.

# LA CAMPAGNE DE VACCINATION CONTRE LA POLIO

« Au milieu de la guerre, les familles luttent de toutes leurs forces pour protéger leurs enfants, tandis que les épidémies s'insinuent dans leur vie comme une menace » (Marsel).

La campagne de vaccination en direction des enfants de moins de 10 ans a été réalisée en deux campagnes, de manière à administrer deux doses de vaccin oral contre la polio de type 2 (nOPV2).

Pour chacune, le territoire a été divisé en trois zones, centre (gouvernorats de Deir al-Balah), sud (gouvernorats de Rafah et de Khan Younis) et nord (gouvernorat de Gaza-ville et gouvernorat Nord).

La première campagne (1er au 12 septembre 2024) atteint ses objectifs

- achèvement réussi dans le centre de Gaza le 3 septembre, où plus de 187 000 enfants de moins de 10 ans ont été vaccinés en trois jours. Quatre grands établissements de santé ont continué à administrer des vaccins pour couvrir les besoins supplémentaires, portant le total à 195 555 enfants vaccinés à Deir al-Balah.

- sud : 256 572 enfants à Khan Younis et Rafah ont été vaccinés en quatre jours.

- nord : dans les gouvernorats de Gaza Nord et de Gaza, 112 311 enfants au total ont été vaccinés en trois jours.

Dans ces deux zones aussi, des établissements de santé ont continué à administrer des vaccins pour les familles non touchées lors des jours de vaccination.

Au cours de la première phase, plus de 560 000 enfants ont ainsi été vaccinés.

Comment une opération de cette ampleur peut-elle être réalisée dans des conditions que les grandes instances de défenses des droits de l'Homme qualifient de génocidaires ?

« La campagne est confrontée à des défis importants compte tenu de l'agression israélienne en cours et de la détérioration de la situation humanitaire. Cependant, l'insistance sur sa mise en œuvre reflète les efforts du secteur de la santé palestinien et de ses partenaires internationaux pour faire face aux crises de santé publique à Gaza, où la lutte contre la polio fait désormais partie de la résistance du peuple palestinien face à la machine de guerre israélienne » (Abu Amir, 4 septembre).

« Les comités des camps de réfugiés jouent un rôle essentiel, organisant des réunions sur la question de la pandémie et la vaccination. Sur la base de nos objectifs humanitaires et à la lumière de la propagation de la pandémie, un atelier et une éducation sanitaire sur l'épidémie de polio ainsi que la vaccination des enfants contre la polio ont été coordonnés et organisés en coopération avec des amis dans le cadre de la campagne d'urgence pour la vaccination contre la polio » (Marsel, 6 septembre).

Ce que démontre ce succès, c'est la vitalité de la société gazaouie sous les bombes, capable de maintenir fonctionnelles ses instances administratives, et de créer dans les pires des situations des solutions d'organisation collectives. L'effort conjoint du ministère de la santé de Gaza, des grandes organisations internationales, OMS, UNICEF, et UNRWA, et des structures locales constamment recréées, comme les comités des camps de déplacés, à Deir al-Balah submergé sous les mers de tentes de fortunes, ont permis que près de 87 000 enfants soient vaccinés dès le premier jour de la campagne.

L'OCHA détaille un des modes d'information de la population :

L'utilisation de messages textuels (SMS) a été essentielle pour informer la population de la campagne, les deux opérateurs de réseaux mobiles nationaux - Ooredoo et Jawwal - ayant travaillé en étroite collaboration avec les partenaires humanitaires pour soutenir la riposte à la polio. Le 31 août, le premier SMS destiné à l'ensemble de la population de Gaza a été envoyé à quelque 1,2 million d'utilisateurs sur les deux réseaux de téléphonie mobile. Le message du ministère de la santé annonçait le début de la campagne en trois phases dans la bande de Gaza et les dates correspondantes dans chaque localité. Trois autres SMS ciblés ont ensuite été envoyés aux habitants du centre de la bande de Gaza le 2 septembre et du sud de la bande de Gaza les 4 et 6 septembre, fournissant des détails supplémentaires sur le lancement de la campagne de vaccination dans chaque zone. Les groupes de médias sociaux ont également constitué une source importante d'informations sur la campagne.

**La deuxième campagne** ne parviendra pas à bousculer le siège étanche imposé à la région nord.

Si l'évidence du danger d'une épidémie flambant sur Gaza, quand ses troupes y sont au sol, a certainement contraint Israël à finalement écouter les appels pressant de l'OMS, la mauvaise volonté de l'occupant a été constante. Ainsi Netanyahou a qualifié de « mensonge » l'annonce d'une trêve : « Ce que la chaîne 13 a rapporté sur notre approbation d'une trêve humanitaire temporaire à Gaza est un mensonge. Nous n'avons pas accepté un cessez-le-feu pour administrer des vaccins contre la polio. Nous donnons seulement des endroits où cette vaccination pourra se faire. » (29 août). Et de fait, il y a eu des attaques directes sur les équipes de vaccination, comme le cas dénoncé par le coordinateur humanitaire pour le Territoire palestinien occupé, M. Muhannad Hadi : « Hier, une équipe de douze membres du personnel des Nations unies, dont les déplacements étaient parfaitement coordonnés avec les forces de défense israéliennes et dont les coordonnées leur avaient été communiquées à l'avance, a été arrêtée alors qu'elle se rendait dans le nord de Gaza pour soutenir la troisième phase de la campagne de vaccination contre la polio dans l'ensemble de la bande de Gaza » (10 septembre).

Entre le 14 et le 20 octobre, selon l'OMS, le nombre total d'enfants vaccinés dans les zones centre et sud a atteint 420 100 enfants, 339 885 enfants ayant également reçu des suppléments en vitamine A. Ce chiffre comprend 183 556 enfants de moins de 10 ans vaccinés dans le centre de Gaza depuis le 17 octobre et 236 544 enfants vaccinés dans le sud de Gaza depuis le 19 octobre.

22 octobre : À ce jour, 71 % des enfants à vacciner ont été atteints et des négociations sont toujours en cours avec les autorités israéliennes sur la manière dont la dernière phase de la campagne de vaccination peut être mise en œuvre dans le nord de la bande de Gaza, qui devait initialement commencer le 23 octobre.

29 octobre : « L'escalade de la violence, les bombardements intenses, les ordres de déplacement massif et l'absence de pauses humanitaires assurées dans la majeure partie du nord de Gaza » ont contraint le Comité technique de lutte contre la polio pour Gaza, qui comprend le ministère palestinien de la Santé, l'OMS, l'UNICEF, l'UNRWA et des partenaires, à retarder la troisième et dernière phase de la campagne de vaccination d'urgence contre la polio.

5 novembre : se référant entre autres aux deux incidents au cours desquels le véhicule d'un membre du personnel de l'UNICEF a été la cible de tirs dans le nord de Gaza et plusieurs enfants ont été blessés près d'une clinique de vaccination contre la polio

dans le gouvernorat de Gaza, la directrice générale de l'UNICEF, Catherine Russell, a déclaré qu'il s'agissait « d'exemples supplémentaires des graves conséquences des frappes aveugles sur les civils dans la bande de Gaza ». Néanmoins, la campagne de vaccination d'urgence contre la polio a débuté le 2 novembre dans certaines parties du nord de Gaza. Au 4 novembre, 105 261 enfants de moins de 10 ans avaient été vaccinés et 83 867 enfants âgés de 2 à 10 ans avaient également reçu une supplémentation en vitamine A.

La campagne de vaccination d'urgence contre la polio s'est achevée dans le nord de Gaza avec un total de 105 558 enfants de moins de 10 ans vaccinés. Le groupe sanitaire estime qu'entre 6 800 et 13 700 enfants des zones inaccessibles du nord de Gaza, telles que Jabalya, Beit Hanoun et Beit Lahiya, n'ont pas pu bénéficier d'une deuxième dose de vaccin et restent vulnérables au virus de la poliomyélite.

## Ophtalmologie

Les deux équipes mettent en place des projets en commun dans le domaine de l'hygiène et du médical.

« La visite de tous les camps par un ophtalmo, un opticien et un médecin pour faire une estimation des dégâts et des besoins dans ces domaines a été réalisée en juillet 2024 ; ont été estimés les besoins en lunettes, en médicaments : antibiotiques et antifungiques pour les problèmes dermatologiques » (Abu Amir, 2 juillet 2024).

« Quelques jours après l'initiative « Examen de la vue » pour les enfants du camp des agriculteurs, du camp des pêcheurs et du camp Al-Izza (Marsel), des lunettes sont distribuées aux enfants » (19 juillet 2024).

### Autres actions de prévention

Les ateliers sont l'occasion de discuter de nombreux aspects de la prévention des risques. Notamment pour la prévention du cancer du sein : encourager les femmes à réaliser l'auto-examen ; leur attention est également attirée sur la manière de réagir face aux munitions non explosées et de transmettre cette connaissance aux enfants.

## SCOLARISATION DE LA JEUNESSE, DÈS LE 1er MAI 2024

L'éducation est l'un des piliers les plus importants sur lesquels le peuple palestinien construit ses aspirations et ses espoirs pour un avenir meilleur.

« Un bouclier qui protège les générations futures des défis de la vie que vivent les Palestiniens en raison des conditions politiques, économiques et sociales difficiles » (Marsel).

Comme les équipes gazaouies le rappellent de manière incessante, la guerre en cours a dévasté le système éducatif, des centaines de milliers d'élèves et d'étudiants à tous les niveaux, de l'enseignement primaire à l'enseignement supérieur, sont confrontés à un avenir incertain. L'impact ne se limite pas à la perte de l'année scolaire en cours, mais la destruction systématique des établissements d'enseignement et des habitations rend difficile l'élaboration d'un plan d'avenir qui garantisse que les élèves retourneront à l'école après-guerre. Les écoles, transformées en abris, risquent de retarder leur retour à leur rôle éducatif, ce qui augmentera la pression sur l'infrastructure éducative détruite à plus de 80 %.

Les équipes soutiennent, avec l'aide de la solidarité française, quatre centres éducatifs : deux des centres se situent dans la région de Deir al-Balah (Al-Asdiqa'a et Al-Baladiyah), un est situé à Al-Mawasi Khan Younis (camp des agriculteurs) et le quatrième dans un groupe de camps entre les villes de Deir al-Balah et Khan Younis (Camp des pêcheurs) (voir carte n°2).

« Outre le camp des agriculteurs, point central de l'activité de l'équipe, les autres camps ciblés ont permis de scolariser des centaines d'enfants... Ces centres éducatifs sont dans des zones densément peuplées et constituent une initiative humanitaire cruciale visant à fournir une éducation aux enfants qui en sont privés à cause du conflit » (Abu Amir, 28 juin 2024).

## LES QUATRE CENTRES ÉDUCATIFS SOUTENUS PAR L'UJFP : DES PHARES D'ESPOIR DEPUIS LE DÉBUT DE LA GUERRE (DÉCEMBRE 2024)

1. Centre éducatif Al-Fajr dans le camp des agriculteurs à Mawassi Khan Younis :

Ce centre fournit un environnement éducatif sûr pour les enfants déplacés, leur permettant de retrouver une routine scolaire perdue.

2. Centre éducatif Al-Asdiqa'a au nord de Deir al-Balah :

Il sert aux enfants de la région occidentale de Deir al-Balah, en se concentrant sur l'éducation de base et des activités récréatives visant à réduire leur stress.

3. Centre éducatif Al-Izza au sud de Deir al-Balah :

Placé sous la direction du Centre Ibn Sina, ce centre offre un enseignement, un soutien psychologique et social aux enfants déplacés.

4. Centre éducatif Al-Baladiyah, récemment intégré

***

### Objectifs et missions des centres éducatifs

**Fournir une éducation de base** : ces centres permettent aux enfants de continuer à apprendre les matières fondamentales, garantissant ainsi une certaine continuité éducative et comblant les lacunes causées par l'interruption des cours.

**Créer un environnement sûr** : ils offrent aux enfants un espace sécurisé dans un contexte de guerre et de destruction, contribuant ainsi à leur stabilité et à leur sentiment de sécurité.

**Apporter un soutien psychologique et social** : ces centres proposent des programmes de soutien psychologique et social pour aider les enfants à surmonter les traumatismes causés par la guerre. Ils incluent également des activités récréatives et sportives qui les aident à réduire leur stress

Organiser des activités créatives et libératrices : séances de dessin et des jeux récréatifs visant à libérer les énergies des enfants et à alléger leur pression psychologique.

Ces centres sont des cocons de protection pour les enfants : le temps que les enfants passent dans ces centres éducatifs – environ cinq heures par jour – représente une période de récupération pour les parents car ils se sentent rassurés de voir leurs enfants loin de la rue et de ses dangers.

« Les rêves ont une suite, comme le disait le poète Mahmoud Darwich. Nous avons demandé aux enfants de dessiner librement, leurs rêves, leurs sentiments, etc. La plupart des dessins représentent leur maison, leurs rêves de retour à la maison, leurs jouets et leurs souvenirs. Nos enfants grandissent, mais il leur est impossible d'oublier » (Marsel).

## ATELIERS DE SOUTIEN PSYCHOLOGIQUE (MIS EN PLACE EN MAI 2024)

Avant le 7 octobre 2023, l'équipe d'Abu Amir avait proposé des ateliers aux agriculteurs (voir chapitre 3). Ces ateliers, contre toute attente, ont eu un énorme succès et ont révélé un besoin des agriculteurs, tant technique que psychologique, dans le contexte de stress et de guerre permanente imposé par Israël.

Ce savoir-faire a été très utile après le 7 octobre 2023. Et dès que les tentes sont montées et les agriculteurs, « installés » dans le camp, sur la plage, les deux équipes (Gaza-UJFP et Ibn Sina), déjà expertes en la matière, ont proposé des ateliers de soutien psychologique : contribuer à réduire le stress, l'anxiété et la dépression, et améliorer — dans la mesure du possible — la santé psychologique en offrant un espace d'échange et de parole.

« Compte-tenu de la structure de la société gazaouie, la parole a d'abord été donnée aux femmes, responsables du foyer et des enfants. Ce sont les femmes qui ont incité l'équipe Gaza-UJFP à proposer des ateliers aux hommes, pour leur permettre de s'exprimer et d'évacuer le stress lié à l'impossibilité d'offrir à leurs familles des conditions de vie décentes » (Abu Amir, mai 2024).

## Femmes

Le 20 mai 2024, les premiers ateliers de soutien psychologique pour les femmes ont été inaugurés dans le camp des agriculteurs.

« Nous sommes persuadés que ces ateliers de soutien psychologique ne se limitent pas à une simple écoute ; ils offrent aux femmes un espace pour évacuer la pression et construire des réseaux de soutien social qui renforcent leur résilience. De plus, ils fournissent des outils pour mieux gérer les défis quotidiens, redonnant aux participantes un sentiment de contrôle sur leur vie dans des circonstances incontrôlables.

Nous avons reçu vingt femmes. Les psychologues les ont inscrites et ont commencé à travailler avec elles. L'équipe a organisé quatre ateliers jusqu'à présent, du lundi au jeudi, à raison de deux heures par jour » (Abu Amir).

Voici un résumé des problèmes du quotidien exposés au fil des ateliers, par les femmes :

« . Pénurie de gaz de cuisine et recours au bois de chauffage et au feu comme alternative, avec comme conséquence des maladies respiratoires telles que l'asthme : l'une des participantes a déclaré que son asthme avait augmenté à cause de l'utilisation du feu.

. Odeurs désagréables qui résultent du manque d'évacuation des eaux usées et de leur stagnation dans les camps, avec comme conséquence dramatique la propagation de nombreuses maladies (comme l'hépatite et les maladies de peau) et l'impossibilité d'y faire face.

. Manque d'intimité en raison de la proximité des tentes, du manque d'indépendance et du partage de l'utilisation des toilettes publiques, ce qui conduit à l'émergence de problèmes familiaux tels que le harcèlement.

. Problème de la gestion de l'eau : manque d'eau pour l'usage quotidien et prix extrêmement élevés de l'eau potable.

. Question du travail des enfants abordé lors d'un des ateliers : les femmes précisent qu'elles sont prises en tenaille entre soutenir psychologiquement leurs enfants, affectés par la guerre, et les envoyer travailler compte tenu de la déstructuration des familles ; l'une des femmes raconte qu'elle a envoyé ses deux enfants travailler sur des chantiers de construction pour subvenir aux besoins de la famille, et qu'elle a réalisé la gravité de cette expérience après avoir participé à l'atelier ; à l'inverse, une autre a parlé de sa souffrance après avoir perdu son mari et avoir dû envoyer son fils travailler, car elle avait remarqué des changements psychologiques négatifs dans son comportement » (Abu Amir, octobre 2024).

L'équipe Gaza-UJFP propose, au fur et à mesure des mois, ces ateliers à d'autres camps.

## Hommes

La situation de guerre et de chômage de masse contribue à l'augmentation de l'agressivité entre les personnes, voire une violence intrafamiliale et un chaos social et sociétal.

Une histoire touchante, celle d'un homme de 70 ans qui raconte : « J'ai connu de nombreuses crises dans ma vie, mais celle-ci est la plus dure de toutes. Je ne peux pas me déplacer facilement et je suis arrivé ici en souffrant de nombreuses maladies. J'avais une petite ferme dans le nord de la bande de Gaza, que j'adorais et dont je cultivais la terre. Chaque matin, je me réveille en souhaitant pouvoir retourner sur cette terre pour m'occuper des oliviers que j'ai plantés de mes propres mains, et je rêve du jour où je reverrai mes petits-enfants grimper dans mes oliviers ».

Grâce à un soutien psychologique, les jeunes et les hommes peuvent faire face aux défis d'une manière plus positive et éviter les comportements agressifs.

« Calmer les âmes et réorienter l'énergie vers des activités constructives permet de réduire les tensions au sein des familles et de la société, contribuant ainsi à la construction d'un environnement plus stable (Abu Amir, 28 août 2024).

Ces hommes souffrent d'une pauvreté extrême et d'un chômage croissant, car les opportunités d'emploi sont au plus bas en raison de la destruction des infrastructures et du manque de stabilité économique ; les sentiments de frustration et d'impuissance s'accumulent et se transforment souvent en violence domestique ou en violence entre les hommes eux-mêmes. Ces derniers se retrouvent piégés dans un cycle de frustration et d'incapacité à exprimer leurs sentiments ; les crises psychologiques sont exacerbées et les tensions au sein de la famille et de la société augmentent » (Abu Amir, septembre 2024).

Au cours d'un atelier (septembre 2024), les hommes s'expriment librement :

« Certains jeunes parlent de la situation catastrophique dans laquelle ils vivent, décrivant le vide qui les assaille et les fait se sentir désespérés et perdus. D'autres indiquent que leur vie semble bloquée, sans possibilité d'avenir, car les guerres successives leur ont volé des années de vie, augmentant leur sentiment de frustration et d'impuissance. Quant aux hommes plus âgés, ils expriment la profonde douleur qu'ils ressentent en raison de leur incapacité à assurer les besoins fondamentaux de leur famille. Ils décrivent un sentiment de « mourir mille fois par jour » en voyant leurs enfants souffrir de la faim et de la pauvreté, sans avoir une quelconque prise sur la réalité. Certains expriment leur perte d'espoir que la guerre se termine bientôt, tout en soulignant les défis, liés au nouvel hiver qui se profile et qui devrait être beaucoup plus difficile que le précédent ».

## ET POURTANT ILS RECULTIVENT : UNE LEÇON DE RÉSISTANCE

Garder en culture la terre reste essentiel.

« Nous avons fait un constat terrible fin septembre 2024.

Depuis les premiers instants du déclenchement de la guerre, les forces israéliennes ont poursuivi une politique visant à détruire tout ce qui contribue à fournir de la nourriture aux habitants de Gaza. Les chars et les bulldozers israéliens, soutenus par des avions de guerre et des missiles, ont délibérément arasé et détruit tout ce qu'ils ont atteint dans la bande, en particulier les terres agricoles fertiles qui constituent la principale source de nourriture pour la population. Plus de 75 % des terres agricoles de Gaza ont ainsi été détruites... » (Abu Amir).

« Scène de dévastation que l'humanité n'avait pas vue depuis plus de cent ans, les terres qui étaient cultivées et produisaient les récoltes nécessaires pour nourrir la population de la bande de Gaza sont devenues stériles et vides, après avoir été complètement détruites ou arasées au bulldozer. L'armée israélienne a ciblé à la fois les infrastructures agricoles (serres, puits et stations d'irrigation) et les terres agricoles (de Beit Hanoun au nord à Rafah au sud, en passant par Khan Younis et la zone centrale, tout est détruit ou endommagé). Cette destruction fait partie d'une stratégie visant à affaiblir la résilience de la population palestinienne, à l'affamer et à la rendre complètement dépendante d'une aide humanitaire, qui ne rentre plus.

[...] L'armée vient d'anéantir les efforts des agriculteurs du Nord de la bande de Gaza. Au début de la semaine dernière (fin septembre 2024), les forces israéliennes ont arasé au bulldozer environ 500 dunums de terres agricoles, dans le Nord de la bande de Gaza (région de Beit Lahia). Ces terres avaient été cultivées par des agriculteurs pendant la guerre, dans une tentative désespérée de fournir de la nourriture à la population assiégée. Mais cet effort a été anéanti par les destructions. Des rapports publiés par des organismes locaux et internationaux documentent l'impact catastrophique de cette destruction sur la sécurité alimentaire des habitants de la bande de Gaza » (Abu Amir).

Gaza, qui dépend fortement du secteur agricole pour assurer ses besoins alimentaires, est désormais confrontée à une crise sans précédent.

C'est ainsi que nous avons décidé, avec l'aide de l'UJFP et de la solidarité française, de lancer, le 9 octobre 2024 le premier projet de remise en culture à Deir al-Balah, immense concentration de camps de déplacés.

« Compte tenu de la forte augmentation du prix des légumes et de son impact négatif sur les citoyens, en particulier à la lumière des conditions économiques difficiles dont souffrent les habitants de la bande de Gaza, la nécessité de soutenir les agriculteurs et de leur permettre de cultiver leurs terres se fait de plus en plus sentir.... Aujourd'hui, nous avons reçu les plants d'une pépinière locale, puis les avons fournis aux agriculteurs de Deir al-Balah. Les agriculteurs ont rapidement commencé à repiquer ces plants sur leurs terres. Il y avait un état d'activité et d'interaction positive parmi eux, qui espèrent que cette initiative contribuera à alléger la pression économique sur la population et à fournir des légumes à des prix raisonnables sur les marchés » (Abu Amir).

Pendant qu'ils repiquaient les plants, un certain nombre d'agriculteurs présents sur le site ont pris la parole pour exprimer leur inquiétude et leur mécontentement face à la hausse vertigineuse du prix des légumes.

« Un agriculteur a souligné que le prix d'un kilo de tomates avait atteint 10 euros, ce qui est inacceptable, surtout à la lumière des conditions économiques difficiles dans lesquelles vivent les gens, en particulier les personnes déplacées qui luttent pour assurer leurs besoins de base. L'agriculteur a déclaré que les prix élevés font qu'il est difficile pour ces personnes de nourrir leurs familles, et a souligné que la situation actuelle est, je cite : *devenue insupportable* ».

Les agriculteurs ont exprimé leur mécontentement à l'égard des commerçants qui exploitent les circonstances difficiles et font commerce de la souffrance de la population.

« Un agriculteur a souligné que les négociants ne prêtent pas attention à la souffrance de la population, mais cherchent uniquement à réaliser des gains financiers. Il considère que l'exploitation des crises pour augmenter les prix équivaut à « faire du commerce avec le sang des gens » : la seule solution pour faire face à la hausse des prix des légumes est de soutenir l'agriculture et d'encourager les agriculteurs à retourner cultiver leurs terres. L'agriculture locale est la principale source de légumes, et si les agriculteurs peuvent retourner sur leurs terres et les cultiver de manière plus intensive, les prix reviendront à la normale et les citoyens pourront acheter des légumes à des prix raisonnables ».

La volonté de remise en culture des terres fait tache d'huile (12 octobre 2024) :

« Les agriculteurs de la région sont très encouragés pour commencer à cultiver après avoir vu le succès de leurs collègues, la semaine précédente. Par conséquent, de nombreux agriculteurs nous ont contactés pour obtenir des semis et des plants.

Au cours de la réunion, poursuit Abu Amir, je leur ai expliqué que nous ne pouvions pas fournir des semis à tous les agriculteurs, mais que nous pouvions aider les agriculteurs pauvres de cette région.

Sur cette base, les agriculteurs ont désigné deux d'entre eux pour recevoir des semis et plants : l'un cultivera du molokhiya[2] et l'autre du chou. Les défis auxquels sont confrontés les agriculteurs de la région ont également été abordés, comme la difficulté d'obtenir de l'eau pour irriguer les cultures et son coût élevé. Ces agriculteurs aspirent à obtenir un générateur électrique afin de pouvoir exploiter leur puits et bénéficier de l'eau pour irriguer leurs cultures.

Dans un mouvement qui reflète l'attachement à la terre et l'espoir d'une amélioration des conditions économiques, les serres de Deir al-Balah commencent à revivre. Les agriculteurs ont pu obtenir des plants et des semences, ce qui leur a donné la possibilité de retourner cultiver leurs terres.

Revenir à l'agriculture n'est pas seulement un travail, c'est un retour à nos racines et un regain d'espoir, explique l'un des agriculteurs bénéficiaires du projet. Nous sommes étroitement liés à la terre ; c'est une partie de notre identité et de notre histoire ».

Un autre ajoute :

« Nous sommes étroitement liés à la terre ; c'est une partie de notre identité et de notre histoire, et nous ne pouvons pas la quitter. Revenir à l'agriculture, c'est comme revenir à la vie, car travailler la terre nous donne de l'espoir pour l'avenir et une chance d'améliorer nos conditions de vie ».

Un agriculteur a exprimé ce lien en disant :

« La terre donne un sens à notre vie, et travailler dans l'agriculture nous redonne un sentiment de valeur et de résilience ».

2. Corète potagère dont on fait des sauces et de la soupe.

Le constat de cette expérience extraordinaire :

« Aider les agriculteurs dans ces circonstances est d'une grande importance pour desserrer le nœud coulant de la dépendance économique absolue et pour le droit à une vie digne. Des champs reprennent vie : cultures de tomates, choux, molokhiya, et d'autres légumes.

Cette initiative n'est pas un simple projet éphémère :

. elle améliore leur situation économique,

. elle ravive leur confiance ; ils ne se sentent plus seuls face à cette guerre destructrice,

. elle participe à la lutte contre la vie chère et la hausse des prix des légumes (monopole des marchés, manque d'approvisionnement et marché noir). Avec la reprise de l'agriculture dans cette région, les marchés locaux pourront offrir des légumes à des prix raisonnables, aidant ainsi les familles de Gaza à subvenir à leurs besoins alimentaires sans subir une pression financière excessive.

. elle prouve que le changement est possible lorsque les efforts se conjuguent et que les agriculteurs bénéficient du soutien nécessaire. L'espoir semé par cette initiative dans le cœur des agriculteurs est aussi précieux que les récoltes plantées dans la terre » (Abu Amir).

Les premiers légumes ont été récoltés en novembre 2024.

« Les agriculteurs souhaitent que cette initiative soit le point de départ d'efforts plus importants couvrant l'ensemble de la bande de Gaza.

Par conséquent, aider les agriculteurs dans ces circonstances difficiles ne les soutient pas seulement au niveau individuel, mais constitue un investissement pour l'ensemble de la communauté » (Abu Amir, le 14 octobre 2024).

Le Collectif des Semeurs du Lodévois-Larzac ont accompagné leur don aux paysans palestiniens, d'un poème « Graines d'espoir »

Transportée par le vent,
dispersée dans les champs,
par une poignée pleine d'espoir,
la graine repose sur le ventre fécond de la terre.
Face au froid, à la sécheresse, au feu, aux inondations,
la graine, patiente, attend le feu vert pour la vie.

Cette graine, avec la solidarité de l'eau et du soleil,
sous le regard confiant du paysan,
au bon moment, se réveille sans peur ni crainte,
pousse et traverse les obstacles,
dix, cent, mille fois son poids.

Rien ne pourra l'arrêter.
Vive le peuple de Palestine !
Palestine vaincra !

PARTIE IV

# ANALYSES ET VISIONS CROISÉES

# CHAPITRE 1

# CONSENTEMENT ET SOUTIEN DU MONDE DOMINANT AU GÉNOCIDE

Dans le chapitre 2, nous avons replacé le 7 octobre 2023 dans son contexte géopolitique depuis 1948, rappelé que Gaza est sous blocus depuis juin 2007 et a déjà subi plusieurs guerres meurtrières avant la guerre en cours, et ce sans que la communauté internationale n'intervienne de quelque manière que ce soit pour imposer des sanctions à l'État israélien, alors que c'est l'outil dissuasif par excellence.

## COMMENT L'OCCIDENT ET LE MONDE ARABE ONT-ILS RÉAGI ?

Osons une grille d'analyse - même si les bouleversements actuels que l'Amérique de Trump inflige au « camp occidental » pourraient remettre sérieusement en question sa propre définition - , ce camp, tout au moins en ce qui concerne cette zone du monde, soutiendrait Israël parce que c'est un morceau d'Occident installé en plein Moyen-Orient. Voilà un pays qui, à travers l'idéologie sioniste[1] et la mauvaise conscience européenne vis-à-vis de la Shoah, assume une reconquête coloniale jusqu'au bout. Voilà un pays qui peut tuer qui il veut, où il veut, quand il veut, en toute impunité. Israël est un pays, entre autres choses, qui donne l'exemple de la façon de surveiller, d'emprisonner ou de tuer des populations « réputées dangereuses ». C'est une start-up technologique capable de fabriquer tout ce dont l'Occident a besoin pour réprimer ses propres populations. C'est un laboratoire pour les armes les plus sophistiquées et de nombreuses polices ou armées viennent se former en Israël[2].

Comme le précise Andreas Malm[3], « c'est la vision impérialiste d'une entité imposée sur la terre de Palestine » qui motive le camp occidental dans son soutien à Israël : protéger ses intérêts, à savoir dominer une région aussi importante stratégiquement et économiquement que le Proche-Orient. Ainsi les intérêts des deux parties s'accordent : l'idéologie sioniste en œuvre en Israël y trouve son compte car « le colonialisme de peuplement en Palestine n'a jamais volé de ses propres ailes et jamais il n'en aurait eu les moyens »[4] sans l'aide du camp occidental et, pour ce dernier, Israël représente un atout stratégique essentiel au Proche-Orient et un gendarme régional modèle dans le tiers-monde[5] pour protéger l'extraction pétrolière et gazière, le long de la côte qui va de Beyrouth à Gaza, en passant par Acre[6]. C'est ainsi qu'Israël est devenu le bras armé d'une domination politique, militaire et économique du Proche-Orient.

1. Voir « La dualité du projet sioniste », Gilbert Achcar, *Le Monde diplomatique* février-mars 2018. « Théorisé par Théodor Herzl, le sionisme politique entendait obtenir la création d'un État pour le peuple juif en Palestine. S'il était motivé par les souffrances des communautés juives, notamment en Europe de l'Est, et par le regain d'antisémitisme dans l'ouest du vieux continent, ce mouvement relevait d'une logique colonialiste conforme au contexte européen de l'époque ».
2. Voir le film documentaire « The Lab » de Yotam Feldman (2013).
3. *Pour la Palestine comme pour la Terre*, Éditions La Fabrique, 2025, p. 75.
4. Ibid, p. 70.
5. Ibid, p. 75.
6. Ibid, p. 77.

Des pays comme la France, la Grande-Bretagne, l'Allemagne et surtout les États-Unis continuent, à des degrés divers et avec des nuances dans les réactions, à fournir des composants et des armes à Israël ainsi qu'un parapluie politique dans les instances internationales. La plupart des gouvernements occidentaux ont ainsi pris fait et cause pour Israël, dès le 7 octobre et continuent, depuis, à soutenir inconditionnellement Israël, en dépit du génocide en cours. Un deux poids deux mesures flagrant, si on compare leurs positions et actions, par exemple, à celles prises lorsque la Russie a envahi l'Ukraine.

## Europe

Comme sur tout sujet, l'Europe est un ensemble divers. Assurément les positions du peuple comme des institutions de l'Irlande – qui gardent en mémoire les douleurs de la colonisation britannique – sont généralement favorables aux Palestiniens. D'autres pays comme l'Espagne, la Norvège et la Suède ou l'Islande offrent un nuancier de réactions. La France et l'Allemagne présentent, au sein de l'Union européenne, la caractéristique d'avoir réprimé le soutien à la Palestine dès le 7 octobre 2023, tout comme la Grande-Bretagne dans une moindre mesure.

. France

Rappelons que la France a fermement condamné ce que les autorités appellent « l'attaque terroriste du Hamas le 7 octobre », mais elle ne condamne pas avec la même fermeté les massacres perpétrés par l'armée israélienne à Gaza.

Dès le 7 octobre 2023, les plus hautes autorités du pays, la présidente de l'Assemblée nationale, Yaël Braun-Pivet, et le président du Sénat, Gérard Larcher, sont allés en Israël et y ont déclaré leur soutien indéfectible, sans concertation avec la diplomatie française et sa connaissance du terrain.

En octobre 2023 encore, on observe une multiplicité de déclarations de soutien de la part d'Emmanuel Macron : « Solidarité sans faille »[7], « Soutien ferme et uni »[8] ; « Droit à se défendre face aux attaques terroristes »[9], « Soutien dans sa réponse légitime », « Attachement indéfectible à la sécurité d'Israël »[10], « Émotion » envers la population israélienne suite aux attaques[11].

Pas un mot sur les milliers de morts gazaouis.

En février 2024, le président français qualifie toujours le 7 octobre 2023 « de plus grand massacre antisémite » du XXIe siècle[12]. Le 4 octobre 2024, quand il hausse enfin le ton contre la guerre meurtrière menée par Israël depuis un an à Gaza et désormais au sud du Liban et qu'il vise explicitement les États-Unis en plaidant pour l'arrêt « des livraisons d'armes pour mener les combats à Gaza », il s'attire aussitôt les foudres du gouvernement israélien. Le ministre français des Affaires étrangères, Jean-Noël Barrot, se rend alors en Israël, le 7 octobre 2024, pour commémorer les victimes du 7 octobre 2023 et réitère, après plus d'un an d'une guerre que l'on peut qualifier de génocidaire, qu'Israël a le droit de se défendre, que le 7 octobre 2023 est bel et bien un pogrom[13].

En janvier 2025, après plus d'un an d'une guerre considérée comme génocidaire par les instances internationales, Emmanuel Macron réaffirme que « la solidarité de la France avec Israël face au terrorisme, face à la barbarie des attaques perpétrées par le Hamas sur son sol le 7 octobre 2023 est complète et ne souffre aucune nuance[14] ». Pas de sanctions, même si les paroles paraissent équilibrées, quand il ajoute le souhait « qu'Israël mette fin à la guerre, admette qu'il a des partenaires pour la paix et s'engage à un règlement juste et durable de la question palestinienne en se

7. https://www.elysee.fr/emmanuel-macron/2023/10/12/adresse-aux-francais-3, 12 octobre 2023
8. https://x.com/EmmanuelMacron/status/1711513778360074696?mx=2, le 10 octobre 2023
9. https://www.elysee.fr/emmanuel-macron/2023/10/12/adresse-aux-francais-3, le 12 octobre 2023
10. 24 octobre 2023
11. 24 octobre 2024
12. France 24, 7 février 2024
13. https://www.vie-publique.fr/discours/295670-jean-noel-barrot-07102024-conflit-au-proche-orient, le 7 octobre 2024
14. https://www.elysee.fr/front/pdf/elysee-module-23793-fr.pdf, le 6 janvier 2025

coordonnant avec l'ensemble des pays de la région pour la question de Gaza, en préservant les conditions politiques en Cisjordanie et à Gaza de la construction d'un État palestinien et en œuvrant avec les pays de la région et la communauté internationale à la possibilité de deux États vivant en paix et en sécurité ».

Ces termes ne parviennent pas à masquer la position de soutien de la France envers Israël ; l'appel à la modération et à la protection des civils gazaouis sonne creux, dans la mesure où le génocide n'est pas dénoncé : mépris pour les Gazaouis dont les vies ne comptent visiblement pas. De fait, en janvier 2025, la France n'a pas modifié sa position de soutien « indéfectible » à Israël et ce en dépit de la guerre de destruction massive de Gaza et des décisions de la Cour internationale de justice ou des décisions de la Cour pénale internationale, nous y reviendrons.

On observe, sans doute, un retour du refoulé colonial : le passé colonial français, en particulier en Algérie, et en dépit de tous les efforts faits depuis des années, n'est toujours pas totalement soldé. Ce facteur intervient sans doute aussi dans les positions prises par le gouvernement français au Proche-Orient : mépris colonial des Palestiniens, mépris colonial des Français musulmans et des défenseurs des droits des Palestiniens dont la parole est souvent réprimée depuis le 7 octobre 2023, le tout justifié par la lutte « globale » contre le « terrorisme islamique ». Seul un groupe politique à l'Assemblée nationale - la France insoumise - a pris résolument le parti des plus faibles et du droit international en subissant en retour les accusations « d'antisémitisme » ou « d'ambiguïté » de la plupart des politiques et des médias dominants. Le cas de l'élue au Parlement européen, la juriste franco-palestinienne Rima Hassan qui doit faire face à des demandes de levée de son immunité parlementaire, est à ce titre éloquent.

## LE SYSTÈME BANCAIRE COMPLICE DU GÉNOCIDE

Rien ne sort, rien ne rentre à Gaza. Les transferts de fonds vers la Palestine n'ont jamais été simples. Mais maintenant, en plein génocide, aussi bien les individus que les associations de soutien à la Palestine se heurtent à des difficultés croissantes pour effectuer des virements vers les banques palestiniennes, voire à des fermetures de leur propre compte. Un article du journal La Vie[15] du 16 décembre 2024, « Palestine : quand les banques françaises font du zèle » rappelle les consignes de la Banque de France : « Chaque banque reçoit des consignes de la part des autorités de contrôle de la Banque de France afin de s'assurer que les flux bancaires ne financent pas le terrorisme et le blanchiment d'argent. » L'interprétation qu'en font les banques aboutit de fait à l'impossibilité de tout virement. Les solidaires deviennent la proie des profiteurs de guerre (les rares bureaux Western Union ouverts à Gaza prennent une commission de 27 % et d'autres intermédiaires, jusqu'à 30 %).

Lors des demandes de justifications aux banques, une fin de non-recevoir : ce sont les ordres.

. Allemagne

L'Allemagne joue un rôle clé en Europe pour essayer d'assimiler l'antisionisme à l'antisémitisme, ce que sa justice applique déjà. Elle a vendu pour 326 millions d'euros d'armes à Israël juste après le 7 octobre. Il semble que ces exportations aient momentanément été suspendues. Mais elles ont repris en octobre 2024, même si en août

15. https://www.lavie.fr/actualite/geopolitique/palestine-quand-les-banques-francaises-font-du-zele-97379.php

2024, l'Allemagne s'est jointe à la France et au Royaume-Uni pour demander un cessez-le-feu « sans aucun délai supplémentaire ».

Le 15 mai 2024, la célébration de l'anniversaire de la Nakba a été interdite à Berlin où vivent 50 000 Palestiniens.

En Allemagne, depuis le voyage de la chancelière Merkel en Israël en 2008 qui avait affirmé que la sécurité d'Israël était « Raison d'État » pour son pays compte tenu de la responsabilité historique allemande dans l'Holocauste, quasi tous les partis politiques estiment que la régénération du pays après le nazisme passe par un soutien absolu à Israël, y compris à la colonisation. Même le parti d'extrême droite AfD s'affiche favorable à Israël et les critiques viennent essentiellement des partis les plus à gauche.

. Grande-Bretagne

Le parti conservateur aux commandes jusqu'au 5 juillet 2024 s'est aligné sur les États-Unis et a soutenu inconditionnellement Israël. L'ancien premier ministre Rishi Sunak a visité Israël juste après le 7 octobre 2023. En avril 2024, il réaffirmait « le droit d'Israël à se défendre ». Alors que six cents juristes britanniques le pressaient d'interrompre les livraisons d'armes à Israël, il les a maintenues, tout en jurant que son gouvernement « obéissait à des règles très strictes ». Cela se passait quelques jours après l'assassinat des volontaires de World Central Kitchen, dont certains étaient britanniques. Mais ne nous y trompons pas, ce sont encore des considérations géopolitiques, comme la protection des intérêts britanniques au Moyen-Orient, des intérêts économiques liés aux ventes d'armes à Israël qui représentent des sommes importantes et la perception d'Israël comme un allié occidental dans une région instable qui sont les pivots de ce soutien inconditionnel.

Le gouvernement travailliste britannique actuel, dirigé par le Premier ministre Keir Starmer depuis juillet 2024, a adopté une position plus critique envers Israël concernant la guerre à Gaza, tout en maintenant un certain soutien, notamment en réitérant « le droit d'Israël à se défendre ». Il a notamment suspendu, via son ministre des Affaires étrangères David Lammy, une trentaine de licences d'exportation d'armes à Israël, sur un total de 350, évoquant les conclusions d'un examen légal qui a estimé qu'il existe « un risque » qu'elles soient utilisées en violation du droit humanitaire international.

. Union européenne

L'Union européenne (UE) est un acteur fondamental dans le soutien à Israël dont elle est le premier partenaire commercial. Il existe un accord d'association entre l'UE et Israël, qui est entré en vigueur en juin 2000. Il s'agit d'un accord de libre-échange dans plusieurs secteurs, notamment industriel et agricole. L'UE dispose d'un énorme moyen de pression mais jusqu'à présent, elle refuse d'abroger cet accord, alors qu'il contient une clause humanitaire importante, connue sous le nom de « clause des éléments essentiels », qui dispose que le respect des droits humains et des principes démocratiques constitue un élément essentiel de l'accord. Son article 2 établit que les relations entre les parties et toutes les dispositions de l'accord sont fondées sur le respect des droits humains et des principes démocratiques. Il est également précisé que ces principes doivent guider les politiques internes et internationales des parties.

Or, selon la politique officielle de l'UE, des violations graves de ces clauses relatives aux éléments essentiels peuvent entraîner la suspension totale ou partielle de l'accord-cadre global et la suspension de tous les accords liés, y compris l'accord commercial. Nous sommes en janvier 2025, l'armée israélienne commet un génocide à Gaza mais cet accord d'association n'est toujours pas abrogé, malgré les pressions de la société civile.

. Un point sur la reconnaissance de l'État de Palestine

Au sein de l'Union européenne, les approches des États membres concernant la Palestine, pays observateur à l'ONU depuis 2012, diffèrent sensiblement eu égard à la reconnaissance diplomatique de l'État de Palestine. Douze pays parmi les vingt-sept reconnaissent la Palestine. Pour certains États d'Europe centrale et orientale, il s'agit d'un héritage de leur passé communiste, l'URSS et ses États satellites s'étant alors positionnés en faveur du camp palestinien. Dans la foulée de la déclaration d'indépendance de la Palestine, proclamée par Yasser Arafat à Alger le 15 novembre 1988, la Hongrie, la Pologne, la Bulgarie, la Roumanie et la Tchécoslovaquie (qui se transformera en 1993 en deux États distincts, la République tchèque et la Slovaquie) reconnaissent cet État, même si aujourd'hui ils sont des soutiens de l'État d'Israël ! Chypre et Malte le font au même moment. L'Islande (qui n'appartient pas à l'UE) a reconnu l'État de Palestine en 2011. La Suède les rejoindra en 2014. Dix ans plus tard, en plein génocide, le 28 mai 2024, l'Espagne, l'Irlande et la Norvège (qui n'appartient pas à l'UE) reconnaissent l'État de Palestine. Ces pays ont enfin été suivis par la Slovénie, dont le Parlement a voté un décret de reconnaissance de la Palestine le 4 juin 2024.

À ce jour, quinze États membres, dont la France, ne la reconnaissent pas en tant qu'État indépendant.

. Autre versant de ce soutien « inconditionnel » : répression et actions en justice

Face à ce soutien, la sympathie de larges pans de la population mondiale pour les droits du peuple palestinien ne débouche pas suffisamment sur un engagement actif, en partie à cause de la forte répression contre la liberté d'expression.

Dans la répression, il faut particulièrement distinguer la France et l'Allemagne où les manifestations de soutien à Gaza, les meetings et les conférences, même parfois dans des lieux privés, ont été interdits ou annulés, au motif de « trouble à l'ordre public ». Même, les actions des étudiants sur les campus ont été réprimées ou interdites.

Les contrevenants, qui passaient outre ces interdictions, ont dû payer des amendes. Toute remise en cause de la version officielle du 7 octobre a été qualifiée « d'apologie du terrorisme ». Depuis, des poursuites ont lieu, et des condamnations sont prononcées pour apologie du terrorisme. La complicité avec Israël s'accompagne souvent d'une stigmatisation islamophobe.

Par contre, les pays anglo-saxons ont en général autorisé les manifestations qui ont été massives sans modifier la complicité des gouvernements. Mais aux États-Unis, la répression des étudiants sur les campus a été violente.

## États-Unis

L'essentiel de l'aide financière et militaire que reçoit Israël provient des États-Unis. Les raisons du soutien étatsunien sont essentiellement stratégiques et servent l'impérialisme américain dans la région. Le 20 octobre 2023, Joe Biden a annoncé 14 milliards d'aide supplémentaire par rapport à l'aide annuelle octroyée en 2016 par Barack Obama[16]. À ce soutien militaire, s'ajoute un parapluie politique : les États-Unis ont utilisé 42 fois leur droit de veto au Conseil de Sécurité pour empêcher une condamnation d'Israël ou une admission de la Palestine à l'ONU.

Depuis octobre 2023, les États-Unis ont encore opposé leur veto à quatre reprises aux résolutions du Conseil de sécurité de l'ONU appelant à un cessez-le-feu à Gaza. Ces vétos ont été utilisés respectivement les 18 octobre 2023, 8 décembre 2023, 20 novembre 2024 et 21 novembre 2024. Les États-Unis justifient leur position en arguant que les résolutions ne sont pas suffisamment fermes concernant la libération des « otages » et qu'ils continuent à rechercher une solution diplomatique pour apporter la paix, la sécurité et la liberté aux Palestiniens de Gaza (sic !)[17]. Dans la foulée, le Sénat a rejeté une tentative de Bernie Sanders visant à bloquer les ventes d'armes offensives à Israël. Sanders explique qu'une large majorité de citoyens étatsuniens « s'opposent au financement de la machine de guerre de Netanyahou ».[18]

16. Accord de 38 milliards de dollars sur 10 ans
17. Le 22 novembre 2024, l'ONU annonce que plus de 44 000 Palestiniens sont déclarés officiellement morts, assassinés par les forces armées israéliennes.
18. https://fr.africanews.com/2024/11/21/gaza-quelles-consequences-au-veto-americain-sur-un-cessez-le-feu/

Il semble qu'aucun président américain ne soit prêt à affronter le complexe militaro-industriel et le lobby chrétien sioniste. Tous sont persuadés que ces lobbys sont suffisamment puissants pour jouer sur les résultats des élections.

En janvier 2025, juste avant la fin de son mandat, le président Joe Biden a, à nouveau, validé une importante vente d'armes à Israël d'un montant de 8 milliards de dollars, alors que l'on dénombre, le 7 janvier 2025 45 885 Gazaouis assassinés par l'armée israélienne et 109 196 blessés[19].

Cette livraison s'ajoute à l'aide militaire déjà considérable fournie par les États-Unis à Israël depuis le début de la guerre en octobre 2023, estimée à au moins 17,9 milliards de dollars. L'administration Biden justifie cette dernière vente en invoquant encore et toujours « le droit d'Israël à l'autodéfense » ; elle ajoute que cette vente supplémentaire devrait constituer une « dissuasion contre toute agression venant de l'Iran et de ses organisations affiliées ».

Pour faire « bonne figure », le gouvernement étatsunien s'est essayé à envoyer de l'aide humanitaire aux Gazaouis. Pour contourner les restrictions imposées par Israël sur l'acheminement terrestre de l'aide, les États-Unis se sont ridiculisés en se livrant à deux actions humanitaires :

- Largage de vivres par avions début mars 2024 afin d'« *aider les civils affectés par le conflit actuel*», a déclaré un responsable du Pentagone : les avions ont largué « *66 paquets contenant des repas sans porc* » Le Commandement militaire américain pour le Moyen-Orient a ensuite précisé que ces colis contenaient plus de 38 000 repas, largués « *le long de la côte de Gaza* », et que l'opération avait été menée en coopération avec la Jordanie. Outre les risques liés à l'envoi de lourds colis dans des zones surpeuplées, ils ont pour la plupart manqué leur cible. Des habitants de Gaza ont raconté que de nombreuses palettes avaient fini dans la Méditerranée. Et quelques morts ont été dénombrés, après avoir reçu un colis sur la tête.

19. Chiffres comptabilisés par le ministère de la Santé de Gaza, sur les corps retrouvés ; chiffres validés par les différentes agences de l'ONU.

- Mise en place d'une jetée flottante au large de Gaza pour acheminer de l'aide humanitaire. Cette structure, inaugurée le 17 mai 2024, s'étendait sur 550 mètres dans la mer[20]. Son objectif officiel était de réceptionner d'importantes cargaisons de nourriture, d'eau, de médicaments et d'abris temporaires, avec une capacité d'environ 90 à 150 camions d'aide par jour - bien en deçà des 500 camions nécessaires selon l'ONU - en provenance de Chypre. Cette aide devait être coordonnée entre les armées américaine et israélienne. Mais cette jetée a été hors service moins de 15 jours après sa mise en fonction, en raison des conditions météorologiques, alors qu'elle a coûté entre 230 et 320 millions de dollars, selon les sources. De surcroît, rien n'avait été envisagé pour la sécurisation du parcours terrestre, ce qui a entraîné des pillages des véhicules transportant l'aide une fois débarqués. En fait, seulement 250 camions d'aide au total seraient arrivés par le quai pendant sa brève existence.

### Et les pays arabes ?

En Europe, en Amérique du Nord et du Sud, les populations d'origine arabe (et pas seulement des Palestiniens) ont pris part aux manifestations qui s'y sont déroulées. Il y a à l'évidence la rencontre de la cause palestinienne d'un côté, des discriminations subies par les populations arabes et de l'islamophobie de l'autre.

La quasi-totalité des États arabes n'ont pas, depuis le 7 octobre 2023, été actifs dans le soutien aux Gazaouis, et plus généralement aux Palestiniens. Nous ne sommes plus en 1973, au moment de la guerre du Kippour, lorsque les pays de l'OPEP avaient augmenté le prix du baril et coupé en partie le robinet du pétrole.

Qu'est-ce qui a changé ? Le leadership du monde arabe, c'était alors ce que Nasser représentait : une bourgeoisie nationale anti-impérialiste. Ce leadership est à présent dans les mains des régimes féodaux, patriarcaux et esclavagistes du Golfe. Ils appartiennent d'une certaine manière au même monde capitaliste

20. https://agencemediapalestine.fr/blog/2024/06/27/la-jetee-flottante-de-gaza-un-symbole-des-futurs-projets-coloniaux/

que les dirigeants israéliens, d'autant qu'ils ont en partage la même détestation de l'Iran. Il était logique qu'ils s'allient.

C'est ainsi que le front qui était uni en 1973 s'est désagrégé ensuite, pour différentes raisons : la paix entre l'Égypte et Israël en 1979, des guerres civiles ou des effondrements d'États (Irak, Libye, Syrie, Yémen), la complicité égyptienne en 2007, sans laquelle le blocus de Gaza aurait été impossible et surtout les accords d'Abraham, qui ont entraîné une « normalisation » entre Israël et certaines monarchies du Golfe (Émirats arabes unis (EAU) et Bahreïn) ou du Maghreb (Maroc), en 2020.

Toutefois, pour être complet, il faut ajouter que les pays du Golfe (Arabie Saoudite, Bahreïn, EAU, Koweït, Oman et Qatar) présentent des positions différentes. L'Arabie saoudite a suspendu les négociations de normalisation avec Israël en cours avant le 7 octobre 2023, a appelé à la désescalade et à la protection des civils, mais a toutefois maintenu des contacts, notamment en matière de sécurité. Les EAU, liés à Israël par les accords d'Abraham, poursuivent leur coopération avec Israël, en matière de défense et de tourisme ; un ministre des Émirats a même déclaré que son pays « surmontera » les obstacles que Gaza représente pour ce commerce. Comme ces monarchies dominent la Ligue Arabe, les Palestiniens n'ont pas grand-chose à attendre de cette dernière. Les EAU ont néanmoins appelé à la retenue et à la protection des civils, mais répriment leur population en l'empêchant d'exprimer son hostilité à Israël. Bahreïn a suspendu des échanges commerciaux avec Israël, afin de calmer la colère de sa population, qui pourrait dégénérer. Le Qatar toutefois joue un rôle de médiateur clé, notamment dans les négociations pour la libération des « otages » détenus par le Hamas. Sa position est globalement plus favorable aux Palestiniens, d'autant qu'il a financé l'administration du Hamas de longue date (avec l'accord d'Israël) et accueille son bureau politique extérieur depuis 2012. Sa chaîne emblématique de télévision satellitaire Al Jazeera couvre la guerre en cours et en paie le prix fort sur le terrain. Le Koweït et Oman ont quant à eux exprimé un soutien plus marqué à la cause palestinienne, condamnant fermement les actions israéliennes à Gaza.

Mais aucune de ces monarchies n'a pris de sanctions à l'encontre d'Israël ou de l'Occident. Elles cherchent à équilibrer leurs intérêts stratégiques (comme la normalisation avec Israël et l'opposition à l'Iran) avec le soutien populaire à la cause palestinienne dans leurs pays. Quelle sera leur approche future ? Les EAU proposent de mettre des troupes à Gaza pour y gérer l'après-guerre, tout en privilégiant le maintien de bonnes relations avec Israël.

Dans ces propositions, le respect du droit des Gazaouis eux-mêmes à décider de leur futur est totalement absent.

Si en Algérie ou en Tunisie, les régimes affichent toujours un soutien sans faille à la Palestine et aux Palestiniens, canalisant par ce biais les frustrations des populations locales, ils n'ont aucune influence sur la situation. Il n'en est pas de même avec le Liban ou le Yémen, et dans une moindre mesure en Syrie et en Irak, où des organisations politiques armées comme le Hezbollah et les Houthis ont engagé le combat par fusées et drones contre Israël en ouvrant des nouveaux fronts au nord et au sud, encouragés en cela par l'Iran, initiateur d'un « Axe de la résistance ». Ils en payent le prix avec des bombardements ou des incursions de l'armée israélienne au Liban, en Syrie, ainsi qu'en Iran après l'envoi de près de 200 missiles tirés par Téhéran le 1er octobre 2024, largement interceptés en vol par les défenses antiaériennes américaines, britanniques, françaises, israéliennes et jordaniennes.

Les dirigeants arabes sont donc, pour la plupart, inaudibles, très en retrait ou aux abonnés absents vis-à-vis de la Palestine. Mais pas les peuples. Des manifestations très importantes pour Gaza ont eu lieu depuis le 7 octobre 2023 en Jordanie et au Maroc. Elles se poursuivent. Même en Égypte, il y a eu, pour Gaza et juste après le 7 octobre, les premières manifestations depuis le coup d'État. Elles ont eu lieu au Caire et à Alexandrie. Cela a fait reculer le Maréchal Sissi. Il n'a pas ouvert sa frontière et n'a pas permis à Israël d'expulser des centaines de milliers de Gazaouis dans le Sinaï.

## Et en Israël ?

Quasiment personne ne donne la parole aux anticolonialistes israéliens. Surtout pas la plupart des médias occidentaux !

Ces opposants sont également sidérés par le 7 octobre mais ils restent lucides. Certains rapportent avoir des proches parmi les victimes, mais ils expliquent que le responsable, c'est le gouvernement israélien qui impose le blocus et bombarde régulièrement Gaza. Michel Warschawski, un des animateurs du Centre d'Information Alternatif parle de cocotte-minute qui a explosé. Ces anticolonialistes s'inspirent de Nurit Peled, professeure d'université dont le père a été un des fondateurs de l'État d'Israël. En 1997, quand sa fille Smadar, âgée de 14 ans, avait été tuée à Jérusalem par un attentat du Hamas, elle avait répondu aux condoléances de Netanyahou : « Tu es le responsable. Tu obliges nos enfants à être assassins ou à être assassinés ».

En ce mois d'octobre 2023, les anticolonialistes n'ont pas les forces pour s'opposer au massacre qui s'annonce. Dans le journal *Haaretz*, Gideon Levy écrit le 9 octobre : « Israël ne peut pas emprisonner deux millions de Gazaouis sans en payer le prix cruel ». Et Amira Hass, ajoute peu après : « En quelques jours, les Israéliens ont vécu ce que les Palestiniens vivent continuellement depuis des décennies : incursions militaires, mort, cruauté, enfants tués, corps jonchant la route, blocus, peur, angoisse pour les êtres chers, détention, être la cible de la vengeance, des tirs mortels sans distinction sur les personnes impliquées dans les combats (des soldats) et sur celles qui ne le sont pas (des civils), position de subordination, destruction de bâtiments, festivités ou célébrations gâchées, faiblesse et impuissance face à des hommes armés tout-puissants, et une humiliation cuisante ».

Les familles de prisonniers israéliens organisent très vite de nombreuses manifestations pour essayer d'imposer des négociations. Elles ne seront pas écoutées et ne le sont toujours pas.

On note que la majorité des Israéliens soutiennent l'action militaire en cours et adhèrent à l'idée « d'éradication du Hamas ».

La critique de Netanyahou, en plus des accusations récurrentes de corruption, ne concerne que son incapacité à faire libérer les « otages ». La plupart des Israéliens sont pour la reprise de la guerre après la libération de toutes les personnes encore détenues à Gaza.

Les voix israéliennes critiques de la politique de leur pays, qui dénoncent le génocide commis à Gaza, sont attaquées par le gouvernement israélien et prennent le risque de perdre leur travail, ou même de subir un emprisonnement, quand ils ne choisissent pas de quitter Israël. Il n'empêche que de courageux jeunes (refuzniks) continuent à refuser de servir dans cette armée-là.

Il en est de même des médias indépendants. Le cas de *Haaretz* est exemplaire à cet égard. Le 24 novembre 2024, le gouvernement de Benjamin Netanyahou a approuvé une proposition visant à interdire aux institutions de l'État tout contact et publication dans *Haaretz*. Cette décision implique la résiliation des abonnements de l'État au journal et l'arrêt des annonces gouvernementales, représentant une perte estimée à environ 3 millions de shekels (environ un million d'euros) pour *Haaretz*. Les autorités accusent *Haaretz* de porter atteinte « à la légitimité de l'État d'Israël et à son droit à l'autodéfense », ainsi que de « soutenir le terrorisme ».

Cette action s'inscrit dans une tendance plus générale rappelant la période maccarthyste aux États-Unis : répression contre les médias critiques, incluant des attaques contre d'autres organes de presse et des projets de loi visant à fermer des chaînes publiques de télévision. Etan Bronstein de De-Colonizer[21] affirme dans une vidéo du 19 février 2024[22] (à laquelle participaient également Shani Littman de *Haaretz*, Samah Salaime du site web Local Call et du magazine +972, Adi Ophir de l'Université Brown et le journaliste indépendant Arthur Neslen), qu'Israël est le seul pays au monde où la télévision ne diffuse pas d'images ni de sons sur ce que vivent les Palestiniens à Gaza. En effet, les images de Gaza diffusées sur les chaînes israéliennes sont essentiellement celles des opérations de

21. https://www.de-colonizer.org/
22. https://www.youtube.com/watch?v=S9Em2AoD9R0&t=1s

l'armée et la chaîne Al Jazeera qui fournissait des images sur leurs conséquences sur les populations palestiniennes – essentiellement diffusées à l'international, même si les Israéliens qui le souhaitaient pouvaient y accéder – a été interdite de diffusion par décret le 5 mai 2024 régulièrement renouvelé, avec fermeture de ses bureaux à Jérusalem-Est, puis à Ramallah le 22 septembre 2024.

## LES MÉDIAS

Le gros des médias français répète à l'envi qu'Israël a été attaqué le 7 octobre 2023 et que la réplique d'Israël relève de sa défense. Mais du point de vue du droit international, Israël est l'occupant et le territoire palestinien est occupé depuis 1967. Le droit de se défendre ne peut, en aucun cas, s'appliquer à un occupant.

Mais, dès le 7 octobre 2023, les médias dominants ont relaté, sans trop d'états d'âme ni travail journalistique sérieux à l'exception de quelques journalistes[23], le récit produit par l'État israélien et véhiculé par ses relais, à savoir que les massacres perpétrés ce jour-là par le Hamas et d'autres groupes étaient des actes barbares et antisémites en refusant, pendant plusieurs semaines, voire pour certains aujourd'hui encore, toute contextualisation.

Ils n'ont pas hésité à propager, sur la base des accusations lancées par le gouvernement israélien, de fausses nouvelles qu'ils n'ont jamais démenties par la suite ou du bout des lèvres[24]. Si de toute évidence – un tribunal international l'établira définitivement un jour – des crimes de guerre, voire contre l'Humanité, ont été commis le 7 octobre, il est faux en revanche qu'il y ait eu des bébés ou des

23. Les quelques journalistes qui mettent les autorités israéliennes face à leurs responsabilités subissent des campagnes violentes d'intimidation et de harcèlement, en externe et même parfois en interne (AFP, Le Monde, TV5Monde, France 24, France Inter, etc.). Une liste « des agents français du Hamas » circule même un temps sur Twitter avant d'être retirée.

24. Depuis le 7 octobre, les médiateurs quand ils existent (Radio France, France TV...) sont à la peine, attaqués de toutes parts et forcés le plus souvent à de l'équilibrisme et des arguties impossibles.

femmes éventrés ou décapités[25] et pourtant la rumeur continue de s'amplifier, relayée par de nombreuses personnalités. Par contre, ces commentateurs ont continûment minimisé les meurtres de civils ou les témoignages en provenance de Gaza.

C'est seulement à la marge que ces grands médias ont convié sur leurs plateaux, dans le cadre d'un débat de qualité, un Palestinien, un défenseur des droits du peuple palestinien, un Israélien anticolonialiste ou un Français juif antisioniste ! Dans les rares cas où les médias français interrogeaient le mouvement de solidarité français, la première question (et parfois la seule, si la réponse n'était pas celle du consensus attendu) était systématiquement : « Est-ce que vous condamnez les actes terroristes du Hamas ? ». Il était impossible, pour l'interlocuteur de condamner le meurtre des civils à Gaza, s'il n'avait pas au préalable dénoncé « l'attaque terroriste » !

Rares sont les médias à oser envisager que ces évènements s'inscrivent à la fois dans une histoire longue et dans un contexte spécifique de colonialisme, à savoir le sionisme. Le 7 octobre 2023 a dans la plupart des cas été traité « comme un violent coup de tonnerre dans un ciel plus ou moins serein », la question palestinienne ayant disparu des radars depuis longtemps et les fondements du sionisme étant ignorés.

Le gros des médias, s'en tenant toujours au discours israélien dominant, — d'ailleurs également celui de nos gouvernants —, martèle à longueur de temps « qu'Israël a le droit de se défendre », alors que ce droit n'a aucune légitimité contre un territoire occupé. Rares sont ceux qui acceptent que l'on dise que l'armée israélienne commet, depuis le 7 octobre 2023, des crimes de guerre, des crimes contre l'humanité et un génocide. Aucun de ces médias n'a enquêté

25. Une enquête d'Al Jazeera montre que c'est une organisation religieuse d'extrême droite, intitulée Zaka, qui est à l'origine d'une grande partie de cette désinformation. Si des médias français ont ignoré cette enquête, d'autres ont effectivement décrypté l'intox, comme *Le Monde*, France Info, *Libération*.

sur les morts israéliens du 7 octobre, imputables à la directive Hannibal[26].

Rappeler qu'il y a un contexte colonial a tout de suite été interprété comme une justification du 7 octobre 2023 : faire entendre une autre voix est inaudible, voire est considéré comme antisémite, ou comme une apologie du terrorisme.

Madame Irène Khan, rapporteure spéciale des Nations unies sur la promotion et la protection du droit à la liberté d'opinion et d'expression a signalé que les rapporteurs spéciaux avaient déjà détecté un parti pris contre les partisans pro-palestiniens sur les réseaux sociaux. « Nous avons besoin de la liberté d'expression », a-t-elle déclaré, ajoutant « qu'il s'agit d'un droit fondamental, important pour la démocratie, le développement, la résolution des conflits et la construction de la paix ». « Si nous sacrifions tout cela, en politisant la question et en sapant le droit de protester et le droit à la liberté d'expression, je pense que nous rendons un mauvais service et que nous en paierons le prix ».

L'association Acrimed a souligné cette tendance à la dépolitisation et au présentisme dans les médias dominants qui refusent toute contextualisation, avec un cadrage qui suggère que « tout a commencé le 7 octobre », ce que n'hésite pas à réaffirmer Mme Yaël Braun-Pivet dans un entretien avec Jean-Jacques Bourdin, le 26 novembre 2024.

Aujourd'hui le pluralisme de l'information est très affaibli. Seuls quelques rares médias indépendants ou des journalistes courageux couvrent le génocide en cours à Gaza, mais font face à des pressions diverses. De nombreuses productions filmiques et documentaires sont attaquées ou interdites de diffusion. Citons parmi beaucoup d'autres, « Gaza depuis le 7 octobre » du député Aymeric Caron ou

26. La doctrine (ou protocole) Hannibal est une directive militaire israélienne consistant en la limitation *ad extremum* du risque de prise d'otage par tous les moyens possibles, et donc même au péril de ces derniers. Cette doctrine a été conçue durant les années 1980, en plein conflit avec le Hezbollah. Elle ne se base sur aucun texte officiel et a été créée afin d'éviter les échanges onéreux de captifs entre Israël et ses ennemis.

le documentaire « Yallah Gaza » de Roland Nurier, ignorés par les réseaux de diffusion, télévisions et cinémas.

Quelque 170 correspondants de presse et de journalistes ont été tués à Gaza, mais peu de leurs confrères occidentaux s'en sont émus. Le bannissement de la chaîne Al Jazeera, qui continue à produire un contenu journalistique, en direct, est ignoré.

Une seule parole s'est imposée dans les médias dominants après le 7 octobre : présenter les Israéliens comme des victimes subissant « une menace existentielle » et les Palestiniens comme des terroristes qui « ont lâchement attaqué des innocents ». Les mêmes médias pouvant d'ailleurs, à de rares occasions quand un cran supplémentaire dans l'horreur était franchi (comme le bombardement du premier hôpital ou de la première école), prendre un temps en compte les souffrances des Gazaouis.

## LES INSTITUTIONS INTERNATIONALES

Le droit international se montre impuissant à stopper le génocide. Ce corpus, élaboré depuis 1945 et fortement imprégné de la lutte de décolonisation, doit être mis en œuvre par un certain nombre d'institutions internationales : la Cour internationale de justice, la Cour pénale internationale ou les Nations unies. Elles se sont prononcées et considèrent que les massacres commis par Israël sont constitutifs d'un génocide, mais n'ont pas les moyens de mettre en œuvre leurs décisions.

Rappelons quelques interventions, déclarations et rapports émis par ces institutions dont la mission est de réguler le droit international et de garantir la paix. Ces institutions sont dénigrées par nombre d'États occidentaux depuis le 7 octobre 2023, voire considérées comme tenant des propos antisémites ; le gouvernement de Netanyahou dénigre ces institutions sur cette base. Plus généralement, on observe un mépris flagrant du droit international de la part du monde occidental.

En haut, ateliers de scolarisation, camp Al Baladiyah, automne 2024 (© Abu Amir).

En bas, soutien psychologique des enfants, camp des agriculteurs Al Fajr, automne 2024 (© Abu Amir).

En haut, réunion des enseignants dans la tente de la Solidarité pour définir le programme et les activités parascolaires de septembre, le 27 août 2024 (© Marsel).

En bas, successivement, atelier de soutien psychologique pour les enfants, atelier de soutien psychologique pour les femmes et scolarisation, 2024 (© équipes gazaouies).

En haut et ci-contre, atelier de soutien psychologique pour les hommes, camp des agriculteurs Al Fajr, été 2024 (© Abu Amir).

À droite, distribution de produits détergents dans le camp Al-Izza, Abu Amir et Marsel, 11 août 2024 (© équipes Gaza-UJFP et Ibn Sina).

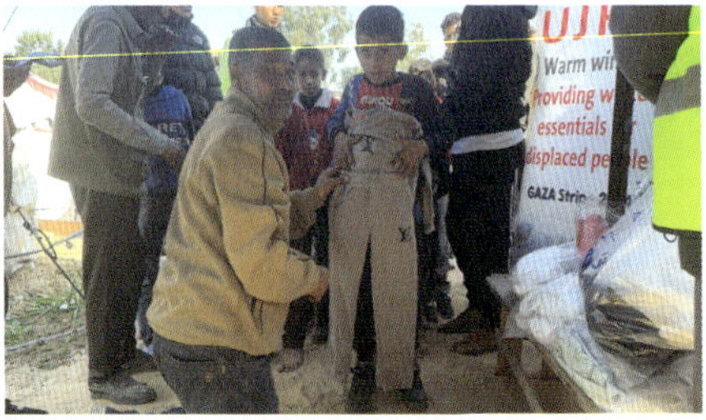

En haut à gauche, deuxième hiver 2024 dans un camp de déplacés, Al-Izza, le 3 janvier 2024 (© Marsel).

En haut à droite, deuxième hiver, initiative « Hiver à l'abri » dans le camp des pêcheurs, 31 décembre 2024 (© Abu Amir).

Au milieu, approvisionnement en eau, camp Al-Izza, 26 août 2024 (© Abu Amir).

En bas, distribution de lunettes après consultation d'ophtalmo dans tous les camps où intervient l'UJFP, 19 juillet 2024 (© Abu Amir).

En haut, vaccination contre la polio dans la tente de la Solidarité, 3 septembre 2024 (© Marsel).

Ci-dessus, installation de sanitaires, zone de Rafah, 9 janvier 2024 (© équipe Ibn Sina).

À gauche, distribution de produits détergents dans le camp Al-Izza, Abu Amir et Marsel, 11 août 2024 (© équipes Gaza-UJFP et Ibn Sina).

À gauche, Madleen, première femme pêcheur à Gaza, distribue un don canadien dans son petit camp de quelques familles, 7 janvier 2025 (© équipe du petit camp).

Ci-dessous, première récolte des agriculteurs de Deir al Balah, le 18 janvier 2025 (© Abu Amir).

Le 14 octobre 2023, après qu'Israël a ordonné à 1,1 million de Palestiniens de quitter le nord de la bande de Gaza pour le sud en 24 heures – « l'un des déplacements massifs les plus rapides de l'histoire » – la rapporteure spéciale Francesca Albanese a mis en garde contre le risque d'un nettoyage ethnique de masse délibéré.

Le 24 octobre 2023, le Conseil de sécurité de l'ONU débat d'une résolution pour un cessez-le-feu, sans parvenir à un consensus.

Le 26 janvier 2024 : dans une première décision, dans l'affaire opposant l'Afrique du Sud à Israël pour génocide présumé à Gaza, la Cour internationale de Justice (CIJ) ordonne « qu'Israël prenne immédiatement des mesures pour garantir que son armée ne viole pas la Convention pour la prévention et la répression du crime de génocide... ». La Cour demande également à Israël de laisser entrer davantage d'aide dans l'enclave palestinienne. Toutefois, elle n'ordonne pas à Israël de cesser ses opérations militaires. Suite à cette ordonnance, le Secrétaire général de l'ONU, rappelle que, conformément à la Charte et au Statut de la Cour, ses décisions sont contraignantes et espère que toutes les parties se conformeront dûment à l'ordonnance de la Cour. En vain. Israël continue de bombarder et de détruire Gaza.

Le 25 mars 2024, adoption de la résolution 2728 par le Conseil de sécurité de l'ONU, dans laquelle il exige un cessez-le-feu immédiat à Gaza pendant le mois de Ramadan, la libération immédiate et inconditionnelle de tous les prisonniers et souligne la nécessité urgente « d'élargir le flux » d'aide vers l'enclave palestinienne. Le texte a reçu 14 votes pour et une abstention (États-Unis). En vain. Depuis, les États-Unis ont mis plusieurs fois leur veto à des projets de résolution de cessez-le-feu.

Le 26 mars 2024, Francesca Albanese, rapporteure spéciale de l'ONU pour les territoires palestiniens, affirme qu'il existe des « motifs raisonnables » de croire qu'Israël a commis plusieurs actes de génocide dans la bande de Gaza.

Le 28 mars 2024, la Cour internationale de Justice demande à Israël de prendre de nouvelles mesures pour assurer l'entrée de l'aide dans la bande de Gaza et pour s'assurer que son armée ne commet pas d'actes qui pourraient contrevenir à la Convention sur la prévention du génocide. En vain.

Le 5 avril 2024, le Conseil des droits de l'homme de l'ONU adopte une résolution dans laquelle il appelle Israël à rendre des comptes pour d'éventuels crimes de guerre commis à Gaza et réclame un embargo sur les armes à destination d'Israël. La résolution est adoptée par 28 voix pour, 6 contre et 13 abstentions. Les experts de l'ONU réitèrent à plusieurs reprises cette demande d'embargo sur les armes. En vain. Fin décembre 2024, des armes sont toujours livrées à Israël, qui non seulement continue à bombarder Gaza, mais attaque également deux États souverains : le Liban et la Syrie.

Le 8 avril 2024, dans une déclaration publiée à l'occasion des six mois de conflit, le coordinateur des secours d'urgence des Nations unies, Martin Griffiths, note que la guerre fait chaque jour davantage de victimes civiles, après l'horreur du 7 octobre, puis la mort et la dévastation qui se sont abattues sur la population de Gaza depuis lors. « Rarement l'indignation mondiale n'a été aussi grande face au bilan du conflit, alors que rien ne semble avoir été fait pour y mettre fin et qu'au contraire l'impunité est si grande », a-t-il déclaré. M. Griffiths ajoute que cet événement macabre ne doit pas seulement être un moment de commémoration et de deuil, mais qu'il doit également susciter une détermination collective à faire en sorte que l'on tienne compte de cette trahison de l'humanité. En vain. Les gouvernements occidentaux continuent de défendre Israël inconditionnellement.

Le 22 avril 2024, la mission indépendante des Nations unies présidée par Catherine Colonna rend ses conclusions dans un rapport de 54 pages, confirmant le fait qu'Israël n'avait fourni aucune preuve à l'appui de ses accusations à l'encontre de l'UNRWA, attestant l'absence de formulations antisémites dans les livres scolaires, saluant la rigueur de l'agence en termes de neutralité de son activité, et faisant une série de recommandations pour en améliorer encore le fonctionnement[27].

27. https://news.un.org/en/story/2024/04/1148821

Le 29 avril 2024, Mme Irène Khan, rapporteure spéciale des Nations unies sur la promotion et la protection du droit à la liberté d'opinion et d'expression, déclare, face à la répression violente dans les universités, tant aux États-Unis qu'en Europe, que la guerre à Gaza constitue une véritable crise mondiale de la liberté d'expression. Elle s'exprime sur la légitimité à critiquer Israël. L'antisémitisme et l'islamophobie doivent être interdits, et les discours de haine violent le droit international, précise la défenseure de la liberté d'expression. « Mais nous ne devons pas confondre cela avec la critique d'Israël en tant qu'entité politique, en tant qu'État », pointe-t-elle. « Critiquer Israël est parfaitement légitime au regard du droit international ».

Le 20 mai 2024, le Procureur de la Cour pénale internationale (CPI) émet une demande de mandats d'arrêt à l'encontre du Premier ministre israélien, Benyamin Netanyahou, du ministre de la Défense, Yoav Gallant ainsi que de trois hauts responsables palestiniens du Hamas, pour des crimes de guerre et crimes contre l'humanité présumés commis dans la bande de Gaza et en Israël. Il est traité d'antisémite.

Le 24 mai 2024, la Cour internationale de Justice (CIJ) ordonne à Israël d'arrêter immédiatement son offensive militaire à Rafah, dans le sud de Gaza. Non seulement cela n'a aucun effet, mais Israël poursuit ses bombardements à Rafah, sur un camp de déplacés surpeuplé et massacre de nombreux civils, abrités dans des tentes.

Le 19 juillet 2024, la Cour internationale de Justice (CIJ) déclare que l'occupation par Israël de la Cisjordanie, de Gaza, et de Jérusalem-Est, ainsi que ses colonies, violent le droit international.

Le 10 août 2024, la rapporteure spéciale de l'ONU pour les territoires palestiniens, Francesca Albanese, accuse Israël de génocide des Palestiniens après une frappe sur une école de Gaza : « Israël commet un génocide des Palestiniens, tantôt un quartier, tantôt un hôpital, tantôt une école, tantôt un camp de réfugiés, tantôt une zone de sécurité », après plus de dix mois de guerre dans la bande de Gaza, déclare-t-elle sur le réseau social X.

Le 1er octobre 2024, elle publie un deuxième rapport sur la situation en Palestine. Elle y examine les horreurs qui se produisent dans le territoire palestinien occupé. Dans ce rapport, étayé par des faits, elle confirme l'existence d'un génocide à Gaza, rappelle que la violence qu'Israël déchaîne contre les Palestiniens depuis l'après 7 octobre ne surgit pas du néant, mais s'inscrit dans une campagne orchestrée intentionnellement au niveau de l'État pour provoquer systématiquement le déplacement forcé et le remplacement à long terme des Palestiniens. Elle demande aux États membres d'intervenir maintenant pour empêcher de nouvelles atrocités qui laisseront des stigmates encore plus profonds dans l'histoire de l'humanité. Elle conclut son rapport en écrivant : « Alors que le monde assiste au premier génocide colonial diffusé en direct, seule la justice peut panser les blessures que l'opportunisme politique a laissé s'envenimer. La dévastation de tant de vies fait outrage à l'humanité et à tout ce que le droit international défend. »

En vain !

Le 21 novembre 2024, la Cour pénale internationale (CPI) émet des mandats d'arrêt contre le Premier ministre israélien, Benyamin Netanyahou, l'ex-ministre israélien de la Défense, Yoav Gallant, et le chef de la branche armée du Hamas, Mohammed Deif. Les chefs d'accusation retenus relèvent de crimes contre l'humanité et de crimes de guerre. Mais les autorités françaises, dans un communiqué ahurissant du 27 novembre 2024 et au terme d'une négociation peu glorieuse pour siéger au comité de supervision du cessez-le-feu au Liban avec les États-Unis et Israël, assurent garantir l'immunité aux dirigeants israéliens s'ils venaient en France, malgré le mandat d'arrêt de la CPI, renforçant encore leur impunité en plein génocide et les encourageant à le poursuivre. L'argument étant qu'Israël ne reconnait pas la compétence de la CPI. La France est en rupture complète avec le droit international. La jurisprudence de la CPI est constante : il n'y a aucune espèce d'immunité pour les dirigeants d'État non-signataires du traité de Rome.

Le 11 décembre 2024, l'Assemblée générale des Nations unies adopte deux résolutions, l'une réclamant un cessez-le-feu à Gaza et la libération de tous les prisonniers, et l'autre proclamant son soutien à l'Agence des Nations unies pour les réfugiés palestiniens (UNRWA). La première résolution adoptée par l'Assemblée générale exige un cessez-le-feu immédiat, inconditionnel et permanent à Gaza ainsi que la libération immédiate et inconditionnelle de tous les otages. La résolution obtient 158 votes pour, 9 contre et 13 abstentions. La deuxième résolution adoptée par l'Assemblée générale affirme son soutien total au mandat de l'UNRWA et déplore la législation adoptée par la Knesset israélienne le 28 octobre 2024 concernant l'agence onusienne. La résolution obtient 159 votes pour, 9 contre et 11 abstentions. Les votes sur ces deux textes ont eu lieu lors d'une réunion de l'Assemblée générale déclenchée par un nouveau veto américain au Conseil de sécurité sur Gaza. Les États-Unis, qui ont voté contre, ont accusé les rédacteurs de ces textes de chercher à « marquer des points politiques ». Et pendant ce temps, les Gazaouis continuent de mourir sous les bombes israéliennes.

Les institutions internationales font leur travail d'information et d'indignation. La grande majorité des pays dénoncent ce génocide (voir les votes à l'Assemblée générale de l'ONU). Et cela ne change rien. Les décisions se prennent hors du droit, contre le droit.

Ce qui se joue à Gaza, ce n'est pas seulement un génocide, c'est la destruction programmée du droit international. C'est le retour à la loi de la jungle.

## ALORS DROIT DE SE DÉFENDRE ? OU QUE FAIRE ?

Le droit international est clair : la Cour internationale de Justice (CIJ) a exclu le régime de la légitime défense dans les rapports entre Israël et le territoire palestinien occupé ; elle a clairement indiqué en 2004 que le droit à la légitime défense ne peut être invoqué par l'État occupant si la menace émane du territoire occupé ; et elle a considéré que l'article 51 de la Charte des Nations unies n'est pas applicable dans ce contexte spécifique de l'occupation.

En invoquant le droit de se défendre, comme justification d'un génocide, Israël ne fait pas que commettre un crime contre les Palestiniens mais poursuit une politique suicidaire pour ses propres citoyens et pour les Juifs du monde.

Qui peut penser qu'une telle aventure criminelle durera éternellement ?

## Que faire ?

Il ne fait aucun doute que des sanctions arrêteraient la guerre.

Deux fois dans son histoire, l'État d'Israël a été sanctionné et, ces deux fois, il a cédé instantanément.

. Fin octobre 1956, les troupes israéliennes, aidées par les interventions militaires française et britannique, occupent la péninsule du Sinaï. Pour des raisons conjoncturelles, les États-Unis et l'URSS sont contre cette invasion. La France et la Grande-Bretagne seront vite contraintes d'évacuer leurs troupes et une force d'interposition de l'ONU sera créée. Mais le gouvernement israélien rechigne à se retirer, prétendant que sa « sécurité » est en jeu. Un vote du Conseil de sécurité, début 1957, va l'y contraindre. Cette évacuation (après 5 mois d'occupation et, au passage, un massacre à Gaza) est effective en mars 1957.

. En 1991, le président Georges Bush (père) voudrait qu'Israël négocie la paix avec l'Organisation de libération de la Palestine (OLP). Le Premier ministre de l'époque, Yizhak Shamir, refuse toute négociation. Bush va le sanctionner. Il refuse de cautionner le prêt qu'Israël a fait pour l'émigration des Juifs soviétiques. Cette mesure menaçait à terme Israël de banqueroute. Le gouvernement Shamir tombe et les nouvelles élections amènent Rabin au pouvoir.

Ces exemples montrent que le moyen d'action le plus efficace, pour la société est la Campagne BDS.

Pour mémoire, la déclaration fondatrice du mouvement Boycott, Désinvestissement et Sanctions (BDS) repose sur l'appel lancé le 9 juillet 2005 par 171 organisations de la société civile palestinienne. Cet appel fixe trois objectifs principaux : mettre fin à l'occupation et à la colonisation des terres arabes par Israël ; reconnaître les droits fondamentaux des citoyens arabo-palestiniens d'Israël à une égalité absolue et respecter les droits des réfugiés palestiniens à retourner dans leurs foyers.

Cet appel a fait tache d'huile et est relayé à travers le monde entier par de nombreuses associations et ONG qui mènent des campagnes sur la base de cet appel. En 2009, en France, des citoyens, associations, organisations syndicales et politiques ont décidé de s'engager activement. Ces campagnes participent à briser l'impunité de l'État d'Israël et ont remporté quelques victoires dans les milieux universitaires et dans le champ économique. La participation à ce combat est clairement l'un des leviers que, nous, la société civile française, avons à notre disposition pour casser la complicité de nos gouvernants.[28].

28. https://www.bdsfrance.org/qui-sommes-nous/appel-de-la-campagne-bds-france/. Cette campagne est non violente, éthique et antiraciste, elle respecte les personnes et les biens. Les campagnes de boycott concernent de nombreux domaines : culturel, économique, militaires, universitaire, syndical, sportif et informatique... ; les campagnes de désinvestissement ciblent tous les partenariats et coopérations publics ou privés avec l'État d'Israël ; les sanctions étant du ressort des États, les campagnes BDS font pression sur les gouvernements. Ces campagnes continueront tant que l'État d'Israël ne respectera pas les conventions internationales et les principes universels des droits de l'homme.

# CHAPITRE 2

# ANALYSES ET PERSPECTIVES VU DE GAZA : LA PAROLE D'ABU AMIR S'IL DOIT Y AVOIR UN FUTUR, IL SE FERA AVEC LES GAZAOUIS

Au fil de ces mois effroyables, au long des messages de nos amis gazaouis, plusieurs thèmes reviennent en force, dessinant la réalité de ces massacres et les attentes envers les mouvements de solidarité. S'appuyant ici sur les messages reçus au cours du quatrième trimestre 2024, ce chapitre rend compte de la contribution essentielle que les textes envoyés inlassablement par Abu Amir constituent. D'abord pour briser l'ordre inique imposé par les génocidaires : défense de savoir, aucun journaliste étranger admis dans la bande de Gaza, et les journalistes gazaouis systématiquement visés. Ensuite, pour partager les observations et analyses de notre camarade sur les mouvements qui traversent la population gazaouie, et sur ses propres positions, non que celles-ci soient gravées dans le marbre, mais parce que, forgées au front même de la lutte, elles apportent aux solidaires une compréhension unique.

## COMPRENEZ-VOUS VRAIMENT CE QUE NOUS VIVONS ?

C'est la question qui hante les témoignages des camarades gazaouis. Après plus d'un an de massacres, le nombre de personnes déplacées se chiffrent en millions, mais les ordres d'évacuation continuent de pleuvoir sur une population à bout de souffle. Inlassablement, Abu Amir tente de rendre concrètes la terreur, la douleur, dans l'espoir de réveiller les consciences, de créer une réaction à la hauteur de l'incroyable tragédie.

### « Les personnes déplacées ne sont pas seulement des sans-abris, ce sont des personnes qui souffrent de perte et de désespoir »

- La nuit de la terreur

« La nuit dernière a été terrifiante à tous points de vue. Des centaines de roquettes iraniennes tirées sur Israël et sur l'enveloppe de Gaza étaient clairement visibles depuis la zone de Nuseirat (...) des personnes déplacées ont commencé à se faufiler vers les zones proches du Wadi Gaza sur la route côtière et la route de Salah al-Din, qui passent par la zone de Nuseirat. Elles rêvaient de retourner chez elles, dans la ville de Gaza et dans le nord de la bande de Gaza. Ces personnes (...) pensaient que l'armée israélienne serait occupée à lutter contre les roquettes iraniennes et qu'il n'y aurait pas de forte présence de troupes sur la route. Malheureusement, la réalité a été plus amère que ce à quoi elles s'attendaient.

Lorsque de petits groupes de personnes déplacées ont commencé à se diriger vers le Wadi Gaza, les rêves se sont transformés en cauchemars. Des dizaines de petits quadricoptères armés ont commencé à tirer sur les personnes déplacées qui traversaient le Wadi Gaza (...) La situation s'est aggravée lorsque les chars israéliens se sont approchés, ils ont commencé à tirer des obus sur la zone, transformant l'endroit en un champ de bataille sanglant.

Des dizaines de personnes déplacées ont été tuées et blessées. De nombreux blessés ont été transférés dans des hôpitaux, mais de nombreux corps gisent encore dans les rues, les ambulances n'ayant pu les atteindre en raison de l'intensité du siège militaire » (2 octobre 2024).

Non seulement décrire, mais rendre intelligible

« On peut dire que les personnes déplacées ont pris un risque en tentant de rentrer chez elles dans ces circonstances. Mais pour être juste, nous devons réfléchir aux raisons qui les ont poussées à prendre une telle décision. Ces personnes vivent dans des conditions humanitaires extrêmement difficiles. Leur situation n'est pas celle que l'on peut voir sur les médias sociaux ou les écrans de télévision. Ces personnes déplacées ne sont pas seulement des sans-abris, ce sont des personnes qui souffrent de perte et de désespoir.

De nombreuses personnes déplacées ont laissé derrière elles leur maison et leurs proches, et leur vie n'a plus de sens. De nombreuses familles se retrouvent déchirées, la moitié de leurs membres se trouvant dans le sud et l'autre moitié dans le nord. Certains ont perdu leurs enfants lors des bombardements et des départs et ne savent rien de leur sort...

Ce qui s'est passé la nuit dernière est le résultat direct de cet état psychologique dévastateur dans lequel vivent les personnes déplacées (2 octobre 2024).

• Un an d'attaques génocidaires sans répit : « la tragédie qui continue et les souffrances sans fin de Gaza »

« Un an plus tard, la guerre continue de réduire en cendres chaque recoin de la bande de Gaza, dans une scène qui évoque la douleur et le chagrin. Les massacres qui continuent, sans aucune dissuasion, tout cela se produit en plein jour et au vu et au su du monde ... En vous promenant dans les rues de Gaza aujourd'hui, vous êtes confrontés à des scènes qui racontent l'histoire de l'année écoulée. Les bâtiments détruits et les quartiers réduits en ruines témoignent de la brutalité de la guerre. Chaque pierre et chaque coin de rue racontent une vie qui était autrefois ici, avant qu'elle ne soit consumée par le feu. Les déplacements font partie intégrante des souffrances de la guerre, car des centaines de milliers de familles ont été contraintes de quitter leur foyer en quête de sécurité. Mais dans une enclave assiégée, il n'y a pas d'endroit vraiment sûr. Les personnes déplacées sont confrontées à de graves pénuries de produits de première nécessité, de la nourriture et de l'eau aux médicaments et aux soins de santé ...

Au fil du temps, la vie à Gaza est devenue une lutte quotidienne pour la survie. Tout le monde souffre ici : les enfants qui ont perdu leur innocence au son des bombes et des explosions, les personnes âgées qui ont perdu leur force à cause de la fatigue et du chagrin et les jeunes qui ont perdu leur ambition de construire un avenir meilleur » (8 octobre 2024).

• « Dans sa quête pour tuer l'espoir dans l'âme des habitants du nord de Gaza, Israël cible tous les points qui fournissent aux citoyens les nécessités minimales de la vie. »

« Ces attaques comprennent la destruction d'établissements de santé et de centres de services de base, dans le but de détruire le moral des civils et de les pousser à quitter leurs maisons et leurs terres. L'armée israélienne a annoncé dans un communiqué officiel que ses forces étaient sur le point d'évacuer complètement le nord de la bande de Gaza, soulignant qu'elle ne permettrait pas aux habitants de retourner dans ces zones, qu'elle décrit comme des « zones de combat dangereuses ». Jeudi dernier, l'armée israélienne a émis un ordre officiel demandant aux habitants d'évacuer le nord et de se diriger vers le sud, dans une tentative évidente de déplacer de force la population sous prétexte de nécessité militaire.

Les avertissements israéliens ne se sont pas limités au nord, puisque l'armée israélienne a lancé un avertissement aux habitants de la ville de Gaza, exigeant l'évacuation des zones comprenant le nord de Beach Camp (Al-Shati), les quartiers Nasr, Al-Karamah et Al-Awda, affirmant qu'elles sont également devenues des zones de combat dangereuses. Il semble que l'objectif de ces avertissements soit d'étendre la portée du déplacement forcé à des zones plus vastes de la bande de Gaza, dans le but de vider la ville et le nord de leurs habitants et de provoquer un changement démographique majeur dans la région » (10 novembre 2024).

**« Avec chaque démolition, la douleur des familles se renouvelle et leur espoir de vivre dans la dignité et la sécurité est volé »**

Même les bâtiments vides et demi-effondrés sont abattus par des engins de chantiers dépêchés dans les champs de ruines :

- « Attaques israéliennes contre des biens civils à Gaza :destruction systématique dans un silence international »

« Dans la ville de Rafah, au sud de la bande de Gaza, les véhicules militaires israéliens poursuivent leurs attaques visant la destruction d'habitations et de biens civils, notamment des maisons vides dont les propriétaires ont été contraints de partir pour échapper aux bombardements.

Ces attaques, que l'on peut qualifier de racistes et injustifiées, ciblent tous les aspects de la vie dans la bande de Gaza, alors qu'Israël s'efforce d'effacer les monuments urbains et de détruire les pierres et les infrastructures dans diverses zones, comme si le but était d'éliminer tout ce qui représente la vie palestinienne. Cette politique hostile vise non seulement à détruire les habitations, mais aussi à effacer la mémoire collective des populations et à rompre tous les liens qui les unissent à leurs terres et à leurs foyers ...

Chaque maison démolie n'est pas seulement un bâtiment en brique et en ciment, mais plutôt un souvenir et des années de travail et d'efforts et un refuge que ses propriétaires ont perdu. Ces attaques, menées sous de fragiles justifications, visent essentiellement à semer la terreur et le désespoir dans le cœur des Palestiniens et à accroître la pression sur le peuple palestinien pour le pousser à migrer ou à se déplacer de manière répétée à l'intérieur du pays.

Ces attaques israéliennes contre la ville de Rafah et d'autres villes de la bande de Gaza reflètent une volonté de démolir complètement la structure sociétale palestinienne, car elles vont au-delà du simple ciblage des bâtiments et cherchent à détruire le moral et la capacité de résistance du peuple palestinien. Avec chaque démolition, la douleur des familles se renouvelle et leur espoir de vivre dans la dignité et la sécurité est volé, de sorte que les souvenirs des maisons, des arbres et des terres agricoles restent témoins de l'injustice de l'occupation » (8 novembre 2024).

- Détruire toute infrastructure et tout moyen de subsistance

« Le *ciblage des pierres et des arbres*[1] ne se limite pas à la destruction des maisons, mais concerne également les terres agricoles et les fermes dont dépendent les habitants pour leur subsistance quotidienne. Les véhicules militaires israéliens ont détruit de nombreux champs agricoles et déraciné des arbres, causant d'importantes pertes économiques aux habitants qui dépendent de l'agriculture comme seule source de subsistance. Détruire les terres agricoles signifie également priver des milliers de familles de leurs moyens de subsistance, détruire leur économie locale et accroître leur dépendance à l'égard de l'aide humanitaire compte tenu de la détérioration des conditions économiques et de vie.

Dans ces circonstances, le citoyen palestinien se retrouve coincé entre la cruauté des attaques militaires et l'absence de tout véritable soutien international qui lui rende justice, alors que de nombreux pays et organisations internationales ignorent l'ampleur de la tragédie que vit la population de Gaza. Ce silence renforce la politique d'impunité et donne à l'occupation le sentiment d'être au-dessus des lois, ce qui l'incite à poursuivre ses violations sans craindre d'avoir à rendre des comptes » (8 novembre 2024).

1. Selon l'expression « Il a tué les humains, brûlé les arbres et détruit les pierres » [qatl albashar wa'ahraq alshajar wadamar alhajar] قتل البشر وأحرق الشجر ودمر الحجر.

## MOHAMED BAKRI, UNION OF AGRICULTURAL WORK COMMITTEES (UAWC)

Le secteur agricole joue un rôle crucial et direct dans la réalisation de la sécurité alimentaire à Gaza, en fournissant des denrées alimentaires à la population et en créant des possibilités d'emploi et des sources de revenus pour les familles palestiniennes. Cependant, l'occupation israélienne poursuit sa campagne systématique de destruction du secteur, en ciblant délibérément l'agriculture et ses composantes essentielles. Cela a obligé la population de Gaza à dépendre presque entièrement de l'aide humanitaire et des marchandises acheminées par les points de passage et les frontières contrôlés par l'occupation.

Malgré les immenses tueries et destructions infligées aux fermes palestiniennes, aux installations agricoles et aux bateaux de pêche, les arbres restent les témoins de ses histoires et de la résilience de ses agriculteurs qui refusent d'abandonner. Les côtes de Gaza, elles aussi, témoignent des récits d'humbles pêcheurs qui affrontent la pauvreté avec courage.

L'occupation israélienne a détruit les terres palestiniennes et leurs ressources à d'innombrables reprises au fil des ans, mais elle n'a jamais réussi à briser l'esprit des agriculteurs qui recultivent leurs terres à chaque fois, ni la détermination des pêcheurs qui retournent à la mer en dépit de tous les défis. Si l'occupation peut détruire les infrastructures avec ses machines, elle ne peut pas détruire la volonté inébranlable des Palestiniens de s'accrocher à leurs terres et de les faire revivre une fois de plus.

À Gaza, il y a un peuple qui croit que sur cette terre, il y a quelque chose qui vaut la peine d'être vécu.

- Parmi les artisans les plus touchés, figurent les pêcheurs

« Les pêcheurs dépendent de la mer comme principale source de revenus. La mer, autrefois symbole d'espoir et de vie, est devenue une source de souffrance et de désespoir.

Israël a imposé des restrictions sévères sur les zones de pêche dans les eaux de Gaza, privant les pêcheurs d'accès aux zones poissonneuses. Progressivement, les pêcheurs sont devenus incapables de subvenir à leurs besoins quotidiens, et la pauvreté s'est propagée parmi eux, affectant directement leurs familles, devenues l'une des communautés les plus pauvres de Gaza.

Depuis plus de 16 années, le secteur de la pêche a subi des destructions systématiques dues aux guerres répétées. Cependant, la dernière guerre, déclenchée le 7 octobre 2023, a été la plus dévastatrice, détruisant plus de 85 % des bateaux et équipements de pêche. À mesure que la guerre se poursuit, les pêcheurs perdent tout espoir de reprendre leur métier, devenant des déplacés sans revenus ni abris.

Déplacement des pêcheurs, une souffrance dans toutes les directions : depuis le début de la guerre, les pêcheurs vivant dans le nord de Gaza et ses villes se sont déplacés vers le sud en quête de sécurité. Cependant, avec l'élargissement de la guerre et l'invasion de Rafah, beaucoup ont dû fuir à nouveau vers le centre de Gaza, vivant dans des conditions désastreuses, marquées par le froid, la faim et l'absence des services de base » (Abu Amir, été 2024).

## ZAKARIA BAKR, SYNDICALISTE, RESPONSABLE DU SECTEUR DE LA PÊCHE

**Je suis Zakaria Bakr, militant auprès des pêcheurs et citoyen vivant dans la bande de Gaza.**

En ce début d'année 2025 et après quinze mois de terreur à Gaza, je voudrais féliciter le peuple français libre pour la nouvelle année avec tout mon amour et mes vœux sincères de jours chauds et merveilleux pour le peuple français et pour tous les peuples et pour que l'humanité puisse jouir de ses pleins droits.

Nous qui vivons dans la bande de Gaza, nous ne pouvons savoir quel est notre sort, si nous vivrons jusqu'au matin ou si nous serons arrêtés. Nous vivons dans la plus grande prison du monde, on nous empêche de communiquer, nous sommes exposés à la famine, nous avons quitté nos maisons et vivons dans des tentes très froides, nous mourons de froid chaque nuit, nous n'avons pas le minimum vital, j'écris mes mots avec mes yeux et mon cœur qui pleurent devant la mort de la bande de Gaza.

Les avions de l'occupation ont commis un massacre contre des enfants à Khan Younis, ils ont coupé leurs têtes et brûlé leurs corps.

Malgré toute l'oppression à laquelle nous sommes soumis, nous avons un grand espoir pour la victoire des principes humanitaires et de la liberté et nous n'oublierons pas votre position permanente à nos côtés, vous avez été notre refuge et notre étreinte chaleureuse dans les moments difficiles, vous étiez et vous êtes toujours les meilleurs amis. Vous êtes toujours le meilleur des amis et votre générosité constante dans les circonstances les plus difficiles et les plus sombres témoigne de vous et avec vous nous triompherons, nous réaliserons les rêves de nos enfants, de liberté, de vie décente et de paix basée sur la justice et la dignité avec tous les souhaits pour vous et le peuple français.

Bonne année et que tous vos souhaits soient exaucés. Acceptez notre amour et notre respect pour vous et tous les peuples libres.

## L'arme de la faim : l'exemple de la crise du pain

« Des files d'attente interminables et un espoir fragile : malgré la fermeture de la majorité des boulangeries, des milliers de personnes déplacées continuent de faire la queue chaque jour, dans l'espoir que la crise s'allège et qu'elles puissent obtenir un pain pour nourrir leurs familles. Ces scènes quotidiennes reflètent l'ampleur de la souffrance vécue par les habitants de Gaza, où l'accès au pain est devenu un combat quotidien dans des conditions humanitaires de plus en plus dégradées. (...)

Une flambée des prix sans précédent : avec l'aggravation de la crise, le prix de la farine a connu une augmentation spectaculaire. Aujourd'hui, un sac de 25 kilos coûte environ 400 shekels, soit l'équivalent de 115 dollars américains, un montant qui dépasse largement les moyens de la plupart des habitants de Gaza, déjà confrontés à une pauvreté extrême et à l'absence de sources de revenus à cause du blocus. (...)

Des signes de famine imminente dans le sud de Gaza : alors que la crise du pain persiste, des signes de famine se manifestent clairement dans le sud de la bande de Gaza. L'interdiction faite aux commerçants, par l'armée israélienne, d'importer des produits alimentaires, en particulier de la farine, a exacerbé les souffrances des habitants. Des milliers de personnes déplacées dans le sud dépendent d'une aide humanitaire de plus en plus rare et insuffisante pour répondre à leurs besoins.

Le blocus et la crise des points de passage, la cause principale : il est impossible de parler de la crise du pain sans évoquer le blocus israélien étouffant et la fermeture des points de passage, qui constituent la principale cause de la crise humanitaire qui perdure depuis des mois. Ce blocus a considérablement restreint l'entrée des produits de première nécessité à Gaza, y compris la farine, provoquant une grave pénurie d'approvisionnement alimentaire et rendant le territoire presque entièrement dépendant de l'aide humanitaire.

Un appel urgent à l'intervention internationale : face à ces circonstances catastrophiques, une intervention internationale immédiate est nécessaire pour faire pression sur Israël afin de lever le blocus et de permettre l'entrée de produits alimentaires de toute urgence. Des mécanismes efficaces pour distribuer l'aide doivent également être renforcés pour garantir qu'elle parvienne aux bénéficiaires, tout en prenant des mesures strictes pour lutter contre les vols de camions. La catastrophe actuelle à Gaza n'est pas seulement une crise du pain, mais le reflet d'une crise humanitaire globale qui nécessite des solutions radicales et immédiates » (21 novembre 2024).

**« Les habitants de la bande de Gaza paient le prix de leur résistance à l'occupation, sous le regard passif du monde »**

Au quatorzième mois de destruction, Abu Amir interroge toujours : réalisez-vous ce qui est en cours ?

« L'armée israélienne poursuit son agression contre la bande de Gaza au 432e jour de guerre, laissant derrière elle des destructions massives et d'innombrables victimes, martyrs et blessés. Au milieu des bombardements, les massacres et le génocide de civils sans défense s'intensifient, tandis que la communauté internationale reste silencieuse face à la crise humanitaire catastrophique vécue par les Palestiniens. Le nombre de morts et de blessés augmente chaque jour, faisant de cette guerre l'une des plus meurtrières de l'histoire de Gaza.

- Nord de la bande de Gaza : massacres horribles et voix qui s'estompent sous les décombres

Dans le nord de la bande de Gaza, l'armée israélienne a commis un nouveau massacre près de l'hôpital Kamal Adwan à Beit Lahia, causant la mort de 22 civils. Les bombardements intenses ont empêché les ambulances et les équipes de la défense civile d'atteindre le site, laissant les voix des personnes piégées sous les décombres s'éteindre progressivement jusqu'à disparaître complètement.

Dans le camp de Jabalia, les forces israéliennes ont déployé des robots explosifs dans les rues, les faisant exploser et détruisant les maisons autour de la place Khalifa, au cœur du camp. Cette tactique de combat brutale souligne le mépris de l'occupation pour les vies civiles et les droits de l'homme fondamentaux.

- Ville de Gaza : bombardements continus et ciblage des habitations : la ville de Gaza n'a pas été épargnée par cette agression barbare, l'armée israélienne ayant pris pour cible une maison dans le quartier de Sabra, tuant deux citoyens et en blessant d'autres. Ces attaques font partie d'une série de frappes aériennes sur des zones résidentielles densément peuplées, exacerbant le nombre de morts quotidien.

- Centre de Gaza : bombardements délibérés et tueries aveugles : dans le centre de Gaza, l'armée israélienne a bombardé une maison dans le camp de Nuseirat, tuant sept civils. Le camp voisin de Bureij a également été soumis à un bombardement intensif avec de nombreux obus d'artillerie, laissant des destructions importantes et des victimes civiles.

- Sud de Gaza : démolitions et arrestations en cours : dans le sud de la bande de Gaza, les forces israéliennes ont continué à démolir des maisons dans le quartier d'Al-Jneina, à l'est de la ville de Rafah. Plus tôt dans la journée, les secouristes ont récupéré le corps d'un civil près du point de passage de Kerem Shalom, ce qui porte à 11 le nombre de morts dans la zone au cours des dernières 24 heures, dont six originaires du nord-ouest de Rafah.

Les forces navales israéliennes ont également arrêté six pêcheurs au large de la côte de Deir al-Balah alors qu'ils étaient en train de gagner leur vie. Cette action agressive reflète la stratégie de l'occupation visant à affamer la population et à détruire ses sources de revenus.

La crise humanitaire, une souffrance indescriptible : la guerre israélienne en cours a paralysé tous les aspects de la vie dans la bande de Gaza. La situation humanitaire a atteint des niveaux catastrophiques, avec l'absence de produits de première nécessité.

Les hôpitaux sont confrontés à de graves pénuries de médicaments et de fournitures médicales, ce qui oblige les médecins à travailler dans des conditions inhumaines pour sauver des vies dans un contexte de coupures d'électricité récurrentes et de manque de carburant.

La destruction des infrastructures a entraîné une crise de l'eau potable et de l'assainissement, augmentant le risque d'apparition de maladies et d'épidémies. Les familles qui ont perdu leur maison vivent dans des conditions épouvantables, des milliers d'entre elles cherchant refuge dans des installations surpeuplées ou à l'air libre, exposées aux bombardements incessants, à la faim et au froid.

Silence mondial et génocide systématique : ces crimes odieux sont commis sous les yeux d'un monde silencieux qui se contente d'émettre des déclarations de condamnation. Israël poursuit ses politiques criminelles en toute impunité, perpétrant des crimes de guerre et un génocide contre la population sans défense de Gaza.

Gaza entre douleur et résilience : ce qui se passe aujourd'hui à Gaza n'est pas seulement une guerre, mais un génocide systématique visant à la fois la population et la terre. Les habitants de la bande de Gaza paient le prix de leur résistance à l'occupation, sous le regard passif du monde. Cette guerre a mis en évidence l'incapacité de la communauté internationale à protéger les civils ou à prendre des mesures décisives pour mettre fin à cette agression. Gaza crie aujourd'hui : Où est l'humanité ? Où est la justice ? Combien de temps Israël restera-t-il au-dessus de toute responsabilité ? » (11 décembre 2024)

## *« LE SILENCE INTERNATIONAL DONNE À ISRAËL LE FEU VERT, ET RENFORCE SON SENTIMENT D'IMMUNITÉ »*

### « Il s'agit d'un conflit qui exige une véritable responsabilisation internationale pour les crimes commis contre les civils »

Ce qu'un peuple mourant sous les coups d'une des plus puissantes armées attend du monde, va bien au-delà de l'entrée de convois humanitaires, développe notre camarade. Il écrit, en réponse au porte-parole du point de presse du 19 octobre 2024 du Département d'État des États-Unis, Matthew Miller, s'assurant « profondément préoccupé par l'aggravation de la situation humanitaire »

« La situation dans la bande de Gaza est plus qu'une crise humanitaire nécessitant une aide alimentaire et la fourniture d'eau potable ; il s'agit d'un conflit qui exige une véritable responsabilisation internationale pour les crimes commis contre les civils. La communauté internationale doit prendre des mesures sérieuses pour mettre un terme aux violations majeures du droit international, notamment le génocide et le nettoyage ethnique, et ne pas se concentrer uniquement sur des aspects précis des crises humanitaires. Les violations du droit international sapent la crédibilité du système international et laissent les Palestiniens victimes de politiques qui ne reconnaissent pas leurs droits humains fondamentaux ».

Un mépris total du principe de distinction entre cibles militaires et civiles.

« La guerre contre Gaza confirme qu'Israël continue de mener une politique de violence excessive et de génocide sans aucun égard pour le droit international et humanitaire.

La violence excessive ... est toujours accompagnée d'une politique d'impunité totale, car les soldats israéliens ne sont pas tenus pour responsables des massacres et des actes de génocide qu'ils commettent contre les Palestiniens, en violation de toutes les lois et conventions internationales.

Au cours de cette guerre, les organisations locales et internationales de défense des droits de l'homme ont enregistré un grand nombre de cas mettant en évidence la destruction délibérée d'infrastructures, notamment le ciblage d'hôpitaux, d'écoles et d'abris de l'ONU, en violation flagrante du droit international humanitaire.

Non seulement les biens ont été détruits, mais des rassemblements de civils, y compris des femmes, des enfants et des personnes âgées, ont également été délibérément pris pour cible, reflétant un mépris total du principe de distinction entre cibles militaires et civiles, qui est l'un des fondements du droit international humanitaire.

L'un des exemples les plus brutaux pendant la guerre contre Gaza est la destruction délibérée d'habitations civiles avec des missiles lourds et des bombardements aériens, qui ont conduit à l'effondrement complet des bâtiments au-dessus de la tête de leurs habitants ...

L'une des violations les plus significatives qui accompagnent cette guerre est le ciblage du personnel médical et des ambulances ; les équipes de secours sont directement visées alors qu'elles tentent d'évacuer les blessés et de les transporter vers les hôpitaux. Ce comportement constitue une violation flagrante du droit international humanitaire, qui stipule la protection du personnel médical et des blessés en toutes circonstances. En conséquence, de nombreux blessés ne reçoivent pas les soins de santé nécessaires, ce qui augmente le nombre de victimes civiles » (21 octobre 2024).

## Du côté des soldats israéliens, racisme, impunité, jusqu'à la vantardise

« La guerre de Gaza est également caractérisée par le phénomène de la « vantardise » concernant le massacre de civils et la destruction de leurs biens, comme en témoignent les photos et vidéos de soldats célébrant leurs massacres contre les Palestiniens, diffusées sur les réseaux sociaux israéliens, ce qui montre une absence de tout contrôle moral ou militaire régissant leur comportement. Cette vantardise envoie un message clair aux autres soldats, montrant que les crimes contre les civils ne sont pas seulement un effet secondaire de la guerre, mais font partie de la stratégie suivie.

Les abus commis par l'armée israélienne incluent également la détention et les mauvais traitements de civils lors d'incursions terrestres. De nombreux cas de torture et d'humiliations publiques ont été signalés, en plus de l'exécution sommaire de civils sans aucun procès ni responsabilité légale.

Dans le cadre de la guerre psychologique, des haut-parleurs et des drones sont utilisés pour diffuser des messages de menaces et d'intimidation ...

Le principal problème qui aggrave ces violations est l'absence de responsabilité juridique pour les soldats et les commandants responsables des crimes commis. Au fil des ans, aucune mesure juridique sérieuse n'a été prise contre les personnes impliquées dans les massacres ou le génocide contre les Palestiniens. Ignorer la responsabilité ouvre la porte à la poursuite et à la répétition de ces crimes à l'avenir, car les soldats se sentent complètement à l'abri de toute responsabilité interne ou internationale » (21 octobre 2024).

Escalade des violations en l'absence de reddition de comptes

« Le journal israélien *Haaretz* a publié des témoignages de soldats révélant une compétition entre unités militaires pour tuer le plus grand nombre possible de Palestiniens. Les rapports montrent que des civils, y compris des enfants et des porteurs de drapeaux blancs, sont ciblés sans discernement. Les corps des victimes sont souvent laissés à l'air libre pour être dévorés par des chiens, dans une violation flagrante des lois internationales.

Un officier a confirmé que la région de Netzarim a été désignée comme une « zone de meurtre », où toute personne qui approche est abattue, qu'elle soit armée ou non. Le rapport a également révélé une expansion des pouvoirs accordés aux commandants sur le terrain, qui agissent souvent comme des milices armées, en dehors de tout cadre juridique » (25 décembre 2024).

## « Complicité de la communauté internationale »

« Ces mesures défient de manière flagrante toutes les lois et conventions internationales qui interdisent le déplacement forcé de civils et le considèrent comme un crime de guerre. Malgré la clarté juridique de cette violation, le monde est impuissant à prendre une position ferme pour mettre fin à ce qui se passe à Gaza, et le silence international persistant reste le témoin de l'incapacité de la communauté internationale à protéger les civils palestiniens.

Ce silence international donne à Israël le feu vert pour poursuivre ses massacres et son génocide contre les civils palestiniens, et renforce le sentiment d'immunité de l'occupation face à l'obligation de rendre des comptes. En l'absence de réponses décisives de la part de la communauté internationale, il semble qu'Israël considère ce silence comme un soutien indirect qui lui permet de commettre les crimes les plus odieux contre l'humanité, en exploitant l'inaction internationale pour atteindre ses objectifs expansionnistes sans dissuasion ni punition ».

Israël et le mépris pour le droit international

« La réaction d'Israël face à la décision de la Cour pénale internationale révèle clairement sa conviction d'être un État au-dessus des lois, agissant sans rendre de comptes et refusant de respecter les conventions et les normes internationales. Israël se comporte depuis longtemps comme une « nation supérieure » qu'il est interdit de critiquer, ignorant les droits de l'homme et les principes de la justice internationale. Toutefois, les peuples du monde commencent à prendre conscience de cette réalité et expriment leur frustration face à leur incapacité à empêcher ces violations. La colère monte, et des signes clairs montrent que le monde subit un dysfonctionnement profond et que le soutien inconditionnel à Israël ne peut pas durer indéfiniment.

L'hypocrisie de la position américaine : en ce qui concerne la politique américaine, les États-Unis appellent toujours à un cessez-le-feu tout en soutenant Israël avec toute leur puissance militaire et économique. Washington prétend «rapprocher les points de vue», mais bloque systématiquement, par son veto, toute résolution des

Nations unies appelant à un cessez-le-feu. Cette contradiction flagrante soulève de véritables questions sur le rôle des États-Unis et pousse à se demander comment on peut interpréter ce comportement. S'agit-il d'un soutien inconditionnel à Israël ou d'un mépris pour la volonté de la communauté internationale » (23 novembre 2024) ?

## Même le crime absolu, l'attaque systématique sur les hôpitaux, est toléré

« Pour le 414ᵉ jour consécutif, les forces de l'armée israélienne continuent de mener une campagne de génocide atroce dans la bande de Gaza.

Le ministère palestinien de la Santé a lancé, vendredi, un avertissement urgent concernant l'arrêt total des hôpitaux dans la bande de Gaza dans les heures à venir, en raison du manque de carburant et de l'interdiction de son entrée par l'armée israélienne Celle-ci soutient les groupes armés qui interceptent les convois d'aide humanitaire. La situation déjà désastreuse s'aggrave. Les frappes israéliennes visent les infrastructures sanitaires, notamment l'hôpital Kamal Adwan dans le Nord de la bande, qui a été directement bombardé à plusieurs reprises, entraînant l'arrêt des générateurs électriques et la paralysie complète de ses services.

Selon les rapports du ministère de la Santé de Gaza, le bilan des victimes depuis le 7 octobre 2023 dépasse les 44 176 morts, en plus de 104 473 blessés, avec des frappes aériennes et des bombardements d'artillerie incessants dans toute la région. Au cours des dernières 48 heures, 120 morts et 205 blessés ont été recensés, tandis que de nombreuses victimes restent sous les décombres en raison de l'impossibilité pour les équipes de secours d'atteindre les zones ciblées.

Ciblage des infrastructures de santé et des institutions humanitaires : l'hôpital Kamal Adwan, situé dans le nord de la bande de Gaza, a été frappé à plusieurs reprises par des drones, causant des blessures parmi le personnel médical et interrompant complètement ses activités. Par ailleurs, l'organisation Médecins Sans Frontières a confirmé qu'une frappe israélienne avait failli coûter la vie à cinq de ses employés alors qu'ils rentraient de l'hôpital Nasser à Khan Younis, malgré une coordination préalable avec les autorités israéliennes et l'affichage de leur logo officiel sur le véhicule....

Appels urgents pour sauver Gaza : face à cette situation critique, le ministère de la Santé de Gaza a renouvelé son appel à la communauté internationale et aux organisations humanitaires pour une intervention immédiate afin de permettre l'entrée de carburant, de fournitures médicales et de besoins essentiels. Le ministère a également exhorté la Cour pénale internationale à confirmer ses décisions pour mettre fin au génocide à Gaza, tout en appelant à l'envoi de délégations médicales pour garantir la continuité des services de santé dans la bande de Gaza, en particulier dans les zones les plus touchées du nord.

La situation à Gaza exige une action internationale décisive pour mettre fin à cette catastrophe humanitaire et arrêter les crimes incessants contre les civils » (23 novembre 2024).

Il n'y aura pas réponse de la communauté internationale (bilan écrit la nuit de Noël)

« Le nombre de morts dans la bande de Gaza est monté à 45 338, tandis que les blessés s'élèvent à 107 764, selon le ministère de la Santé palestinien ce mardi 24 décembre 2024. Ces chiffres tragiques reflètent l'ampleur de la catastrophe humanitaire qui frappe la région depuis le début de l'agression israélienne. Les trois hôpitaux du nord de Gaza, déjà sous pression avec des ressources limitées, ont été complètement mis hors service en raison des frappes israéliennes continues, entraînant leur fermeture totale aux patients et blessés.

Dans une escalade particulièrement grave, l'hôpital Kamal Adwan a été soumis à des tirs intenses de véhicules israéliens, entraînant des blessures parmi les patients, suite à l'explosion d'un « robot piégé » près de l'établissement. Par ailleurs, des frappes aériennes violentes ont ciblé les environs de l'hôpital Al-Awda, détruisant son troisième étage. Les chars israéliens ont également tiré sur l'entrée de l'hôpital indonésien au nord de Gaza, forçant les malades et blessés à l'évacuer dans des conditions humanitaires désastreuses » (Abu Amir).

L'armée israélienne entrera dans l'hôpital quelque jours plus tard, chassant l'ensemble des patients et du personnel médical, et arrêtant son directeur, le Dr Hussam Abu Safiya, pour le sort duquel, à l'heure où nous terminons cet ouvrage, il n'y a pas d'informations[2].

## NOUS EN APPELONS AUX PEUPLES DU MONDE

Nous connaissons Abu Amir depuis une douzaines d'années, et il n'a jamais varié dans sa double conviction, des droits imprescriptibles du peuple palestinien, et de la nécessité pour les peuples de construire un vivre ensemble dans la justice. Il le redit en pleine horreur, broyé par la souffrance autour de lui et la peur pour ses proches.

### « Appel à la société israélienne »

Israël entre l'illusion de la paix et la réalité de l'agression : un appel à la société israélienne pour qu'elle pousse au changement. »

> « Combien de temps le peuple israélien continuera-t-il à se soumettre aux politiques extrémistes de son gouvernement, qui opprime sans relâche tous les peuples et les individus qui l'entourent ?

Combien de temps ce peuple restera-t-il patient face à un gouvernement qui s'engage dans des guerres futiles sans autre objectif clair que la destruction et l'agression ?

2. Le docteur Hussam Abu Safiya a été arrêté le 27 décembre 2024. Détenu d'abord à Sde Teyman, puis transféré le 9 janvier 2025 dans la prison d'Ofer, en Cisjordanie occupée ; il n'a pas eu de procès équitable et n'a pas droit à un avocat. Il est torturé, comme d'autres soignants qui ont pu témoigner, l'ont été.

Le sentiment constant d'oppression que ressent la société israélienne n'est rien d'autre que le résultat inévitable d'une entité fondée dès le départ sur des bases fausses et injustes, puisqu'Israël a été établi sur les terres palestiniennes à travers les catastrophes et les souffrances d'un peuple qui avait tous les droits sur cette terre...

Quelle paix peut être construite sur des bombardements, des génocides et des violations continues des lois et des normes internationales les plus élémentaires ? Ce qu'Israël fait subir aux peuples de la région est très éloigné du concept de paix. Il s'agit plutôt d'un chemin qui ne mène qu'à la destruction et qui plante la haine et la colère dans l'âme de générations, non seulement en Palestine et dans les pays voisins, mais aussi dans l'âme des fils de la société israélienne elle-même, qui souffriront des effets de cette politique oppressive à l'avenir.

Le peuple israélien doit comprendre que la haine, les meurtres et la destruction que son gouvernement sème finiront par porter leurs fruits. La haine ne fait qu'engendrer plus de haine, et la destruction laissera une génération chargée de sentiments hostiles, ce qui affectera la sécurité et la stabilité de la société israélienne elle-même. C'est pourquoi la société israélienne doit assumer sa responsabilité et faire pression sur son gouvernement extrémiste pour qu'il mette fin à cette effusion de sang et qu'il recherche de véritables moyens de coexistence entre les peuples israélien et palestinien.

Il n'y a pas d'autre solution, l'histoire nous a appris que les peuples qui ont appris à vivre ensemble sont ceux qui ont atteint la stabilité et le développement. Nous devons essayer de trouver une solution pacifique, nous ne perdrons rien à essayer la coexistence, nous pouvons réussir là où d'autres ont échoué » (13 novembre 2024).

## « Vers où ce monde nous mène-t-il ? Et quel sera notre sort si ce silence honteux continue ? »

Au 415e jours du génocide, Abu Amir nous envoie ce texte que nous souhaitons livrer dans son intégralité.

• Gaza prise dans les griffes de l'agression : une tragédie humaine et un silence international honteux.

« À Gaza, l'agression israélienne se poursuit avec une brutalité sans précédent, dépassant les déclarations initiales selon lesquelles l'objectif était de libérer les otages ou d'éliminer le mouvement Hamas. Ce qui devient évident aujourd'hui, c'est que la guerre dépasse les objectifs annoncés pour viser quelque chose de plus dangereux : l'effacement de tout ce qui est palestinien. Les humains, les biens, les arbres, l'histoire, l'identité, et même la mémoire collective : tous sont devenus des cibles directes dans une guerre qui cherche à effacer et déraciner la Palestine. Ce n'est pas une simple confrontation militaire, c'est une tentative systématique d'effacer la Palestine de la carte.

Un monde silencieux face à la catastrophe : comment un monde entier, avec ses peuples, ses gouvernements, ses institutions internationales et ses décisions en matière de droits humains, peut-il rester impuissant devant cette scène terrifiante ? Le Conseil de sécurité, qui a été créé pour maintenir la paix, est désormais incapable de faire passer une simple résolution pour arrêter les combats. Les organisations de défense des droits humains, qui portent des slogans de justice et d'humanité, semblent être devenues des spectatrices silencieuses. Les peuples, bien que solidaires, n'ont pas été en mesure de faire pression de manière efficace.

Vivons-nous dans un monde aussi sombre ? Avons-nous sombré dans la loi du plus fort, où il n'y a plus de place pour les lois humaines, et où la survie est réservée aux plus puissants ?

La question qui se pose est : vers où ce monde nous mène-t-il ? Et quel sera notre sort si ce silence honteux continue ?

Des massacres quotidiens sous les yeux du monde : les massacres qui se produisent chaque jour à Gaza ne sont ni secrets, ni dissimulés. La presse mondiale, par ses différents moyens de diffusion, documente ces crimes à la fois avec des images et des vidéos, les diffusant en permanence. Les scènes de destruction, les corps éparpillés et les cris des enfants font désormais partie des bulletins d'information quotidiens. Et malgré cette clarté, il semble que le monde regarde ce drame comme s'il s'agissait d'une série télévisée, détachée de la réalité.

Mais nous ne sommes pas dans une série télévisée. Nous vivons dans une réalité sanglante et douloureuse, où des familles entières sont exterminées, des populations sont déplacées et des enfants et des femmes sont tués chaque jour sous les yeux du monde entier. C'est une tragédie humaine qui se déroule sur nos écrans de télévision, mais personne ne réagit.

Une nouvelle Nakba et un silence honteux : ce n'est pas la première fois que les Palestiniens vivent l'exil et l'extermination. Depuis 1948, nous vivons dans une Nakba continue. Nous avons été expulsés, emprisonnés dans des zones de plus en plus exiguës, et nous avons vécu sous le joug de l'occupation et du siège pendant des années. Personne ne nous a défendus à l'époque, et le monde n'a pas agi lorsque nos terres ont été dérobées. Aujourd'hui, alors que des femmes et des enfants sont massacrés depuis plus d'un an, le silence persiste, tout comme l'indifférence internationale.

Le monde n'a-t-il donc aucune honte ? : le monde n'a-t-il pas honte de ce silence abominable ? N'est-il pas temps de dire un mot de vérité ? Où sont les consciences humaines portées par les grandes institutions internationales ? Comment le monde peut-il ignorer les cris des mères qui ont perdu leurs enfants, les gémissements des blessés, et les larmes des enfants qui voient leur enfance se transformer en un rêve lointain ?

Gaza interroge le monde : où est l'humanité ? : ce qui se passe à Gaza n'est pas simplement une guerre ; c'est un véritable test pour l'humanité tout entière. Gaza est devenue un symbole de la résistance, mais aussi le miroir qui reflète l'incapacité du monde à affronter l'injustice. Si ce silence persiste, l'histoire ne pardonnera pas à l'humanité qui a été spectatrice sans agir.

Il est grand temps que le monde arrête de regarder passivement et assume ses responsabilités morales, juridiques et humaines. Il est impossible de continuer à parler des droits des Palestiniens sans réagir. Les Palestiniens ne demandent pas l'impossible ; ils demandent simplement à être traités comme des êtres humains, que leurs droits soient respectés et que l'oppression et la violence cessent.

Un cri de douleur : à tous ceux qui regardent la tragédie en silence, Gaza n'est pas un simple titre d'actualité, ni un numéro dans les bulletins d'information. Gaza est une histoire humaine, un cri de douleur, une Nakba renouvelée. Si ce silence continue, nous serons tous complices de la violence. Il est temps de bouger, de dire la vérité, et de permettre à Gaza de recevoir l'aide dont elle a désespérément besoin. Gaza n'a pas besoin de compassion ; Gaza a besoin d'actes réels » (24 novembre 2024).

## ANALYSES ET PERSPECTIVES

La lecture des écrits d'Abu Amir permet de tordre le coup à quatre préjugés tenaces.

Premièrement, le génocide n'est pas un huis-clos entre une foule effrayée et impuissante et cette armée israélienne ayant abdiqué tout sens moral. D'abord parce que la population de Gaza continue, dans les conditions les pires, à privilégier l'organisation de collectifs, comme les chapitres précédents l'ont bien montré. Hautement éduquée, elle est un réservoir de savoir-faire impressionnant, et les professionnels, au premier rang desquels les personnels médicaux, tiennent admirablement leur part du front. Ensuite parce qu'un certain nombre d'acteurs internationaux, agences onusiennes et ONGI[3], s'efforcent, bien qu'extrêmement bridées, parfois décimées, d'avoir une action en conformité avec leur raison d'être. Enfin parce que la solidarité mondiale, par des circuits interpersonnels et par des circuits associatifs, comme ce livre le décrit, tente d'être la bouffée d'oxygène qui fait la différence.

3. Certaines ONGI, au contraire, appartiennent au monde des profiteurs de guerre et préparent un « après » qui déposséderait la population gazaouie de son droit légitime d'action sur son devenir.

Deuxièmement, après plus d'un an d'attaques génocidaires, les structures de gouvernement de la bande de Gaza n'ont pas été éradiquées, pour reprendre les mots des génocidaires. Que tous les bâtiments municipaux aient été réduits en gravats ne signifie pas que la structure sociale soit à terre, ni la structure traditionnelle des « grandes familles », ni la structure des ministères, des gouvernorats, et des municipalités, même si elles sont parfois très mises à mal. Au grand dépit des soutiens d'Israël, le ministère de la Santé rend public le décompte des tués identifiés, et tous les efforts initiaux pour disqualifier ses informations se sont enlisés face à la réalité. Les forces de sécurité, et surtout les formidables équipes de la défense civile, composée essentiellement de bénévoles, interviennent dans l'horreur. Les attaques acharnées dont elles sont l'objet montrent que l'enjeu est de taille pour l'occupant : pouvoir non seulement tuer, mais considérer les survivants comme une masse sans aucune volonté, ployable à merci.

Troisièmement, si l'esprit de résistance est incontestablement omniprésent, cela ne signifie pas l'absence de profiteurs de guerre. Du commerçant véreux exploitant la misère de ses concitoyens en faisant flamber les prix et en octroyant des crédits à des taux usuraires, aux mafieux recrutant des bandes pour attaquer les convois de nourritures, Gaza connaît tout ce cortège de maux accompagnant l'occupation et la guerre.

Quatrièmement, comme il a été décrit au chapitre 1, la société de Gaza est pluraliste, et critiquer, possiblement âprement, telle ou telle branche de la résistance armée ne signifie pas du tout pactiser avec l'occupation. La double position du Hamas - à la fois au pouvoir sur la bande de Gaza suite à sa victoire aux élections législatives de 2006 (les seules ayant pu se tenir) et leader parmi les branches armées - le place face à une double incrimination : comme force au pouvoir, son bilan de gestion est sous la critique des administrés. Plus puissante organisation armée, il se retrouve au cœur de la question essentielle : quelle responsabilité portent les organisations de résistance envers la population ?

La société palestinienne comporte un large éventail de positions politiques. Nous donnons ici la parole à un parti de gauche.

# TÉMOIGNAGE DE MARYAM ABU DAQQA (DÉCEMBRE 2024)

Depuis Le Caire où elle est exilée après son expulsion de France en novembre 2023, Mariam Abu Daqqa, membre de la direction du FPLP (Front Populaire de Libération de la Palestine) analyse la situation.

La guerre d'extermination pratiquée par l'occupant sioniste contre le peuple palestinien n'est née ni aujourd'hui, ni le 7 octobre.

Cette guerre a 76 ans et plus. L'occupant pratique toutes les formes d'extermination, de meurtre, de destruction et d'agression de manière répétée au vu et au su du monde entier, sans aucune mesure de rétorsion, mais avec la couverture et le soutien total des régimes capitalistes et impérialistes, en premier lieu celui des États-Unis.

La guerre d'anéantissement contre Gaza et la Palestine est centrée sur Gaza, mais son objectif est l'ensemble de la région arabe. L'occupant veut contrôler l'ensemble des ressources, notamment le gaz et le pétrole. L'entité sioniste agit en base impérialiste avancée.

Elle vise à détruire le projet national palestinien, à déplacer la population de Gaza vers le Sinaï et la population de Cisjordanie vers la Jordanie. Elle veut installer à leur place des colons sionistes venus du monde entier.

Ce qui se passe actuellement, c'est la mise en œuvre de l'accord du siècle, la suppression de Gaza et de la Palestine de la carte, et la construction du canal Ben Gourion4 pour livrer du gaz à l'Amérique et à l'Europe et résoudre leur crise énergétique. L'administration

4. Projet de canal à travers l'État d'Israël. Il relierait le Golfe d'Aqaba à la mer Méditerranée

américaine affirme qu'il s'agit d'une question de sécurité nationale.

Les dirigeants européens et américains se sont précipités avec leurs flottes, leurs armes, leurs soldats, leurs experts, leurs avions et leur argent pour soutenir l'occupant. Soutien total, politique et militaire avec utilisation du droit de veto à l'ONU.

Ils ont dit qu'ils voulaient éliminer le Hamas, et la vérité est qu'ils veulent éliminer le peuple palestinien, ils ont dit qu'ils voulaient éliminer le Hezbollah, et la vérité est qu'ils veulent éliminer le Liban et les Libanais.

Ils veulent éliminer la résistance, perpétuer l'occupation et détruire tout ce qui a trait à la vie : les écoles, les universités, les mosquées, les églises, les maisons, l'électricité, l'eau et les hôpitaux.

Ils ont interdit les médicaments et les secours, interdit et détruit les ambulances, tué des médecins et des infirmières, tué des prématurés et des blessés, arrêté des médecins, interdit la presse internationale et tué des journalistes palestiniens, détruit les arbres, l'eau et les pierres, et empêché toute aide de parvenir aux habitants.

Les maladies se sont répandues et la mort s'est répandue partout, et les chiens ont mangé les cadavres des morts pendant un an et deux mois. Ils ont bombardé les tentes et les lieux de déplacement et ont déplacé des dizaines de fois les réfugiés. Beaucoup sont morts de faim ou en cherchant de la nourriture.

Ils ont arrêté des milliers de personnes, violé des filles et des femmes, utilisé des armes interdites au niveau international pour que les corps disparaissent, exécuté délibérément des enfants et des femmes. Ils disent que ces enfants grandiront et les combattront, et que les femmes élèvent leurs enfants pour qu'ils combattent l'occupant : 72 % des 45 000 morts sont des femmes et des enfants.

17 000 enfants ont perdu leur mère, leur père ou les deux. 13 000 malades du cancer, dont la majorité sont des femmes, sont en train de mourir. Il y a 30 000 corps sous les décombres. Les maisons ont été détruites et pillées par les soldats de l'occupant. Ce qui se passe à Gaza se poursuit au Liban et en Syrie.

Ils ont tué Hassan Nasrallah, Ismaïl Haniyeh, Yahia Sinwar...

Ils veulent frapper toute voix de la résistance et créer un environnement propice à la normalisation, en particulier avec l'Arabie saoudite.

Trump menace de transformer le Moyen-Orient en enfer si les prisonniers sionistes ne sont pas libérés. Il n'a pas mentionné les 12 000 prisonniers palestiniens qui vivent l'enfer dans les prisons de l'occupant depuis 40 ans et plus.

Ce qui est important, c'est de travailler à la réalisation de l'unité nationale palestinienne. Nos objectifs sont les suivants :

. Avant tout, arrêter la guerre d'anéantissement.

. Deuxièmement, mettre fin à l'occupation sioniste.

. Réaliser l'unité du peuple palestinien pour atteindre les objectifs de la résistance

. Obtenir le retrait complet d'Israël de la bande de Gaza, l'entrée de l'aide et la libération des détenus palestiniens dans le cadre d'un accord

. Obtenir le retrait de Netzarim et du point de passage de Philadelphie.

Nous espérons que tous les amis du monde entier soutiendront notre peuple dans sa juste lutte contre l'occupation israélienne et reconnaîtront l'État de Palestine,

Et qu'il sera demandé des comptes à l'occupant pour les crimes, génocides et massacres qu'il commet chaque heure contre le peuple palestinien.

Chers amis du mouvement de solidarité français

J'aurais aimé être parmi vous pour dialoguer et discuter, mais ce qui m'est arrivé en France m'a empêchée d'achever ma mission révolutionnaire de clarification du contexte.

Jusqu'à présent, j'ai perdu 254 membres de ma famille dans la guerre, en plus de la perte de nos maisons et de tout ce que nous possédons.

Nous vivons dans des conditions difficiles en exil, loin de notre famille et de nos proches, nous perdons chaque jour des camarades, des amis, des enfants et des parents.

Nous ressentons l'amertume de la déception et de l'échec face à l'impuissance du système mondial qui ne respecte pas le droit des Palestiniens et qui pratique le « deux poids deux mesures ».

Mais nous croyons en la justesse de notre cause. Nous savons que le prix de la liberté est très élevé et sanglant, mais que la victoire est inévitable pour notre peuple.

Notre victoire sera une victoire pour tous les peuples libres du monde.

Je remercie tous ceux qui nous ont soutenus et qui se sont tenus à nos côtés

Nous sommes dans la même tranchée, notre combat est commun et notre victoire est commune.

Dr Maryam Abu Daqqa, une combattante pour la liberté et la justice pour tous, indépendamment de la religion, de l'origine et du genre.

Gloire aux victimes, liberté pour les prisonniers, prompt rétablissement pour les blessés et victoire pour notre peuple.

**« Des accumulations complexes et des causes multiples »**

C'est ainsi que notre camarade Abu Amir titre son texte sur la crise du pain du 21 novembre 2024 :

« La bande de Gaza traverse une grave crise du pain qui s'est aggravée au fil des mois. Des milliers de familles déplacées sont dans de longues files d'attente devant des boulangeries qui ont fermé leurs portes en raison d'une pénurie de farine. Cette crise n'est pas née du jour au lendemain. Elle est le résultat de plusieurs causes qui se sont accumulées au fil des mois, notamment le blocus étouffant, la crise des points de passage, les vols répétés de camions d'aide humanitaire, ainsi que des politiques mal planifiées adoptées par des institutions internationales telles que l'UNRWA pour la distribution de farine.

Les politiques de distribution de farine, un échec de l'UNRWA : le système adopté par l'UNRWA pour distribuer la farine a également joué un rôle important dans l'aggravation de la crise. En période normale, la farine était distribuée aux familles tous les trois mois, en fonction du nombre de membres de la famille, chaque personne recevant un sac de farine de 25 kilos. Cependant, en mai dernier, l'UNRWA a distribué une quantité doublée pour couvrir la période de mai à septembre, entraînant plusieurs problèmes. Premièrement, les conditions météorologiques chaudes en mai ont rendu difficile le stockage de grandes quantités de farine, ce qui a conduit à la détérioration d'une partie importante des stocks. Deuxièmement, l'UNRWA n'a pas pris en compte les déplacements massifs de la population et les conditions difficiles, obligeant de nombreuses familles à vendre une grande partie de leur farine par crainte qu'elle ne se détériore ou qu'elles ne puissent la transporter. Cela a fait chuter le prix de vente du sac de farine à moins de 2 dollars à l'époque.

Les vols d'aide humanitaire, une catastrophe interne aggravante : outre le blocus, un facteur interne alarmant a contribué à l'aggravation de la crise, les vols de camions d'aide humanitaire. Ces incidents ne sont pas des actes isolés mais un problème récurrent qui affecte directement la vie des habitants. Par exemple, il y a une semaine, un convoi de 150 camions d'aide est entré à Gaza, mais 109 camions ont été volés, tandis que seulement 41 ont atteint leur destination. Ce chiffre illustre l'ampleur du désastre causé par ces gangs, qui sont devenus un fléau menaçant le tissu social et aggravant la souffrance.

Les efforts des forces de sécurité pour lutter contre les vols : pour contrer les vols d'aide humanitaire, les forces de sécurité de Gaza ont lancé une vaste opération sécuritaire dans le sud de la bande, visant les gangs de voleurs de camions d'aide. Cette opération, menée en collaboration avec des comités familiaux[5], a entraîné la mort et les blessures de nombreux membres de ces gangs. Le ministère de l'Intérieur a confirmé que plus de 20 personnes ont été tuées et des dizaines blessées.

Le ministère a également déclaré que cette opération n'est qu'un début dans une campagne plus large visant à éradiquer ce phénomène, qui a considérablement affecté la société et accru les souffrances des habitants. Il a été souligné que toute personne impliquée, directement ou indirectement, dans ces crimes, sera sévèrement punie pour mettre fin à cette crise qui menace la stabilité sociale.

Pillages des aides sous la protection de l'armée israélienne : d'autres rapports ont révélé l'implication directe de l'armée israélienne dans le soutien à des gangs qui pillent les aides humanitaires. Ces gangs ciblent les convois d'aide dans le but de réaliser plusieurs objectifs malveillants, notamment l'élimination des agents chargés de sécuriser ces convois, dont 728 ont déjà été tués. Ces actions visent à imposer une politique de famine systématique et à augmenter artificiellement les prix, aggravant ainsi la crise économique et sociale dans la bande de Gaza.

Selon des rapports des Nations unies, il est devenu presque impossible d'acheminer des aides à Gaza en raison des pillages et de l'insécurité. Hier soir, une frappe israélienne a visé un convoi humanitaire sur la route Salah al-Din, dans la ville de Deir al-Balah, tuant quatre agents de sécurité chargés de sa protection. Une autre

5. Voir la définition de « mokhtar »

cargaison de farine a été pillée par des gangs armés opérant sous la protection directe de l'armée israélienne.

Le 9 décembre 2024, Benjamin Netanyahou a admis devant un tribunal israélien que ces gangs opèrent sous le contrôle de l'armée israélienne. Selon le *Washington Post*, ces actes de pillage représentent désormais un obstacle majeur à la distribution de l'aide, notamment dans le sud de Gaza. De nombreux chauffeurs de camions humanitaires ont été tués ou enlevés, poussant l'UNRWA à suspendre ses opérations de distribution à travers les points de passage (25 décembre 2024).

## Les actions collectives, « symbole d'espoir dans un contexte dominé par la douleur »

Alors pourquoi agir ? Agir envers et contre tout, pour la survie immédiate, pour le futur.

• Dans le camp des agriculteurs, une action importante a permis l'achat de farine et la distribution d'une quantité importante de pain, effectuée en direction des enfants.

« Malgré les efforts déployés, l'initiative *Le Pain de l'Espoir* reste une réponse temporaire à une crise plus profonde qui nécessite des solutions structurelles. Résoudre cette crise exige une ouverture permanente des points de passage frontaliers, la facilitation de l'entrée de l'aide humanitaire sans obstacles, et la garantie de la protection des cargaisons de secours contre les détournements et les abus. Cette initiative illustre l'importance du travail collectif face aux crises humanitaires, tout en mettant en lumière le besoin urgent de solutions durables pour mettre fin aux souffrances récurrentes des familles déplacées.

L'initiative *Le Pain de l'Espoir* se présente comme un symbole d'espoir dans un contexte dominé par la douleur. Elle porte un message humanitaire affirmant que la solidarité peut faire une grande différence dans la vie des déplacés, même dans les circonstances les plus difficiles. Cependant, le véritable espoir réside dans l'instauration d'une stabilité durable, la fin des crises qui tourmentent les habitants de Gaza, et l'octroi d'une chance de vivre dans la dignité et la paix » (2 décembre 2024).

• Rien qu'une bouée de sauvetage... reste une profonde amertume

« Dans le camp des pêcheurs, le samedi 28 décembre 2024, dans le cadre de l'initiative *Hiver à l'abri*, les équipes de terrain de l'UJFP ont distribué 100 couvertures, 100 vêtements d'hiver pour enfants et 30 bâches en plastique pour réparer les tentes.

La joie était visible sur les visages des pêcheurs et de leurs enfants, qui ont ressenti une chaleur qu'ils n'avaient pas connue depuis le début de la guerre.

Malgré tous ces efforts humanitaires, les habitants de Gaza, y compris les pêcheurs, ressentent une profonde amertume face au silence international, face aux crimes israéliens persistants. Au lieu de prendre une position ferme pour mettre fin à l'agression, le monde se contente d'observer, tandis qu'Israël continue de bénéficier d'un soutien illimité de la part des grandes puissances.

La poursuite d'initiatives comme *Hiver à l'abri* est une nécessité urgente, non seulement pour fournir les besoins essentiels, mais pour rappeler au monde que Gaza, malgré la douleur et le blocus, reste un symbole de résilience et d'humanité. Malgré le silence mondial, les habitants de Gaza continuent de résister, portant dans leurs cœurs la flamme de l'espoir, espérant qu'un jour les chaînes de l'injustice seront brisées et qu'ils vivront en liberté et en dignité, comme ils le méritent » (31 décembre 2024).

### « La justice internationale est essentielle et irremplaçable, mais elle doit faire partie d'un effort plus large »

Réponse à la décision de la Cour pénale internationale concernant le mandat d'arrêt et son impact dans un contexte de souffrance à Gaza », écrit Abu Amir le 22 novembre, ajoutant : « Ceci est mon opinion personnelle ».

« En tant que citoyen vivant dans la bande de Gaza, au cœur de conditions indescriptibles, la publication d'un mandat d'arrêt par la Cour pénale internationale suscite en moi des sentiments mêlés et des positions contrastées. D'un côté, cette décision peut représenter une lueur d'espoir pour la justice et la responsabilité. D'un autre côté, elle soulève des questions sur sa mise en œuvre concrète et son impact réel sur notre vie quotidienne, qui devient de plus en plus insoutenable jour après jour.

Du point de vue de la justice, une avancée vers la responsabilité internationale : l'émission d'un mandat d'arrêt par la Cour pénale internationale peut être considérée comme une étape positive vers la réalisation de la justice, en particulier si elle vise les responsables des crimes qui ont directement affecté la vie des habitants de Gaza. Pour un peuple qui souffre de la guerre, du blocus oppressant et de la pauvreté extrême, l'idée que ceux qui ont causé tant de souffrances puissent un jour être tenus pour responsables me donne un sentiment que le monde ne nous a pas totalement oubliés.

Même si la justice internationale peut sembler hors de portée dans la réalité tragique que nous vivons, cette décision envoie un message : il existe une volonté de s'intéresser à notre sort et aux souffrances des milliers de familles partageant nos conditions. Le simple fait qu'un organisme juridique international examine les crimes commis contre nous peut insuffler une mince lueur d'espoir dans un monde où nous avons presque perdu foi en la justice.

Du point de vue de l'impact pratique, des interrogations sur le quotidien : malgré l'importance de ces décisions sur les plans juridique et moral, de nombreuses questions se posent quant à leur impact concret et immédiat sur notre vie quotidienne. Ce mandat d'arrêt conduira-t-il à des actions concrètes pour améliorer la situation humanitaire à Gaza ? La pression internationale qui en découlera sera-t-elle transformée en efforts réels pour ouvrir les points de passage, alléger le blocus et garantir l'arrivée des aides humanitaires ? Ou bien restera-t-il un geste symbolique, limité à un document juridique sans application réelle ?

Je vis dans un territoire confronté à des crises quotidiennes croissantes :

- Le blocus permanent empêche l'entrée des produits de première nécessité.

- La fermeture des points de passage rend les déplacements et les traitements médicaux hors de Gaza quasi impossibles.

- La pénurie de nourriture et de médicaments menace notre survie.

- Les infrastructures détruites rendent la vie presque invivable.

Dans ce contexte, il est difficile d'imaginer qu'un mandat d'arrêt, aussi important soit-il sur le plan légal, puisse avoir un effet direct et immédiat sur les conditions que nous endurons.

Espoir et frustration, un mélange de sentiments contradictoires : le sentiment dominant en moi est un mélange contradictoire d'espoir et de frustration.

- Espoir : parce que cette démarche représente une reconnaissance internationale de nos souffrances et montre qu'il y a des efforts pour tenir les responsables des crimes contre l'humanité redevables.

- Frustration : car je sais que l'obtention de résultats concrets peut prendre des années, et pendant ce temps, ma vie et celle de plus de deux millions de personnes ici restent prisonnières d'une réalité cruelle qui ne change pas.

Les guerres continuent, les bombardements se renouvellent fréquemment, et les conditions humanitaires se détériorent jour après jour. Cependant, il semble parfois que le monde parle de justice tout en oubliant les besoins urgents des gens qui souffrent ici, maintenant.

Les priorités des habitants de Gaza, justice et humanité main dans la main : malgré l'importance de la justice internationale et de la responsabilité des criminels, je pense que la priorité actuelle doit être d'atténuer les souffrances humanitaires quotidiennes des habitants de Gaza. Nous avons besoin :

1. D'une aide humanitaire urgente : pour fournir nourriture, médicaments et abris aux milliers de personnes vivant dans des conditions désastreuses.

2. De l'ouverture des points de passage : afin que les malades puissent recevoir des soins.

3. De la levée du blocus : qui étrangle la bande depuis des années et rend la vie ici presque impossible.

4. De la protection des civils : grâce à des efforts internationaux pour arrêter les attaques et protéger les droits humains fondamentaux.

Un message personnel, appel à la communauté internationale : en tant qu'habitant de Gaza, je lance un appel à la communauté internationale : la justice internationale est essentielle et irremplaçable, mais elle doit faire partie d'un effort plus large pour mettre fin aux souffrances humaines quotidiennes.

Les habitants de Gaza ne pourront ressentir de véritables améliorations tant que leur vie restera marquée par la pauvreté, la peur et le désespoir. Nous avons besoin d'actions concrètes, pas seulement de décisions symboliques.

En fin de compte, je rêve du jour où je verrai des changements réels dans ma vie quotidienne : le jour où je pourrai vivre avec dignité et sécurité, et où la justice ne se réalisera pas seulement dans les tribunaux, mais aussi dans les faits » (22 novembre 2024).

• « Il semble que la seule solution pour Gaza soit de trouver un équilibre entre la lutte pour les droits nationaux et la préservation de la vie de ses habitants »

Les autorités (police et justice) françaises se sont efforcées de faire de la question : « Que pensez-vous du 7 octobre » un marqueur séparant l'acceptable du condamnable au sens propre du terme. Un déferlement médiatique effarant a conforté ce clivage. Très mince était l'espace pour développer une analyse critique inscrivant le 7 octobre dans la longue histoire de la résistance à l'entreprise coloniale. « Vous condamnez le Hamas, oui ou non ? » s'impatientaient les journalistes.

Abu Amir (texte du 27 novembre 2024) nous montre ici qu'au milieu de l'horreur, penser est possible. Que si, vu de Gaza, la légitimité de la lutte est une évidence, tout le travail de réflexion sur les formes de luttes et leur appui dans la population doit être mené. Il interroge les responsables des principales formes armées de la résistance sur les priorités qu'ils fixent à la lutte et leur lien avec la population.

« En octobre 2023, Gaza a été le théâtre de ce qu'on appelle « Le déluge d'Al-Aqsa », un événement sans précédent par son ampleur et ses répercussions, marquant une nouvelle étape dans la confrontation entre la résistance palestinienne et Israël. Alors que la guerre qui a suivi cet événement se poursuit, une question brûlante se pose : ces sacrifices consentis par Gaza en valent-ils vraiment la peine ? Où cette confrontation mènera-t-elle la bande de Gaza dans les mois à venir ? Y a-t-il une possibilité proche de cessez-le-feu, ou l'avenir réserve-t-il davantage de souffrances et de destruction ?

Gaza, un prix élevé et un conflit incessant : depuis des décennies, les habitants de Gaza paient le prix des affrontements récurrents avec Israël, que ce soit à travers les guerres répétées ou le blocus permanent qui a paralysé la vie dans le territoire. À chaque escalade, Gaza devient le principal théâtre de destruction et de pertes humaines, tandis que la question de la pertinence de ces sacrifices monumentaux reste sans réponse, en l'absence d'une vision politique claire ou d'un changement fondamental dans la situation actuelle.

« Le déluge d'Al-Aqsa » est survenu à un moment où le territoire souffrait déjà d'une crise humanitaire asphyxiante. Plus de deux millions d'habitants vivaient sous un blocus imposé depuis plus de 17 ans. Cette confrontation récente a démontré la capacité de la résistance à modifier l'équilibre du conflit, mais elle a également entraîné une nouvelle vague de destruction, coûtant à Gaza un lourd tribut en vies humaines et en infrastructures. La question qui se pose maintenant est la suivante : Gaza peut-elle supporter davantage de sacrifices dans ces conditions, ou est-il temps de repenser les stratégies en place ?

Israël, une politique de punition collective contre Gaza : Israël adopte une politique claire consistant à faire payer à Gaza un prix exorbitant pour chaque confrontation. Les attaques menées par Israël après « Le déluge d'Al-Aqsa » ont gravement endommagé les infrastructures et fait des dizaines de milliers de victimes civiles, plongeant encore davantage le territoire dans la crise. Bien qu'Israël justifie cette escalade par des raisons de sécurité, la réalité montre que Gaza paye souvent un prix pour lequel elle n'est pas directement responsable. Israël s'arrêtera-t-il après ces destructions massives, ou continuera-t-il à imposer sa logique de force et de destruction ? La réponse reste liée aux dynamiques politiques et sécuritaires sur le terrain, alors qu'Israël considère toujours Gaza comme un champ de bataille ouvert utilisé pour atteindre des objectifs politiques et sécuritaires, tant sur le plan interne qu'international.

Un cessez-le-feu est-il envisageable ? Avec l'escalade en cours, la possibilité d'un cessez-le-feu global, semblable à celui conclu avec le Liban, suscite des interrogations. Les expériences passées montrent que les accords de cessez-le-feu avec Gaza sont souvent fragiles, reposant sur des médiations internationales et régionales visant à établir une trêve temporaire.

Mais les conditions actuelles permettent-elles un tel accord ? La réponse est complexe. La situation à Gaza diffère de celle du Liban ; le territoire est pris dans une crise multidimensionnelle, combinant un blocus asphyxiant, une destruction massive et l'absence totale de vision politique à long terme. Un cessez-le-feu à Gaza pourrait être une simple pause temporaire, mais la souffrance persistera tant que les racines du problème ne seront pas traitées.

Gaza et un avenir incertain : l'avenir de Gaza semble enveloppé d'incertitudes. De nombreuses questions restent en suspens : Gaza pourra-t-elle sortir de cette crise avec des pertes minimales ? Le cycle de souffrance auquel ses habitants sont confrontés prendra-t-il fin ? Ou l'avenir apportera-t-il plus d'escalade et de souffrance ?

La réponse à ces questions dépend largement de la capacité des acteurs internationaux et régionaux à intervenir pour mettre fin à ce conflit, ainsi que du rôle que peuvent jouer les dirigeants palestiniens pour orienter la résistance vers des objectifs stratégiques sans épuiser davantage de vies et de ressources.

Que faut-il faire ? Dans ce contexte, il semble que la seule solution pour Gaza soit de trouver un équilibre entre la lutte pour les droits nationaux et la préservation de la vie de ses habitants, afin d'éviter davantage de désastres. La résistance a prouvé sa capacité de résilience, mais cette résilience a eu un coût énorme pour plus de deux millions de personnes déplacées dans des camps de fortune, vivant dans des conditions catastrophiques. Par conséquent, la priorité doit être de mettre fin à la guerre à tout prix pour sauver les vies innocentes perdues chaque jour.

De plus, la communauté internationale doit assumer ses responsabilités envers Gaza. La poursuite des crises humanitaires et du blocus ne fera qu'aggraver la situation et intensifier les futures escalades. Faire pression sur Israël pour qu'elle mette fin à ses politiques de punition collective et soutenir les efforts de reconstruction constituent des étapes essentielles pour changer la réalité désastreuse dans le territoire.

En conclusion : Gaza entre passé, présent et avenir : « le déluge d'Al-Aqsa » a été un moment charnière dans l'histoire du conflit israélo-palestinien, révélant une fois de plus l'ampleur des défis auxquels Gaza est confrontée. Ce territoire, qui a souffert pendant des décennies d'injustice et de blocus, a besoin d'une vision claire pour l'avenir, une vision qui place l'être humain au centre des priorités. Si des mesures sérieuses ne sont pas prises pour mettre fin à cette réalité tragique, les questions resteront sans réponse et Gaza continuera d'être piégée dans un cycle de conflit et de souffrance, en attendant un avenir toujours incertain ».

Des voix se sont élevées, critiquant le lourd tribut payé par la société, engendré pas la réaction monstrueuse d'Israël, au point de s'interroger sur la pertinence de l'opération « Déluge d'Al-Aqsa » du 7 octobre 2023 ? Ce débat moral et politique a lieu dans tous les secteurs de la société, y compris chez des dignitaires religieux.

### Espoir tenace sans cesse déçu, un espoir en janvier 2025, le cessez-le-feu

Depuis plus d'un an, dans les villes de France, résonnent des manifestations « Et qu'est-ce qu'on veut ? Le cessez-le-feu ! Où ? À Gaza ! Quand ? Maintenant !

« Au fil des mois, cet espoir gonfle le cœur des Gazaouis, puis s'évanouit. Comme dans un cauchemar répétitif, le scénario est toujours le même : négociations, proclamation de l'imminence d'un accord, nouvelles exigences assénées par Netanyahou, rupture.

Blocage des négociations pour un cessez-le-feu (25 décembre 2024) : malgré les déclarations de Benjamin Netanyahou sur des progrès limités dans les négociations avec le Hamas, d'autres sources signalent que les pourparlers sont au point mort. Selon le journal Yediot Aharonot, ces discussions avancent lentement et font face à des difficultés qui pourraient compromettre un accord imminent. Des sources affirment que le Hamas n'a pas fourni les listes des prisonniers détenus, tandis qu'Israël insiste sur un accord partiel excluant des étapes ultérieures pour mettre fin à la guerre.

Ces retards surviennent alors que la catastrophe humanitaire à Gaza s'aggrave. Selon des sources informées, il faudra encore du temps pour parvenir à un accord, avec des progrès possibles uniquement avant l'entrée en fonction de la nouvelle administration américaine. Ces lenteurs accentuent le désespoir parmi les habitants de Gaza, qui souffrent dans des conditions désastreuses » (Abu Amir).

À plusieurs reprises, au long des quinze derniers mois, Abu Amir a exprimé un espoir, à chaque fois déçu. En ce mois de janvier 2025, nous sommes dans une telle période. Inlassablement, Abu Amir décrit l'espoir autour de lui, l'aspiration à la vie de tous, au point de durcir le ton, y compris contre les organisations de résistance :

« Le 3 janvier 2025 : sur le plan politique, face à l'escalade militaire, le bureau du Premier ministre israélien, Benjamin Netanyahou, a annoncé jeudi soir qu'une délégation composée de membres du Shin Bet, du Mossad et de l'armée se rendra à Doha, la capitale qatarie, pour tenter de relancer les négociations avec le Hamas. Ces discussions visent à parvenir à un accord pour mettre fin à la guerre à Gaza et conclure un échange de prisonniers.

De son côté, Moussa Abou Marzouk, dirigeant du Hamas, a déclaré qu'un nouveau cycle de négociations pour un cessez-le-feu débutera ce vendredi à Doha. Il a exprimé son optimisme, affirmant : « Il y a une grande chance de succès pour ces négociations cette fois-ci. »

En parallèle, Jihad Taha, porte-parole du Hamas, a confirmé qu'une délégation du mouvement est actuellement en visite au Caire pour poursuivre les discussions avec les médiateurs, notamment les parties égyptienne, qatarie et turque. Il a ajouté que cette visite vise à surmonter les obstacles et les conditions imposées récemment par Israël pour maintenir son agression contre le peuple palestinien.

Le 6 janvier : les habitants de Gaza espèrent désespérément toute occasion de mettre fin à leurs souffrances, attendant avec une patience et un espoir immense toute annonce de cessez-le-feu ou d'un arrêt des hostilités. L'espoir d'une fin de la guerre devient un fil très mince, un rêve pour les enfants et les jeunes qui voient leur vie et leur avenir se dissiper sous les bombardements et la destruction. Leurs rêves, jadis fondés sur l'ambition et la volonté, se brisent sous les coups de la guerre. Ceux qui rêvaient d'une bonne éducation, d'une carrière prometteuse, ou simplement d'une vie pleine d'opportunités, se retrouvent aujourd'hui à lutter pour survivre, abandonnant derrière eux tous leurs espoirs et leurs rêves écrasés par la machine de guerre.

Malheureusement, les négociations politiques qui pourraient alléger les souffrances des habitants de Gaza ne se concentrent ni sur la sauvegarde des vies ni sur la recherche de la justice. Les négociateurs israéliens et palestiniens semblent obnubilés par la volonté de marquer des points politiques, indifférents à la souffrance des peuples. Chaque camp cherche à obtenir des avantages politiques sans se soucier des vies humaines, et l'indifférence est flagrante dans le traitement du dossier humanitaire. Plutôt que d'aboutir à un accord réel qui mettrait fin aux souffrances et stopperait la destruction, chaque camp insiste sur ses propres conditions, même si cela signifie sacrifier la vie des innocents.

Le 8 janvier : malgré les tentatives politiques pour trouver une solution à ce conflit, l'indifférence des négociateurs et de la communauté internationale complique encore davantage la situation. Alors que les parties israéliennes et le Hamas se renvoient des accusations et insistent pour obtenir des avantages politiques aux dépens des civils, les massacres à Gaza se poursuivent. Chaque camp cherche à sortir vainqueur, sans se soucier des vies innocentes ou de la fin de la souffrance, et semble plus préoccupé par la poursuite de la guerre pour atteindre des objectifs militaires sans fin.

À chaque jour qui passe, les violations du droit international se multiplient, alors que l'armée israélienne détruit les maisons et les infrastructures sans se soucier des pertes humaines. Les bombardements systématiques des zones résidentielles et des abris ne se limitent plus à une « lutte contre le Hamas », mais sont devenus une partie d'une stratégie de nettoyage ethnique visant à vider Gaza de ses habitants originels. Lorsqu'Israël déclare qu'il cherche à « protéger les habitants du périmètre de Gaza », ces propos sont en totale contradiction avec la réalité sur le terrain, où ce sont les civils de Gaza qui paient le prix fort de ces opérations.

Malgré toutes ces tragédies, la communauté internationale reste spectatrice, se contentant d'émettre des déclarations de condamnation occasionnelles sans prendre de mesures concrètes pour stopper les attaques contre Gaza. Le soutien international aux Palestiniens reste faible face à l'agression continue, rendant les efforts humanitaires à Gaza confrontés à des défis encore plus grands pour atteindre les populations touchées. Il semble que le monde ignore la réalité brutale à laquelle les Palestiniens sont confrontés, alors que la crise humanitaire à Gaza s'aggrave considérablement.

Le 11 janvier : malgré les efforts internationaux pour parvenir à une trêve, les négociations entre le Hamas et Israël sont entravées par de nombreux désaccords, notamment sur les conditions du cessez-le-feu, la reconstruction de Gaza et la libération des prisonniers et otages des deux côtés.

Bien que des progrès aient été signalés récemment dans les médiations internationales, les habitants de Gaza estiment que les deux parties ne sont pas sérieuses dans leur volonté de mettre fin à la guerre et poursuivent des intérêts politiques au détriment de leurs peuples.

Le 12 janvier, au téléphone : hier, dans Deir al-Balah, des gens ont dansé dans les rues, pour croire au cessez-le-feu. Il y a eu même une petite manifestation visant à pousser le Hamas à accepter l'accord actuel.

À mes yeux, ce qui est publié est un très mauvais accord : acceptation que l'armée israélienne ne quitte pas Netzarim, juste la libération d'un micro-espace, avec la création d'un check-point électronique qui contrôlera le passage du centre de la bande vers Gaza-ville ; la frontière par Rafah ne sera pas ouverte, au moins pas immédiatement.

Un accord aussi mauvais, le Hamas aurait pu (et dû, si on en arrive là !) l'accepter dès le début. Mais les gens sont à bout de forces, prêts à accepter n'importe quoi pour que ça s'arrête, les bombardements, la faim, l'exposition au froid... »

Les évènements se sont bousculés et l'accord qui pourrait être mis en place le 19 janvier, va au-delà de ce qui se discutait les jours précédents.

### « La déshumanisation, pilier du génocide »

« Les frappes aériennes israéliennes ne font pas de distinction entre les civils et les installations humanitaires. Les écoles et les hôpitaux sont devenus des cibles militaires sous le prétexte de la « légitime défense »[6]. Ces atrocités ne sont pas de simples accidents, mais font partie d'une politique systématique menée par un état d'esprit dénué de toute considération humaine, qui traite les habitants de Gaza comme des êtres inférieurs à l'homme.

De la victime à l'agresseur : cette perspective suprématiste n'est pas un développement récent, mais le prolongement d'une longue histoire de distorsion systématique de l'image des Palestiniens. (...) Les soldats israéliens considèrent les Palestiniens comme une population sous-humaine indigne de vivre. Les récits bibliques souvent cités dans le discours politique et religieux israélien alimentent cette perception. Par exemple, l'ancien ministre israélien de la défense Yoav Gallant a qualifié les habitants de Gaza d'« animaux humains » pour justifier les politiques de massacre et le siège qui prive les civils d'eau, de nourriture et d'électricité.

La déshumanisation, pilier du génocide : la déshumanisation des victimes est l'une des dix étapes du génocide, comme le souligne *Genocide Watch*[7]. Cette phase commence souvent par des discours de haine et la mise en évidence des différences entre les groupes humains. Des déclarations politiques telles que celles du Premier ministre israélien Benjamin Netanyahou, qui a comparé les Palestiniens aux « Amalécites » des récits bibliques prônant le génocide, sont de puissants outils de mobilisation guerrière et de renforcement des politiques génocidaires.

Construire une identité nationale sur les ruines des autres : cette rhétorique n'est pas seulement utilisée pour justifier la violence, mais aussi pour construire une nouvelle identité nationale fondée sur l'exclusion de l'autre. Dans la mentalité sioniste, les Palestiniens sont dépeints comme des barbares et des créatures sous-humaines indignes de vivre, ce qui donne aux soldats le droit de les tuer sans aucune hésitation morale. Ainsi, les Juifs, victimes d'hier, se sont

6. L'armée israélienne justifie ses frappes sur des hôpitaux ou des écoles en prétextant qu'il s'y trouve des caches du Hamas pour les transformer en « objectifs militaires » sans y apporter de preuve.
7. Coordination d'une coalition internationale de 90 organisations contre les génocides.

transformés en oppresseurs d'aujourd'hui, commettant à l'encontre des Palestiniens les mêmes crimes que ceux qu'ils ont subis sous le régime nazi.

Silence mondial et responsabilité partagée : malgré les scènes horribles qui se répètent chaque jour, le silence mondial persiste, comme si le monde avait décidé de rester neutre face aux crimes génocidaires commis à Gaza. La responsabilité de ces atrocités ne repose pas uniquement sur les auteurs directs, mais également sur ceux qui assistent à la scène en silence.

Une fin tragique sans solution : aujourd'hui, Gaza n'est pas seulement le témoin d'une souffrance humaine permanente, mais elle rappelle aussi l'incapacité du monde à mettre un terme aux crimes génocidaires. Chaque cri poussé sous les décombres et chaque larme versée sur le corps d'un enfant martyrise l'humanité, laissant une tache indélébile sur sa conscience ». (Abu Amir, 15 décembre 2024)

## UNE QUESTION EN GUISE DE CONCLUSION : ISRAËL, UNE PUISSANCE INCONTRÔLABLE ?

« Israël s'est transformé en une force incontrôlable, avec une armée qui étend ses bras destructeurs partout : Gaza, Syrie, Liban, Yémen, et auparavant l'Irak. Ces agressions répétées sont justifiées par le prétexte de préserver la sécurité d'Israël. Mais qu'en est-il de la sécurité des pays voisins ? Israël a-t-elle le droit de faire ce qui est interdit aux autres nations ?

Profitant du silence de la communauté internationale, Israël impose une réalité brutale dans toute la région, exploitant une configuration mondiale qui semble impuissante face à ses actions.

Conseil de sécurité : un outil au service des grandes puissances. Le système mondial actuel accorde aux cinq membres permanents du Conseil de sécurité un droit de veto, leur permettant de bloquer tout projet international, même s'il bénéficie d'une majorité écrasante. Cette mécanique démontre clairement que la démocratie tant vantée n'est qu'un mirage inventé par les grandes puissances pour manipuler le reste du monde.

Les masques sont tombés. Les peuples commencent à comprendre que le Conseil de sécurité n'est qu'une façade permettant aux grandes nations de mener leurs propres agendas. La démocratie, jadis perçue comme un symbole de liberté et de justice, s'avère aujourd'hui être un outil de domination et de répression.

La tragédie de Gaza : un cri face au monde. Ce qui se passe à Gaza n'est pas simplement un conflit politique ou militaire, mais une catastrophe humaine à part entière. Des milliers de vies sont perdues, des villes sont détruites, et des droits sont violés, tandis que le monde reste spectateur. Gaza n'est pas seulement un territoire géographique assiégé, mais aussi un symbole de la souffrance humaine dans un système mondial où les intérêts priment sur les valeurs.

L'espoir repose sur la prise de conscience des peuples et leur volonté de changer cette réalité injuste. Il est temps de se dresser contre la tyrannie, de dénoncer l'oppression, et de bâtir un système mondial plus juste et humain. Gaza continuera de résister, non pas par ses armes, mais par sa foi en la justice et en la légitimité de sa cause » (26 décembre 2024).

# CHAPITRE 3

# LIRE PUIS ÉCRIRE GAZA : UNE BOUSSOLE UNIVERSELLE

« Le monde est sourd ; l'histoire dans un avenir proche décrira le monde avec honte, honte face à l'exécution du peuple de Gaza » (Abu Amir).

L'écriture a commencé au Caire lors de notre mission pour Gaza début octobre 2023 avec la rédaction d'un carnet de route journalier ; nos échanges avec Abu Amir déjà.

À partir de mi-novembre 2023 l'écriture a été quotidienne et cette lecture de leurs témoignages, de ce qu'ils et elles font à Gaza, de ce qui s'y passe, nous enseigne comment il est encore possible de faire société, de résister entièrement - corps, âme et psyché - bref de construire un futur.

Nous apprenons au fur et à mesure de ce dialogue avec nos amis gazaouis à quel point c'est important pour eux et elles, mais aussi pour nous d'y être, de ne pas faire défaut, non seulement de relayer leur témoignage mais aussi de les lire, les écouter, leur répondre, leur parler : vivre au plus près de leur réalité que l'on ne partagera jamais mais que l'on reconnaît, donc que l'on transmet. Ne pas perdre la réalité de vue, reprendre et continuer ces chroniques nécessaires, inlassablement, au fil des jours qui se suivent, se ressemblent et se dégradent, écrire une urgence qui dure ; l'urgence, terme qui nécessite d'agir vite dans un avenir qui dure longtemps, bien trop longtemps !

« Depuis le début de la guerre dans la bande de Gaza, ses habitants vivent au milieu de l'enfer, au milieu des tueries, des destructions et du sang, non parce qu'ils ont commis un crime pour lequel ils sont punis, mais simplement parce qu'ils sont palestiniens » (Abu Amir, 4 juin 2024).

Refuser et combattre cette perversion, qui implique que la reconnaissance de soi passe par la négation de l'autre, la défense de soi par l'abolition de l'autre.

## IL Y A NÉCESSITÉ QUE LE RÉCIT PERSISTE, S'INSCRIVE ET PASSE LES FRONTIÈRES

Ce que cette année de guerre, à travers l'organisation concrète du quotidien, d'une vie de résistance, nous apprend de la société palestinienne et de nous-mêmes. Qui pouvait imaginer début octobre 2023 que cette tragédie, ce génocide dans toutes ses formes plus d'un an après, ne ferait que continuer, empirer et nous anesthésier de chiffres, où les morts qui comptent sont devenus la réalité d'une guerre dont les morts qu'on compte n'existent plus ? Les médias et l'environnement occidental n'ont cessé de nous parler de la libération des prisonniers israéliens, certes nécessaire, mais au fil des jours, des semaines et des mois les Palestiniens n'avaient pas de visages, pas d'existence ; devenaient-ils seulement des chiffres à compter totalement déshumanisés ?

Notons la magnifique campagne lancée par un groupe d'artistes et de citoyens bénévoles qui réalise des portraits avec photos, noms et contexte des Palestiniens martyrisés qui s'intitule « Gaza des visages » : campagne internationale pour ré-humaniser les Palestiniens quand les médias mainstream n'en font que des nombres.

Ce qui se passe à Gaza s'attaque aux racines de la vie ; tuer le temps et l'espace, c'est ce que fait l'État génocidaire d'Israël. Le temps passé, le temps présent et le temps à venir. Mais la société gazaouie résiste de toutes ses forces vivantes remettant sur le devant de la scène la valeur d'une vie, même arabe !

Ce chapitre s'appuie sur l'écriture concrète de la vie dans les camps de réfugiés reçue au jour le jour, pour saisir autour de quoi s'articule la résistance psychique persistante. À Gaza c'est la résistance, sous toutes ses formes, qui fait société et permet de trouver les ressources du maintien de la cohésion sociale articulée au socle du vivant. Écrire ce quotidien dans l'enfer a permis de retrouver des repères, un sens, une direction vitale qui a tant pu faire défaut à l'annonce persistante et quotidienne des massacres et destructions.

## DANS CET ENFER, ILS ONT SU CONSERVER LE RÉFLEXE DE LA SOLIDARITÉ, DONC CELUI DE L'ÉGALITÉ

Sans doute faut-il reprendre les choses au début, à la base. Sur quel socle s'est organisée la solidarité ? Cette organisation, dès le début, nos amis palestiniens l'ont envisagée autour du « vivre ensemble » avec la mise en place d'un principe d'égalité comme boussole d'organisation. Refuser l'inégalité statutaire de valeur entre les êtres humains. Continuer coûte que coûte, d'abord organiser des abris, mais surtout travailler ensemble et d'abord pour les plus pauvres.

« Nous avons construit dans le camp sept grandes tentes collectives pour les familles de paysans, nous nous heurtons à une grande difficulté à faire-admettre que nous ne pouvons pas tout faire et que donc nous privilégions les familles les plus dans le besoin. Mais l'idéologie parmi les agriculteurs c'est, si vous faites pour un, vous faites pour tous. Je les considère comme ma famille, mais avec leur manière de raisonner ce n'est pas facile. Par exemple, si j'arrive à trouver 150 bouteilles de gaz, comment vais-je faire pour choisir les bénéficiaires ? On y est arrivé en demandant à plusieurs familles de partager une bouteille. Cela a été le même débat pour les sacs de farine, ceux qui n'en avaient pas un besoin vital se sentaient aussi légitimes que ceux qui n'avaient rien du tout ; il a fallu partager et servir d'abord les plus pauvres. Les tentes collectives pour les familles qui y sont abritées maintenant, ne considérez pas qu'elles vous appartiennent, quand il sera possible de revenir au village, probablement 80 % des habitations seront à terre, nous réinstallerons les tentes collectives pour ceux qui n'ont pas d'abris, ne les abîmez pas ! Nous déménagerons avec » (Abu Amir, décembre 2023).

Partir de ce qui constituerait le plancher de la vie, comment on vit ensemble, comment on partage le peu que l'on a, comment chaque personne ne vaut pas plus qu'une autre et comment ce sont des pratiques collectives qui restaurent la vie et les personnes. L'inégalité des vies est une question centrale sur le devant de la scène, dans le traitement médiatique des guerres, dans l'organisation quotidienne de la vie, jusque dans la pensée parfois, et remettre au centre de toute action, de toute organisation humaine le principe d'égalité entre toutes les vies relève aujourd'hui d'une pratique révolutionnaire, au sens politique du terme : refaire civilisation, refuser l'inégalité des vies et des morts. Faire avec l'eau, le vent, le froid, la chaleur, les nuisibles, la violence liée à la colère, le désespoir, la résignation et la résistance, mais faire ensemble !

## L'ÉGALITÉ CONCERNE TOUT LE MONDE

Mettre en œuvre dès le début une pratique qui tient compte de tous les secteurs de la population, c'est se battre pour une forme inclusive de la société. Les personnes handicapées ou en difficulté psychique ont déjà du mal à trouver leur place dans la vie normale, mais en plein génocide c'est carrément impossible. C'est à ce défi là que l'équipe Gaza-UJFP s'est attaquée aussi.

« La communauté des personnes handicapées à Gaza est confrontée à des défis uniques et complexes dans le contexte du conflit en cours. Les personnes handicapées, dont le nombre est estimé à environ 58 000 à Gaza (soit 2,6 % de la population), subissent d'importantes difficultés de mobilité, d'accès aux soins de santé et de santé mentale, ainsi qu'à un manque de ressources, autant de problèmes exacerbés par le blocus israélien et les escalades répétées de la violence.

Obstacles à la mobilité et à l'évacuation, perte d'équipements et de fournitures essentiels, accès aux soins de santé et aux services de réadaptation, impact psychosocial.

La situation des personnes handicapées à Gaza souligne le besoin urgent d'une action humanitaire ciblée qui tienne compte de l'accessibilité, des soins médicaux et du soutien en matière de santé mentale. Les obstacles spécifiques auxquels sont confrontées les personnes handicapées à Gaza soulignent l'importance d'une planification et d'infrastructures d'urgence complètes, en particulier dans les zones sujettes aux conflits. Veiller à ce que les personnes handicapées reçoivent un soutien adéquat n'est pas seulement une nécessité humanitaire, c'est un droit fondamental » (Abu Amir, 27 octobre 2024).

## Les femmes aussi

À ce titre, les ateliers de soutien psychologique pour les femmes - qui sont à la fois des espaces d'expression libre et sécurisée, de mise en commun du vécu partagé, et d'élaboration pour affronter les situations extrêmes auxquelles elles sont confrontées - représentent un espace vital de soutien.

« Au cours de ces sessions, les femmes partagent des récits poignants sur leur réalité. Leurs histoires reflètent une double souffrance : le déplacement forcé et la responsabilité d'assurer le bien-être familial dans des conditions économiques et humanitaires désastreuses. Elles évoquent les moments où elles ont fui leurs maisons sous les bombardements, laissant tout derrière elles, pour se retrouver aujourd'hui dans des tentes inondées, sans aucune protection contre la pluie et le froid.

Une femme décrit l'hiver dans les camps comme une bataille supplémentaire que les femmes et leurs familles doivent affronter. Elle explique que le froid mordant rend la vie sous les tentes presque insoutenable, en l'absence de moyens de chauffage ou d'équipements adéquats pour faire face à la chute des températures. Les pluies abondantes aggravent encore la situation, inondant les tentes et les chemins du camp, détruisant matelas et couvertures, et laissant les familles exposées à un froid implacable... [N'ayant pu] emporter ni couvertures, ni vêtements chauds, ni matelas [elles] affrontent l'hiver avec des corps épuisés et des ressources presque inexistantes, se retrouvant à grelotter dans des tentes précaires qui n'offrent aucune protection contre le froid.

Une autre participante souligne que l'absence quasi totale d'infrastructures dans les camps rend tout déplacement extrêmement difficile. Les chemins inondés et boueux limitent la mobilité des habitantes, les enfermant dans leurs tentes et les empêchant d'accéder à des services ou des aides susceptibles d'améliorer leur quotidien » (Abu Amir, 2024).

Le travail fait par les deux équipes dessine une nouvelle forme de société dans laquelle il ferait bon vivre où l'égalité des droits serait mise en pratique à l'inverse du règne des profits et de la valeur individuelle qui devient quasi universelle dans nos sociétés.

## AVEC LA SCOLARISATION PENSER L'AVENIR ET LES GÉNÉRATIONS FUTURES

Dans une situation de chaos indescriptible, penser à avoir une boussole, aller dans le sens d'un avenir constructif, même à partir de la destruction, résonne avec nos représentations de ce qu'est une société : ce sont nos enfants et leurs enfants qui construiront demain donc il est vital de s'en occuper, de les éduquer, de les scolariser.

« Il nous faudra trois années pour redémarrer un système de scolarisation des enfants. Nos enfants vont perdre toutes ces années, ils seront comme des ânes. La scolarisation des enfants, c'est plus important pour l'avenir avec le soutien psychologique » (Abu Amir, 1er mai 2024).

Il a fallu qu'elles et ils tiennent dans la durée toute cette année et plus encore, à chaque nouvelle difficulté, devant chaque nouvelle horreur, il fallut inventer une nouvelle solution et petit à petit c'est toute une organisation sociétale qui re-naît, se diversifie et s'enrichit.

Après le minimum vital, s'est organisé petit à petit ce qui relève d'une vie minutieusement organisée, manger correctement, régulièrement, pouvoir se laver, se soigner, combattre pollution et infestations de nuisibles, assainir son environnement, reprendre la scolarisation, mettre en place une prise en charge psychologique et humaine, pour les femmes, les enfants et les hommes, en somme dans des conditions terrifiantes continuer à vivre dignement et trouver à chaque problème, à chaque instant une solution si minime soit-elle, rester debout. Lutter contre ce processus mis en place par l'armée israélienne qui jour après jour fait de la vie qu'elle dégrade à Gaza une forme avancée de la mort.

## RESTAURER LE POUVOIR ET LA QUALITÉ DU LANGAGE

Dans ces comptes-rendus et nos échanges, se sont développées des qualités d'énonciation de l'existence qui travaillent une question : l'évidence que la langue peut se fissurer. Leurs écrits nous ont appris comment refuser de faire sauter les digues de la raison et ne pas accepter la normalisation de l'incohérence du langage. À la lecture journalière des récits et témoignages envoyés aussi bien par Abu Amir que par Marsel, les mots, l'écriture, relèvent parfois d'un langage poétique, voire d'une forme philosophique et politique :

l'imaginaire restaure un horizon de l'écriture qui est singulière et empêche que même les mots soient eux aussi abîmés. Les sujets évoqués dans ces témoignages sont universels, la peur de la mort, l'existence effroyable ; mettre en mots choisis l'humiliation, faire état de la non-humanité, de la vie dégradée avant d'être morte.

« Dans les clairières entre les dunes de sable, sans nourriture, sans boisson, sans source de chaleur, le destin a voulu que la terre devienne étroite dans son espace, et ils ne trouveraient d'abri que près des tombes des morts, des vieilles tombes, des tombes habitées par des morts récents, et des tombes qui ont maintenant été préparées pour accueillir de nouveaux morts qui ont échappé aux tourments de leur monde. Mais la poussière de la terre a absorbé leurs corps et les a plantés en terre de Palestine. Avant que l'encre ne gèle dans ma tente, après des heures de vaines tentatives de sommeil, j'ai attrapé mon stylo, avant que l'encre s'y fige ou que le sang se fige dans mes veines j'écris... Je sens maintenant les piqûres froides parcourir mon corps lentement comme des épines glacées, pénétrant dans chaque cellule jusqu'à atteindre la moelle de mes os. À chaque coup de vent glacial, à chaque nouvelle baisse de température, j'ai l'impression de perdre une nouvelle partie de mon corps. Il contrôle désormais les murs de mon cœur, occupe mes poumons et dicte la quantité d'oxygène que je peux inhaler. Mon âme est piégée dans mon corps froid et gelé, qui rétrécit constamment à cause du gel et m'étouffe de plus en plus d'une manière mortelle et douloureuse. (...) Mon âme est prisonnière de mon rhume, corps gelé, qui rétrécit constamment à cause du gel et m'étouffe davantage et plus.... Nos vies, avant le froid, étaient dépourvues de tout élément de vie, et maintenant le froid commence à rétrécir le cercle de la vie autour de moi, rendant la vie sans vie, existence. C'est un monde dépourvu de son humanité, ou comme l'a dit l'écrivain Ghassan Kanafani : « Ce monde écrase la justice avec la mesquinerie de chaque jour » (Marsel, janvier/février 2024).

L'ironie du quotidien transpire dans l'humour comme politesse du désespoir : chaque jour, chaque déplacement, reconstruire sa vie, ses habitudes, ses nécessités, finir par s'habituer au pire.

« Nous allons toujours bien est devenu un concept palestinien quand on se téléphone quotidiennement entre Gazaouis pour savoir si on est toujours en vie......selon la conception palestinienne, nous allons bien, nous ne sommes pas encore morts » (Marsel).

Une blague circulait sur Facebook à l'arrivée du deuxième hiver en 2024 :

« J'ai besoin que quelqu'un contribue à la moitié du montant avec moi, pour acheter une veste d'hiver. Le prix de la veste est de 220 shekels, et je la porterai samedi, dimanche, lundi, et il la portera mardi, mercredi, jeudi. Vendredi, nous la laverons ».

## DÉPLACÉS OUI, MAIS LA PENSÉE PERSISTE !

Un élément important dans cette résistance au quotidien s'est dégagé, la nécessité de continuer à penser, ne pas se laisser ensevelir sous les événements catastrophiques jusqu'à y perdre ses facultés de raisonnement et de réflexion. La pensée aussi permet de rester debout, vivant et digne.

Tout au long de cette année, nous avons reçu des textes de réflexion ou des récits sous forme de bilan de ce qui se passait, et ce que nos amis étaient amenés à vivre.

Différents textes autour de l'organisation d'une vie qui permettra un futur. Continuer aussi à comprendre ce qui se passe sur le terrain à Gaza et ce qui ne se passe pas du côté de l'absence de réactions de la communauté internationale. La réalité des opérations israéliennes et l'attentisme de la communauté internationale : de la fermeture des points de passage — terminal de Rafah — donc du blocage de l'aide humanitaire qui conduit à une exacerbation de la catastrophe, jusqu'à l'organisation de la famine, de la crise de l'eau, au fil du temps, toutes les difficultés qui s'enchaînent dans cette bande de terre provoquent réflexion et analyses, de la part de nos amis.

Avec les mots, refuser une police du langage qui est à l'origine actuellement dans le monde occidental d'une police de la pensée. Les formes de ces récits ou de ces textes sont articulées à la réalité, ils sont devenus hebdomadaires pour les activités et réguliers pour les analyses et réflexions politiques. Au fur et à mesure, l'envoi des textes a non seulement persisté mais s'est accéléré jusqu'à devenir quotidien, dans une nécessité que le récit persiste pour rester debout, vivant, pensant dans une altérité essentielle.

## ANALYSES POLITIQUES ET STRATÉGIQUES

Mais l'avenir dure longtemps et après plus d'un an de guerre, cette tragédie qui continue avec des souffrances sans fin mérite et oblige une réflexion stratégique et politique, que nos camarades de Gaza écrivent et affinent semaine après semaine. Ce qui se passe à Gaza concerne le monde entier.

« Après un an de guerre, la question qui reste sans réponse est : combien de temps ?

Combien de temps cette hémorragie va-t-elle continuer ?

Combien de temps le monde continuera-t-il à regarder de loin sans agir ?

Gaza n'est aujourd'hui pas seulement une ville sous le feu, mais un symbole de souffrances permanentes et la voix d'un peuple qui réclame son droit à la vie » (Abu Amir, 7 octobre 2024).

La situation de Gaza rapportée à ce qui se passe en Cisjordanie, dans le Moyen-Orient et sur le plan international, toute une réflexion politique s'élabore à partir du terrain. Tous les espaces de réflexion sont abordés : politique, juridique, sociétal. Les analyses concernent toute la bande de Gaza et tous les secteurs de la société : éducation, agriculture, santé, citoyenneté. Rester debout en lien avec les activités mises en place, qui se diversifient, s'approfondissent, s'élargissent, tenir une boussole si peu suivie dans la plupart de nos vies, faire ce que l'on dit et dire ce que l'on fait.

« De nombreuses questions doivent être posées de manière rationnelle. Depuis six mois, Israël modifie lentement la géographie et la démographie de la bande de Gaza et, quelle que soit la façon dont cette guerre se terminera, nous nous retrouverons face à une nouvelle réalité qui est inévitable : des barrières ici et là, une route principale séparant le nord du sud, des déplacements et une émigration par centaines, un port et des zones plus affamées que d'autres. Les destructions que l'on croit aléatoires sont en partie délibérées » (Abu Amir, 28 avril 2024).

« Dans cette guerre, le monde entier voit qu'Israël ne veut pas arrêter la guerre, non pas parce qu'il veut éliminer le pouvoir du Hamas, mais parce qu'il n'a aucun programme pour la paix, aucun plan pour le lendemain de la guerre. Il rejette le maintien du Hamas au pouvoir et rejette le retour du pouvoir de l'Autorité nationale palestinienne à Gaza. L'occupation n'a pas de plan pour le lendemain de la guerre, mais nous sommes certains qu'elle travaille dans le cadre d'un programme d'extermination de tout ce qui est palestinien, avec le soutien américain clair et incontestable » (Abu Amir, 17 juin 2024).

## LAISSER LA PLACE AUX ÉMOTIONS, AUX AFFECTS, AUX SENTIMENTS C'EST AUSSI RESTER DEBOUT !

Les émotions, les affects et les sentiments ne sont ni mis de côté, ni exacerbés, ils existent, formulés, exprimés simplement.

« Je m'excuse pour la prolifération de mes écrits, mais à chaque fois que je traverse une route ou visite un camp de déplacés, je ressens une impulsion irrésistible de rentrer chez moi pour documenter les souffrances que j'ai observées. Je sais qu'il existe déjà de nombreux rapports qui relatent ces tragédies, mais aucun d'entre eux ne peut réellement capturer l'ampleur de la douleur vécue par les habitants de la bande de Gaza » (Abu Amir, début décembre 2024).

Le 7 février 2024 à la destruction du château d'eau et des infrastructures des projets paysans existant depuis 2016 :

« Après avoir construit tous ces projets au fil des ans, l'occupation nous a ramenés des années en arrière et a tué tous les espoirs dont les agriculteurs avaient rêvé. Je ne sais pas quoi dire, mes mains tremblent et mes yeux pleurent alors que j'écris ces mots » (Abu Amir, avril 2024).

## CONSERVER SON IDENTITÉ CULTURELLE ET SES RITUELS

Il est nécessaire pour une société de conserver, de respecter et de fêter même dans cet enfer les moments culturels et religieux qui font l'identité d'un peuple. La perspective du mois du ramadan qui arrive en mars 2024 a insufflé l'espoir ; il s'infiltre dans leurs écrits comme une bulle possible de suspension de la guerre, le respect de leur culture : comment est-ce possible que cette période ne soit pas célébrée ? Cette période, moment très particulier, promet une bascule possible hors de l'enfer. Elle n'a pas eu lieu, la déception en a été d'autant plus violente.

> « Au 3e jour du ramadan, l'occupant israélien continue d'intensifier ses attaques contre la bande de Gaza sachant que le mois de ramadan est un mois sacré et un mois de culte pour les musulmans en général et pour les habitants de la bande de Gaza en particulier. L'occupant n'a pas permis à la population de la bande de Gaza de vivre en paix pendant ces jours bénis pour les musulmans. L'occupant n'a aucun respect pour ces rituels, qui sont pratiqués par plus d'un milliard de musulmans, et ceci au mépris du droit international » (Abu Amir, le 14 mars 2024).

Dans les camps de déplacés de nos camarades, plusieurs initiatives ont eu lieu pour refuser cette volonté délibérée de saper les fondements des structures culturelles de la société gazaouie. Entre autres, fêter l'Aïd al-Adha, le 17 juin et la mise en place régulière dans les différentes activités des camps d'ateliers de danse et de chants traditionnels comme le dabké par exemple.

## ÉCRIRE L'ESPOIR RESTE UN HORIZON VITAL

Dans le silence profond et persistant de la communauté internationale, il y a eu plusieurs formes d'écriture ; celle du désespoir et de la lassitude constitutifs d'un substrat de vie en attente, mais aussi celle de la rage et de la colère, moteurs d'une résistance qui se construit à partir du négatif de l'existence. C'est la source de l'espérance.

« Nous cultivons l'espoir... Nous sommes les invités de l'éternité » (Mahmoud Darwich, « État de siège »).

« C'est la caractéristique de cette époque : le silence. Alors, massacrons en silence pour ne pas déranger le monde » (Abu Amir, fin mars 2024).

« Nous avons survécu une fois, deux fois, trois fois mais je ne sais pas combien de temps encore nous resterons en vie... jusqu'à quand ? » (Marsel, bombardements du 10 août 2024).

Après une nuit de terreur à Nuseirat, le 341e jour de guerre, la colère s'écrit :

« Combien de temps Gaza ? Cependant nos racines insistent pour repousser encore et pour dire : nous sommes là pour rester et vous ne pourrez pas nous déraciner » (Abu Amir, mai 2024).

« Il y a de la colère dans le cœur de chacun à Gaza. La colère ne s'adresse pas seulement à l'occupation israélienne, mais également à tous ceux qui portent la responsabilité de ce qui s'est passé et se passe dans la bande de Gaza. Israël, en tant que puissance occupante, porte la plus grande responsabilité, car c'est lui qui impose le blocus, mène la guerre et affame le peuple palestinien à Gaza. Mais la colère n'est pas uniquement dirigée contre Israël. Il existe également un grand ressentiment à l'égard du Hamas, que certains considèrent comme responsable des décisions qui ont conduit à une détérioration sans précédent de la situation, qui a entraîné la destruction de la majeure partie de la bande de Gaza et la mort de dizaines de milliers d'habitants. Cette colère reflète la frustration et le désespoir ressentis par de nombreuses personnes victimes de cette guerre en cours.Toutes les parties portent une part de responsabilité, mais la communauté internationale reste le principal partenaire de ce désastre, en raison de son silence persistant et de son incapacité à obliger Israël à mettre fin à ses crimes. Gaza meurt lentement, et le monde regarde sans bouger le petit doigt » (Abu Amir, le 13 septembre 2024).

## REMISE EN CULTURE, UN ESPOIR AUSSI

Chaque nouveau projet écrit l'espoir.

« La destruction massive a particulièrement touché les zones agricoles, entraînant l'effondrement de l'un des secteurs économiques les plus importants dont dépendent les habitants de la bande de Gaza. Les rapports de terrain indiquent que cette destruction systématique a provoqué une dévastation que l'humanité n'avait pas vue depuis plus de cent ans. Les terres qui étaient cultivées et produisaient les récoltes nécessaires pour nourrir la population de la bande de Gaza sont devenues stériles et vides, après avoir été complètement détruites ou rasées au bulldozer » (Abu Amir, fin septembre 2024).

« Dans un premier temps, nous fournirons des semis, puis de l'eau pour ces serres. Jusqu'à présent, un petit groupe d'agriculteurs travaille à la préparation de leurs serres et de leurs terres pour l'agriculture, mais je m'attends à ce que le nombre d'agriculteurs augmente à l'avenir après avoir vu leurs collègues qui ont planté leurs terres. Nous voulons planter la première graine pour encourager les agriculteurs à se tourner à nouveau vers l'agriculture. Les agriculteurs ont rapidement commencé à repiquer ces plants sur leurs terres. Il y avait un état d'activité et d'interaction positive parmi les agriculteurs, qui espèrent que cette initiative contribuera à alléger la pression économique sur la population et à fournir des légumes à des prix raisonnables sur les marchés

L'interaction positive avec l'initiative ne s'est pas limitée à l'agriculture, mais s'est étendue à un changement psychologique profond dans la vie des agriculteurs, car nombre d'entre eux ont déclaré que leur retour au travail sur leurs terres leur avait redonné « l'esprit » et le sentiment d'avoir retrouvé une partie de leur vie et de leur valeur professionnelle. Un agriculteur a décrit son expérience en disant « Nous restons assis pendant des heures chaque jour à contempler nos semis, nous avons du mal à croire que notre terre a recommencé à verdir après une année de sécheresse ». Ce sentiment profond exprime la relation spirituelle des agriculteurs avec la terre, et comment le fait de revoir une terre généreuse signifie plus pour eux qu'une simple récolte ; c'est un retour à une vie décente et à l'espoir pour l'avenir » (Abu Amir, octobre 2024).

« Joie double : la récolte et la paix. Les agriculteurs de Deir al-Balah décrivent cette saison comme exceptionnelle. Leur joie ne se limite pas à la récolte de leur dur labeur, mais elle coïncide également avec l'annonce du cessez-le-feu, amplifiant les sentiments de bonheur et d'espoir pour l'avenir. Leur gratitude est évidente dans leurs paroles, affirmant que la renaissance de leurs terres était un rêve devenu réalité et que cette initiative leur a redonné confiance en leur capacité de résilience et de production malgré les circonstances difficiles » (Abu Amir, le 18 janvier 2025).

## LIRE GAZA C'EST ÉCRIRE L'ESPOIR

Qui sommes-nous devenus, avons-nous perdu notre conscience, cette question qui est souvent revenue dans nos échanges épistolaires avec nos camarades : nous devons nous la poser à nous-mêmes, qu'avons-nous laissé faire, qu'avons-nous accepté, même si nous n'avons cessé de le dénoncer, comment pouvions-nous enrayer cette déshumanisation ?

« Cette guerre continue, et c'est la plus longue guerre que la bande de Gaza ait connue depuis la Nakba de 1948, et c'est la guerre la plus féroce et la plus sanglante. Cette guerre a touché tout dans la bande de Gaza, les pierres, les arbres et les gens, et elle a complètement affecté tous les aspects de la vie » (Abu Amir).

La déshumanisation est un lent exercice d'isolement et de siphonnage de sa propre humanité, ensemble nous devons mettre à bas ce processus, l'enrayer et le combattre.

C'est un combat politique, la Palestine pose des questions universelles qui nous libèrent et sont révélatrices de nos propres illusions, l'organisation du quotidien participe au changement du rapport de force et construit maintenant un futur possible. Écrire leur résistance au jour le jour nous enseigne les repères d'une vie essentielle dont nous devons témoigner.

## CHIFFRES DES DESTRUCTIONS (JANVIER 2025)

En s'appuyant sur les données de l'OCHA du 22 janvier 2025, soit trois jours après le cessez-le-feu et qui corroborent les chiffres fournis par le ministère de la Santé de Gaza[1], au moins 47 161 Gazaouis ont été assassinés (dont au moins 13 319 enfants), au moins 10 000 sont déclarés disparus (sous les décombres) et on compte au moins 111 166 blessés.[2]

1. https://www.lorientlejour.com/article/1446766/guerre-a-gaza-le-ministere-de-la-sante-du-hamas-annonce-un-bilan-de-47583-morts.html
2. https://www.ochaopt.org/content/reported-impact-snapshot-gaza-strip-22-january-2025

Ces chiffres ont évolué, en fonction des découvertes macabres : le 5 mars 2025, l'OCHA considère que les chiffres sont de 48 446 Gazaouis assassinés dont 14 534 enfants et de 111 852 blessés[3]. L'Unicef au 4 mars établit les chiffres à 48 348 Gazaouis assassinés dont 14 770 enfants et 111 761 blessés dont 24 940 enfants[4]. Par contre les chiffres fournis par Al Jazeera au 3 février 2025 sont plus élevés en termes de morts : 61 709 Gazaouis assassinés dont 17 492 enfants et 111 588 blessés[5].

Au 15 janvier 2025, les bombardements israéliens ont endommagé ou détruit :

La quasi-totalité des habitations de Gaza
80 % des installations commerciales
88 % des bâtiments scolaires
Infrastructures de santé – 17 hôpitaux sur 36 sont partiellement fonctionnels
68 % du réseau routier
68 % des terres cultivées

Les bombardements incessants d'Israël ont anéanti le patrimoine culturel et historique de Gaza, connue comme l'une des plus anciennes villes du monde, avec 195 sites du patrimoine, 227 mosquées et trois églises endommagés ou détruits, y compris les archives centrales de Gaza, qui contiennent 150 ans d'histoire.

Ces chiffres illustrent l'ampleur dévastatrice des dégâts infligés aux infrastructures civiles essentielles de Gaza par les opérations militaires israéliennes. La destruction massive des habitations, écoles, hôpitaux et autres infrastructures vitales a des conséquences

3. https://app.powerbi.com/view?r=eyJrljoiODAxNTYzMDYtMjQ3YS00OTMzLTkxMWQtOTU1NWEwMzE5NTMwliwidCI6ImY2MTBjMGI3LWJkMjQtNGIzOS04MTBiLTNkYzI4MGFmYjU5MCIsImMiOjh9
4. https://www.unicef.fr/article/israel-palestine-les-enfants-paient-le-prix-de-la-guerre/#Dans-la-bande-de-Gaza
5. https://www.aljazeera.com/news/longform/2023/10/9/israel-hamas-war-in-maps-and-charts-live-tracker

humanitaires catastrophiques pour la population palestinienne.

Environ 170 journalistes ont été tués par l'armée israélienne.

L'armée israélienne a émis plus de 65 ordres d'évacuation depuis le 7 octobre 2023, plaçant environ 80 % de la bande de Gaza sous des ordres d'évacuation actifs. Cette situation a entraîné un déplacement massif de la population palestinienne. Selon les dernières estimations, environ 90 % des 2,1 millions d'habitants de Gaza ont été déplacés depuis le début du conflit. Ces évacuations successives ont considérablement perturbé la vie des civils et ont soulevé des inquiétudes quant aux conditions humanitaires dans les zones d'accueil. Les ordres d'évacuation ont particulièrement affecté le nord de Gaza, où la situation est décrite comme critique, surtout depuis octobre 2024.

# CONCLUSION

Récits à plusieurs voix.

La voix essentielle des équipes travaillant sans relâche à Gaza, qui démontre par leurs témoignages à la fois la réalité du génocide en cours, la possibilité de rester humain et d'organiser un minimum de vie décente dans des conditions extrêmes.

La voix du groupe Gaza en France, appuyée sur les liens étroits noués depuis plus de 10 ans entre l'Union juive française pour la paix et les équipes sur place à Gaza : l'équipe construite par les agriculteurs des villages de Khuza'a et Abasan (sud-est de la bande de Gaza) autour d'Abu Amir, puis l'équipe du centre d'enfants et adolescents Ibn Sina de Jabalia (au nord).

Un dialogue, puisant dans cette expérience, permet au groupe Gaza, depuis octobre 2023, de répondre aux besoins des équipes de Gaza, en mobilisant la solidarité française.

Ces échanges fabriquent un nous, pour jeter à la face du monde son ignominie et son indignité.

Ces voix, ces récits constituent des pièces à conviction pour l'avenir. Parce que quand le monde se réveillera et se demandera pourquoi il n'a rien fait, ces récits, parmi d'autres qui éclosent tous les jours, seront là pour juger ce monde dit civilisé.

Construire un nous, c'est-à-dire construire une complémentarité hors de toute posture coloniale, qui puisse être une première pierre à un véritable vivre ensemble.

À Gaza, ils débattent, expriment les besoins, agissent, analysent, rendent compte des actions menées. Le groupe Gaza et le mouvement de solidarité français popularisent, collectent et envoient l'argent nécessaire. Toutes les questions de fond, les visions sur l'avenir, sont discutées ensemble.

Construire un nous qui soit une lutte contre le colonialisme et l'impérialisme à l'œuvre et leurs machines de guerre.

Est-ce possible ? Nous nous y essayons : juifs antisionistes, solidarité française et Gazaouis qui résistent au nettoyage ethnique.

Ce qui se passe autour de nous dépasse l'entendement. C'est un effondrement des valeurs humaines et morales comparable à ce que la France a vécu en 1940.

471 jours de génocide à Gaza ont détruit définitivement la prétention des dirigeants israéliens de parler au nom des victimes de l'antisémitisme et du génocide nazi.

« Il y a 80 ans, les Juifs ont eu le choix entre deux héritages : plus jamais, les Juifs ne seront confrontés à un danger similaire, ou plus jamais, personne dans le monde ne sera confronté à un danger similaire. Israël a clairement choisi la première option, avec un ajout fatal : après Auschwitz, les Juifs sont autorisés à faire n'importe quoi ».[1]

Les crimes sont commis en plein jour, les massacres sont diffusés à la télévision, et pourtant, aucune action ni sanction sérieuse ne sont prises par la communauté internationale. Au contraire, il semble

1. Gideon Levy, le 23 décembre 2024, dans un article publié dans *Haaretz*.

que certaines grandes puissances justifient ou couvrent même ces crimes, ce qui laisse supposer que le contexte géopolitique, combiné au néo-libéralisme mondial vise à liquider la question palestinienne au nom d'une « lutte contre le terrorisme ».

L'accord de cessez-le-feu est un grand soulagement pour la population de Gaza, mais n'efface en aucun cas l'horreur du génocide commis.

## LE 16 JANVIER 2025, L'UJFP PUBLIE LE COMMUNIQUÉ SUIVANT

Nous saluons l'accord de cessez-le-feu, annoncé par les « médiateurs » le 15 janvier 2025 et qui doit intervenir dimanche 19 janvier à la mi-journée. Nous comprenons ô combien les scènes de joies à Gaza. Mais, immédiatement, l'armée israélienne a, de nouveau intensifié ses bombardements, causant la mort de 81 personnes en une seule journée.

Agissons pour que ce cessez-le-feu soit effectivement respecté par Israël. Cela sera un soulagement pour les personnes libérées de part et d'autre. Cela sera un soulagement pour les Gazaouis : ils pourront enfin dormir sans se demander si le lendemain, ils seront encore en vie. Ce sera un soulagement pour les Gazaouis, si l'aide humanitaire tant attendue est enfin distribuée.

L'État d'Israël a tué des dizaines de milliers de personnes, en majorité des femmes et des enfants. Il a pulvérisé la plupart des infrastructures, il a organisé la famine, il s'en est pris spécifiquement aux hôpitaux, à la défense civile, aux journalistes, aux lieux d'enseignement...

Les dirigeants israéliens et leur armée avaient des buts proclamés : « éradiquer » le Hamas et libérer les « otages ». Mais, ils ont clairement cherché, après l'avoir obligée à fuir de place en place sans qu'aucune zone ne soit sûre et l'avoir bombardée sans relâche, à expulser la population de Gaza commettant un génocide pour l'y contraindre. Mais ils n'ont pas réussi à les expulser.

Ce cessez-le-feu tant attendu arrive tard. Le 15 janvier 2025, après plus de 15 mois de massacres, on dénombre au bas mot 46 702 Palestiniens tués par l'armée israélienne dont 17 492 enfants, plus de 109 660 blessés, et plus de 11 000 disparus sous les décombres. Le journal The Lancet considère ces chiffres sous-estimés. Et Gaza est détruite, une terre de désolation. Plus d'infrastructures, plus d'écoles, plus d'hôpitaux, plus rien.

Ce qui est remarquable, c'est qu'en presque 500 jours de violence inouïe, la société palestinienne ne s'est pas délitée. Les camps de déplacés se sont organisés, la solidarité a fonctionné malgré le marché noir, les profiteurs de guerre et l'apparition de bandes mafieuses armées. L'administration du territoire, dans les pires circonstances, a joué son rôle. Malgré l'invasion, le tissu social n'a pas été détruit.

Et maintenant ? On voit bien les buts de Trump et de ses alliés. Mettre Gaza sous la coupe des dictatures du Golfe qui financeraient la reconstruction en installant leurs hommes au pouvoir. Et « normaliser » la région en achevant le processus des « accords d'Abraham ». La « paix américaine », c'est tout, sauf la justice[2].

Ce sont Israël et ses complices, les États-Unis, en premier, qui devraient payer le prix de la reconstruction.

2. C'était avant la proposition délirante du président Trump le 4 février 2025 de prendre Gaza pour la transformer en « Côte d'Azur du Moyen-Orient » après avoir déporté les Gazaouis en Égypte et en Jordanie.

> Les Gazaouis doivent être les maîtres de leur destinée : le peuple palestinien vient de donner au monde un exemple extraordinaire de résistance, il a le droit de choisir son avenir, ses formes d'organisation. Le comportement colonial des puissances occidentales est inadmissible.
>
> Ce cessez-le-feu ne doit pas valoir amnistie pour les criminels israéliens qui devront être poursuivis et condamnés pour crimes de guerre, crimes contre l'humanité, crime de génocide.
>
> Un cessez-le-feu ne doit pas non plus revenir à dire que le problème politique est réglé, loin de là. Il n'y aura pas de paix réelle sans justice : décolonisation, droit au retour, égalité des droits.
>
> Plus rien ne sera comme avant pour les membres de l'UJFP, après ce génocide conduit indûment au nom des Juifs et Juives du monde entier, en notre nom. Nous prenons l'engagement de rester aux côtés du peuple palestinien, parce que nous sommes autant que nous le pouvons du côté de la justice.
>
> L'UJFP agira, avec le mouvement de solidarité, pour que le peuple palestinien dirige la reconstruction. Pour qu'il obtienne enfin ce à quoi tout peuple a droit : la liberté, l'égalité et la justice.

Nous, autrices et auteurs, faisons nôtre ce texte de Didier Fassin :

« Dans un texte intitulé « Qui sont les assassins de la mémoire ? », Pierre Vidal-Naquet analysait la manière dont l'utilisation d'un « langage codé » avait servi, à diverses époques, les stratégies discursives de réécriture de l'histoire, citant Thucydide à propos de la guerre du Péloponnèse : « On changea jusqu'au sens usuel des mots par rapport aux actes dans les justifications qu'on en donnait. » Ces falsifications justifient qu'avec humilité mais détermination les sciences sociales fassent entendre leur vérité, quelque fragile qu'elle soit. Elles peuvent notamment explorer le passé en quête d'exemples susceptibles de traverser l'opacité du présent pour imaginer la possibilité d'un futur. Au moment où, du côté israélien, l'esprit de vengeance domine, où la guerre n'a d'autre fin qu'elle-même, où toute solution pacifique est rejetée, où l'existence même du peuple palestinien est niée, cette perspective semble inconcevable. Et pourtant, il suffit de penser à l'Afrique du Sud dans les dernières années de l'apartheid. Certes, le pays n'avait pas connu des massacres et des destructions comparables à ceux qui se sont produits à Gaza. Mais il était au bord de la guerre civile, des attentats avaient eu lieu, la répression contre les opposants était féroce, le suprémacisme racial avait atteint des niveaux rarement égalés. Or une transition vers un régime démocratique a pu s'opérer. De ce qu'elle appelle l'« Afrique du Sud comme modèle », Barbara Cassin a retenu que trois conditions de succès avaient été réunies « pour passer de la guerre à la réconciliation, et ainsi traiter la haine : une politique de la mémoire, une politique de la justice, une politique de la parole ». Chacune de ces conditions n'était pas sans ambiguïté – la mémoire entre amnésie et anamnèse, la justice entre amnistie et réparation, la parole entre performance du discours et épuisement du langage —, comme l'ont montré les divisions et les ressentiments apparus un peu plus tard. Mais le pire a été évité, une cohabitation de l'oppresseur et de l'opprimé d'hier a été rendue possible ».[3]

Malgré la mise en place de la trêve le 19 janvier 2025, à la mi-journée, une situation humanitaire critique. Abu Amir écrit :

« Escalade des attaques israéliennes au premier jour de la trêve et retour des déplacés dans leurs zones détruites : malgré l'annonce de l'entrée en vigueur de l'accord de cessez-le-feu dans la bande de Gaza ce dimanche matin, les premières heures ont été marquées par une escalade israélienne massive qui a ciblé plusieurs zones du territoire. La trêve, qui devait commencer à 8h30, a été retardée selon Israël, qui a justifié ce délai par l'absence de la liste des prisonniers que le Hamas devait fournir dans le cadre du premier échange.

3. FASSIN, Didier. *Une étrange défaite. Sur le consentement à l'écrasement de Gaza*. La Découverte, Paris, 2024, chapitre VIII, p. 171

Déclarations contradictoires sur l'engagement d'Israël envers la trêve : dans les premières heures de la journée, le porte-parole de l'armée israélienne a déclaré que le cessez-le-feu ne prendrait effet que si le Hamas respectait ses engagements en remettant la liste demandée. En revanche, le Hamas a affirmé dans un bref communiqué qu'il respectait les termes de l'accord, expliquant que le retard dans la remise de la liste était dû à des raisons techniques et opérationnelles. Cette déclaration est intervenue après que le bureau du Premier ministre israélien, Benjamin Netanyahou, a ordonné à l'armée de poursuivre ses attaques jusqu'à réception des noms. Ces déclarations contradictoires ont eu un impact direct sur le terrain, où les forces israéliennes ont continué de mener des frappes intenses sur le nord et le centre de Gaza, provoquant de nombreuses victimes civiles. Parmi les zones ciblées figuraient les quartiers de Zaytoun et Beit Hanoun, où plusieurs personnes ont été tuées ou blessées.

Scènes tragiques dans les zones détruites : en parallèle, des milliers de déplacés sont retournés ce matin dans leurs zones détruites malgré la poursuite des bombardements dans certaines régions. À Rafah, d'où les véhicules militaires israéliens se sont retirés vers la frontière palestino-égyptienne, les habitants ont été confrontés à des scènes de destruction choquantes après un déplacement forcé qui durait depuis le 7 mai dernier. D'autres zones, comme les camps de Jabalia et Beit Lahia au nord de la bande de Gaza, ont également vu le retour de centaines d'habitants venus inspecter leurs maisons. Malgré les tensions sécuritaires, une présence accrue de la police et des forces de sécurité palestiniennes a été observée dans plusieurs zones pour maintenir l'ordre. Des tirs en l'air ont également été effectués par des hommes armés pour célébrer l'annonce du cessez-le-feu.

Poursuite des bombardements et aggravation de la situation humanitaire : bien que l'accord de cessez-le-feu ait officiellement pris effet après la remise de la liste des prisonniers par le Hamas, les forces israéliennes ont continué de cibler plusieurs zones. Des bombardements aériens et d'artillerie ont touché des quartiers résidentiels et des cibles civiles dans le sud et le centre de Gaza, causant de nouvelles blessures, notamment parmi ceux qui inspectaient leurs maisons détruites à Rafah. Des drones israéliens ont continué de survoler la région, larguant des explosifs sur des rassemblements de civils, ce qui a accru la peur et la tension parmi la population.

Démantèlement du camp des agriculteurs dans le chaos : par ailleurs, le camp des agriculteurs à l'est de Khan Younis, établi pour abriter les déplacés, connaît un démantèlement chaotique ce matin. Les agriculteurs ont quitté le camp après l'annonce de la trêve, provoquant un désordre important en raison de la forte affluence. L'administration du camp n'a pas réussi à gérer la situation, et la plupart des résidents sont retournés dans leurs régions d'origine, malgré l'ampleur des destructions.

Une conclusion sombre après une nuit de veille : les habitants de Gaza ont passé une nuit sans sommeil, attendant avec anxiété l'entrée en vigueur du cessez-le-feu au 471e jour de la guerre génocidaire menée par Israël contre le territoire. À l'aube, la souffrance persistait, avec des équipes de secours et de défense civile se précipitant vers les zones détruites pour rechercher les corps des morts et secourir les blessés piégés sous les décombres.

Malgré l'annonce de la trêve, la situation humanitaire reste critique et les souffrances se poursuivent. Cela soulève une question cruciale : cette trêve fragile pourra-t-elle tenir face aux défis sur le terrain et aux tensions persistantes ? » (Abu Amir, le 19 janvier 2025)

*Ne vous étonnez jamais*
*de voir une rose se relever*
*au milieu des ruines :*
*c'est ainsi que nous avons survécu.*

Mosab Abu Toha

# BIBLIOGRAPHIE SUCCINCTE

## OUVRAGES

ANTONIUS, Rachad. La conquête de la Palestine : de Balfour à Gaza, une guerre de cent ans. Écosociété, 2024.

BISHARA, Azmi. *Palestine : vérité et justice*. Éditions du croquant, 2024.

Collectif. *Gens de Gaza. Vivre dans l'enfermement. Témoignages 2011-2016*. Riveneuve, 2017.

CYPEL, Sylvain. *L'État d'Israël contre les Juifs : après Gaza*. La Découverte, 2024.

FASSIN, Didier. *Une étrange défaite. Sur le consentement à l'écrasement de Gaza*. La Découverte, 2024.

FILIU, Jean-Pierre. *Comment la Palestine fut perdue, et pourquoi Israël n'a pas gagné : histoire d'un conflit (XIXe-XXIe siècle)*. Fayard, 2024.

---. *Histoire de Gaza*. Fayard, 2024.

GIROUD, Sabri, *La Palestine en 50 portraits, de la préhistoire à nos jours*. Riveneuve, 2023.

GRESH, Alain. *Palestine, Un peuple qui ne veut pas mourir*. Les Liens qui libèrent, 2024.

HOBAN, Wieland, et al. *German Apartheid Politics: Memory, Democracy, and Genocide*. The Battleground, 2024.

LAURENS, Henry. *Question juive, problème arabe (1798-2001)*. Fayard, 2024.

LEVALLOIS, Agnès et BRAUMAN, Rony. *Le livre noir de Gaza*. Seuil 2024.

PAPPE, Ilan. *Le nettoyage ethnique de la Palestine*. La fabrique, 2024.

SACCO, Joe. *Guerre à Gaza*. Futuropolis, 2024.

SEURAT, *Leïla. Le Hamas et le monde*. CNRS Éditions, 2015.

STAMBUL, Pierre. *Du projet sioniste au génocide*. Acratie, 2024.

TRAVERSO, Enzo. *Gaza devant l'histoire*. Lux.

## ARTICLES

ACHCAR, Gilbert. « Quel avenir pour Gaza ? » *Le Monde diplomatique*, juin 2024, p. 18-19.

BELKAÏD, Meryem. « Bras de fer mondial autour de la colonialité d'Israël. Histoire du sionisme, enjeu de la bataille politique ». *Revue du Crieur*, n° 25, novembre 2024, p. 3041.

BENRAAD, Myriam. « Scholasticide, éducide, épistimicide : la guerre d'Israël à Gaza, une « vengeance contre le savoir » ». *Confluences Méditerranée*, n° 131, Hiver 2024-2025, p. 27-36.

GRESH, Alain. « Dossier Israël-Palestine : l'embrasement, et après ? Barbares et civilisés ». *Le Monde diplomatique*, novembre 2023, p. 1 et 17.

SEURAT, Leïla. « Le Hamas revendique désormais le leadership du mouvement palestinien ». *Le Monde diplomatique*, janvier 2024, p. 18-19.

SLITINE, Marion. « Gaza : un culturicide sous nos yeux. Quand Israël anéantit la culture palestinienne ». *Revue du Crieur*, n° 25, novembre 2024, p. 4255.

VESCOVI, Thomas. « Dossier : Introuvable paix au Proche-Orient. Quel avenir pour les Palestiniens ? » *Le Monde diplomatique*, novembre 2024, p. 18.

VESCOVI, Thomas. « En Israël, qui pour s'opposer à la guerre ? Un camp de la paix en quête d'alternative ». *Revue du Crieur*, n° 25, novembre 2024, p. 1629.

WEIZMAN, Eyal. « Génocides en miroir. Une histoire allemande ». *Revue du Crieur*, n° 25, novembre 2024, p. 5669.

## SITES

ABU-MANNEH, Bashir. *La lutte palestinienne n'est pas monolithique*. https://revue-conditions.com/pasunmonolithe.

Agence Média Palestine. *Caractérisation du génocide en cours à Gaza : chronologie des prises de positions*. 31 décembre 2024, https://agencemediapalestine.fr/blog/2024/12/31/caracterisation-du-genocide-en-cours-a-gaza-chronologie-dun-tabou/.

AJLabs. *https://www.aljazeera.com/news/longform/2023/10/9/israel-hamas-war-in-maps-and-charts-live-tracker*. https://www.aljazeera.com/news/longform/2023/10/9/israel-hamas-war-in-maps-and-charts-live-tracker.

ALBANESE, Francesca. *Anatomy of a genocide*. A/HRC/55/73, 26 avril 2024, https://documents.un.org/doc/undoc/gen/g24/046/12/pdf/g2404612.pdf.

---. *Situation des droits de l'homme dans les territoires palestiniens occupés depuis 1967 - l'effacement par le génocide*. A/79/384, 1 octobre 2024, https://documents.un.org/doc/undoc/gen/n24/279/69/pdf/n2427969.pdf.

Amnesty International. *On a l'impression d'être des sous-humains. Le génocide des Palestiniens et Palestiniennes commis à Gaza par Israël*. 5 décembre 2024, https://amnestyfr.cdn.prismic.io/amnestyfr/Z1CyeZbqstJ98CpQ_Gazagenocidereport.pdf.

BARTOV, Omer. *Un historien du génocide face à Israël*. 5 septembre 2024, https://orientxxi.info/magazine/un-historien-du-genocide-face-a-israel,7577.

BARTOV, Omer. *Chronique d'une radicalisation. Ce que l'occupation fait à Israël*. 2024, https://revue-conditions.com/entretienbartov.

COOK, Jonathan. « Le génocide à Gaza a révélé le fascisme israélien et occidental ». *Chroniques de Palestine*, 20 septembre 2024, https://www.chroniquepalestine.com/genocid-gaza-a-revele-fascisme-israelien-et-occidental/.

De-Colonizer https://www.de-colonizer.org/

DERONI, Julien. *Israël-Palestine, le 7 octobre et après (1) : un cadrage médiatique verrouillé*. 12 février 2024, https://www.acrimed.org/Israel-Palestine-le-7-octobre-et-apres-1-un.

---. *Israël-Palestine, le 7 octobre et après (2) : doubles standards et compassions sélectives*. 22 février 2024, https://www.acrimed.org/Israel-Palestine-le-7-octobre-et-apres-2-doubles.

---. *Israël-Palestine, le 7 octobre et après (3) : invisibilisation de Gaza et déshumanisation des Palestiniens*. 22 février 2024, https://www.acrimed.org/Israel-Palestine-le-7-octobre-et-apres-3.

MORDECHAI, Lee. *Bearing Witness to the Israel-Gaza War*. 5 décembre 2024, https://witnessing-the-gaza-war.com/. https://witnessing-the-gaza-war.com/wp-content/uploads/2024/12/Bearing-witness-to-the-Israel-Gaza-War-v6.5.5-5.12.24.pdf.

OCHA. *Humanitarian Situation Update - Gaza*. 2024, https://www.ochaopt.org/updates.

Palestine Institute for Public Diplomate. *Dossier de presse – Couverture médiatique après un an de génocide*. Octobre 2024, https://ujfp.org/dossier-de-presse-couverture-mediatique-apres-un-an-de-genocide/.

SEGAL, Raz. *Un cas d'école de génocide*. 13 octobre 2023, https://agencemediapalestine.fr/blog/2023/10/16/un-cas-decole-de-genocide/.

WRIGHT, Jeff. *Cartographier le génocide à Gaza*. 28 décembre 2024, https://agencemediapalestine.fr/blog/2024/12/30/cartographier-le-genocide-a-gaza/.

ZINTV, https://zintv.org/wp-content/uploads/2024/12/2024_Dossier-pedagogique-traitement-mediatique-genocide-Palestine.pdf, décembre 2024

## VIDÉOS

*7 octobre, un an après. De la propagande à l'impunité*. Réalisé par Orient XXI et Blast, youtube, 2024, https://orientxxi.info/magazine/7-octobre-un-an-apres-de-la-propagande-a-l-impunite,7671.

Hijacking Memory: the Holocaust and the Siege of Gaza, https://jewishcurrents.org/event/hijacking-memory-the-holocaust-and-the-siege-of-gaza, 13 novembre 2023 (en anglais).